地球大数据科学论丛　郭华东　总主编

城市可持续发展的地球大数据
方法与应用

鹿琳琳　翁齐浩　著

科学出版社
北京

内 容 简 介

可持续城市和社区(SDG11)是联合国可持续发展目标(SDGs)实现的核心之一。地球大数据存在宏观、动态、连续性等优势，为城市可持续发展指标监测评估提供了重要的技术手段。本书围绕地球大数据应用于城市可持续发展研究的方法、技术和应用案例，介绍了国际上主要的城市可持续发展指标体系和框架，详细论述了城市可持续发展指标监测与评估方法进展，阐述了城市可持续发展指标综合监测及可持续发展科学卫星应用实例，并指出了地球大数据应用于 SDG11 监测的研究前景。

本书主要的读者对象为遥感、地理信息科学、大数据、城市地理、城市规划、可持续发展等专业的高等院校师生，以及相关领域的研究人员等。

审图号：GS 京(2024)1171 号

图书在版编目(CIP)数据

城市可持续发展的地球大数据方法与应用 / 鹿琳琳, 翁齐浩著. -- 北京：科学出版社, 2024. 6. -- (地球大数据科学论丛 / 郭华东总主编).
ISBN 978-7-03-078948-8

Ⅰ. F299.2; P-37

中国国家版本馆 CIP 数据核字第 2024MT9971 号

责任编辑：董 墨 赵 晶/责任校对：郝甜甜
责任印制：赵 博/封面设计：蓝正设计

科学出版社 出版
北京东黄城根北街 16 号
邮政编码：100717
http://www.sciencep.com
北京建宏印刷有限公司印刷
科学出版社发行 各地新华书店经销
*

2024 年 6 月第 一 版　开本：720×1000　1/16
2025 年 10 月第三次印刷　印张：15
字数：294 000
定价：198.00 元
(如有印装质量问题，我社负责调换)

"地球大数据科学论丛"编委会

顾　问
徐冠华　　白春礼

总主编
郭华东

编　委（按姓氏汉语拼音排序）
陈　方　　陈宏宇　　迟学斌　　范湘涛　　韩群力
何国金　　纪力强　　贾根锁　　黎建辉　　李　新
李超伦　　廖小罕　　马俊才　　马克平　　闫冬梅
张　兵　　朱　江

学术秘书
梁　栋

"地球大数据科学论丛"序

第二次工业革命的爆发，导致以文字为载体的数据量约每 10 年翻一番；从工业化时代进入信息化时代，数据量每 3 年翻一番。近年来，新一轮信息技术革命与人类社会活动交汇融合，半结构化、非结构化数据大量涌现，数据的产生已不受时间和空间的限制，引发了数据爆炸式增长，数据类型繁多且复杂，已经超越了传统数据管理系统和处理模式的能力范围，人类正在开启大数据时代新航程。

当前，大数据已成为知识经济时代的战略高地，是国家和全球的新型战略资源。作为大数据重要组成部分的地球大数据，正成为地球科学一个新的领域前沿。地球大数据是基于对地观测数据又不唯对地观测数据的、具有空间属性的地球科学领域的大数据，主要产生于具有空间属性的大型科学实验装置、探测设备、传感器、社会经济观测及计算机模拟过程中，其一方面具有海量、多源、异构、多时相、多尺度、非平稳等大数据的一般性质，另一方面具有很强的时空关联和物理关联，具有数据生成方法和来源的可控性。

地球大数据科学是自然科学、社会科学和工程学交叉融合的产物，基于地球大数据分析来系统研究地球系统的关联和耦合，即综合应用大数据、人工智能和云计算，将地球作为一个整体进行观测和研究，理解地球自然系统与人类社会系统间复杂的交互作用和发展演进过程，可为实现联合国可持续发展目标（SDGs）做出重要贡献。

中国科学院充分认识到地球大数据的重要性，2018 年初设立了 A 类战略性先导科技专项"地球大数据科学工程"（CASEarth），系统开展地球大数据理论、技术与应用研究。CASEarth 旨在促进和加速从单纯的地球数据系统和数据共享到数字地球数据集成系统的转变，促进全球范围内的数据、知识和经验分享，为科学发现、决策支持、知识传播提供支撑，为全球跨领域、跨学科协作提供解决方案。

在资源日益短缺、环境不断恶化的背景下，人口、资源、环境和经济发展的矛盾凸显，可持续发展已经成为世界各国和联合国的共识。要实施可持续发展战略，保障人口、社会、资源、环境、经济的持续健康发展，可持续发展的能力建设至关重要。必须认识到这是一个地球空间、社会空间和知识空间的巨型复杂系统，亟须战略体系、新型机制、理论方法支撑来调查、分析、评估和决策。

一门独立的学科，必须能够开展深层次的、系统性的、能解决现实问题的探究，以及在此探究过程中形成系统的知识体系。地球大数据就是以数字化手段连接地球空间、社会空间和知识空间，构建一个数字化的信息框架，以复杂系统的思维方式，综合利用泛在感知、新一代空间信息基础设施技术、高性能计算、数据挖掘与人工智能、可视化与虚拟现实、数字孪生、区块链等技术方法，解决地球可持续发展问题。

"地球大数据科学论丛"是国内外首套系统总结地球大数据的专业论丛，将从理论研究、方法分析、技术探索以及应用实践等方面全面阐述地球大数据的研究进展。

地球大数据科学是一门年轻的学科，其发展未有穷期。感谢广大读者和学者对本论丛的关注，欢迎大家对本论丛提出批评与建议，携手建设在地球科学、空间科学和信息科学基础上发展起来的前沿交叉学科——地球大数据科学。让大数据之光照亮世界，让地球科学服务于人类可持续发展。

郭华东

中国科学院院士

地球大数据科学工程专项负责人

2020 年 12 月

序 一

2015 年，在第 70 届联合国大会上，193 个成员方通过了以 17 个可持续发展目标（sustainable development goals，SDGs）和 169 项具体目标为核心内容的《变革我们的世界：2030 年可持续发展议程》。SDGs 旨在以综合方式全面解决社会、经济和环境 3 个维度的发展问题，从而使人类全面走向可持续发展的道路。然而，数据缺失、发展不均衡、目标间关联且相互制约等问题正在成为实现 SDGs 的主要挑战。截至 2020 年 12 月，仍有 42% 的指标处于有方法、无数据状态，并且对于有方法、有数据指标的监测仍以统计方法为主，缺乏有效空间分布信息。

大数据指海量、高速、复杂和可变的数据集合，实现信息的捕获、存储、分发、管理和分析需采用先进技术。地球大数据是具有空间属性的地球科学领域的大数据，其不仅具有大数据的一般性质，如海量、多源、异构、多时相、多尺度、非平稳等，同时还具有很强的时空关联和物理关联特征，以及数据生成方法和来源的可控性。地球大数据涵盖卫星遥感数据、传感网络数据、轨迹数据、社会经济统计数据、观点和行为数据、交易数据及调查数据等，不仅能够提高 SDGs 指标监测的覆盖范围，而且可更及时地提供数据，填补和重构时间序列的空缺，进而得到时空分辨率更精细的 SDGs 指标监测结果，为可持续发展目标的实现做出重要贡献。

联合国 SDG11 旨在建设包容、安全、有抵御灾害能力和可持续的城市和人类住区。该目标的发展进程和城市地区的可持续性对于所有 SDGs 的实现至关重要。鹿琳琳副研究员等所著的《城市可持续发展的地球大数据方法与应用》，介绍了城市可持续发展国际框架和指标体系，论述了地球大数据在 SDG11 多个指标监测中的技术与方法，阐述了城市可持续发展指标综合监测评估的案例及可持续发展科学卫星 1 号的前瞻应用。该书有助于读者了解城市可持续发展指标体系，掌握利用地球大数据监测可持续发展目标各指标的技术和方法进展，对于 SDGs 指标监测和评估具有重要意义。

该书对我国城市可持续发展研究和监测具有重要的参考价值，希望该书的出版，能够为从事大数据可持续发展研究的科研人员、相关政府部门的决策者、高校和科研院所相关专业的研究生提供参考，未来吸引更多的读者投身到地球大数据及城市可持续发展研究工作中，为实现全球可持续发展目标贡献智慧和力量。

郭华东

中国科学院院士

2024 年 3 月

序 二

  过去 30 年来，追求绿色技术、低碳经济及环保生活方式的趋势在全球范围内兴起。1992 年，在巴西里约热内卢联合国环境与发展会议上，《里约环境与发展宣言》明确描述了实现发展权必须公平地满足今世后代的发展和环境需求的可持续发展原则。其中指出，为实现可持续发展，环境保护应当是发展过程中不可分割的一部分，贯穿整个发展过程。该原则在 2002 年约翰内斯堡可持续发展世界首脑会议上得到重申，对自然资源、生态和环境的使用与管理产生了深远的影响。1990 年，Shaller 提出"从长远来看，作为一个整体，可持续农业提高了环境质量和农业所依赖的资源基础，提供了人类基本的食物和纤维需求，不仅在经济上是可行的，而且提高了农民和社会的生活质量"。这个观点清晰地阐明了可持续发展的三大支柱：生态、经济和社会。可持续发展的生态视角平衡了生态、经济和社会价值，聚焦于这三个领域的交集。然而，三个组成部分之间的不协调可能会导致可持续性无法实现。

  期望在什么时间尺度和地理范围内将目标有效组合在一起，是评估生态和环境可持续性的关键要素。21 世纪已成为第一个"城市世纪"，全球一半以上的人口居住在城市。城市是以人为中心的生态系统，在所有人类居住区中最为复杂。城市发展在强调经济和社会价值的同时，往往会忽视生态价值。因此，可持续发展的生态视角强调了三个目标相互协调和平衡对于城市可持续发展的重要性。城市具有动态、复杂的居住区和以人为中心的生态系统的性质，可持续城市评价方法研究应尽可能地围绕和反映这些特征。美国气候变化科学计划（CCSP）将其中一个目标定义为"了解不同的自然、生态系统及人类系统对气候和全球变化的敏感性和适应性"。尽管人类居住区对气候变化影响的脆弱性因地区而异，但它们通常包括以下问题：健康、水和基础设施、恶劣天气事件、能源需求、城市新陈代谢、海平面上升、经济竞争力、机会和风险及社会和政治结构。CCSP 进一步建议，应优先研究气候变化对美国人类住区的影响，为大都市区提供更好的决策支持。

  2002 年，在南非约翰内斯堡举行的可持续发展世界首脑会议提出了地球状况协调观测的迫切需求。2003 年，在美国华盛顿特区召开的第一届地球观测峰会通过了一项宣言，成立了地球观测特设政府间小组[地球观测组织（GEO）的前身]，以起草一份为期 10 年的实施计划。自 2003 年以来，GEO 一直致力于加强全球观测系统和全球综合观测研究计划之间的合作与协调，保持政府间伙伴关系，旨在改善地球观测的开放性、可用性、访问和使用，包括卫星影像、远程传感和现场数据，对相关部门的政策和决策制定产生了广泛和深入的影响。GEO 确定了其优先事项和重要社会服务领域，包括可持续发展目标、气候行动、减少灾害风险和城市化。2015 年 9 月 25 日，联合国提出了一套可持续发展目标（SDGs）和每个目标在未来 15 年内要实现的具体目标。这些目标展现了联合国对社会发展面临挑战的回应，以及为建设可持续发展地球所做出的努力。

遥感技术通过大规模、重复地获取地球表面的影像数据，为可持续发展目标实现进程的评估提供必要的信息和知识，是基于统计数据进行指标评估的有力补充。地球观测技术为实现可持续发展目标进展的衡量和监测提供了一个不可或缺的工具。在"GEO2016～2025 年战略计划"中，GEO 已明确将可持续发展目标列为应用的重点。GEO 的全球城市观测和信息倡议（global urban observation and information initiative）设定了 2012～2025 年目标：①促进全球城市观测、监测、预报和评估倡议的协调；②支持全球城市观测分析系统建设；③提供有关城市系统现状和发展的最新信息——地方到全球尺度；④基于数据综合监测和分析城市生态系统、环境、空气质量和碳排放、人口密度指标、环境质量、生活质量及人类环境和传染病模式，填补全球城市观测整合方面现有的空白；⑤开发创新技术以支持城市的高效和可持续发展。为实现以上目标，国家和地区需要拓展相关的国际合作计划并有效执行。

地球观测技术与现场数据收集相结合，已应用于自然和人类生态系统循环的许多组成部分的观察、监测、测量和模拟。21 世纪以来，社会需求推动了传感器技术和图像处理技术的发展，在全球范围内技术研发、技术转让和工程应用大幅度增加。当今商业卫星的空间分辨率达到了以前只有航空遥感平台的水平。与航空遥感相比，卫星灵活的指向机制，使得卫星遥感在全天候覆盖、固定的存储格式、较短的重访周期、高精度地面模型生成等方面更具有优势。高光谱成像具有地球表面物质和材料类型识别及其丰度估算的能力，从而使遥感数据取代或部分取代之前仅能通过实验室测试或昂贵的实地调查才能完成的数据采集。激光雷达（LiDAR）技术可为城市结构和植被提供高精度的高度和其他几何信息，但自 20 世纪 90 年代以来，雷达技术得到了新的发展，星载雷达计划持续增加。事实上，上述对地观测技术不是孤立的，它们与更成熟的航空摄影和多光谱遥感技术的综合集成已成为当前遥感研究和应用的主流。遥感和地球观测的技术与数据集已成为了解地球、监测世界自然资源和环境、管理自然和人为风险、评估灾害暴露、保持自然和人类生态系统的生产力、服务全球可持续发展的重要工具。尽管如此，关于如何充分地发挥遥感系统在城市地区环境可持续性这一重要议题上的潜力，还有很多问题需要深入研究和分析。

2021 年，中国科学院鹿琳琳博士计划与我合著一本关于利用对地观测和空间大数据进行城市可持续发展研究和监测的书，由科学出版社出版。阅读提案后，我完全同意该书的研究范围、目标及内容目录。我之前曾与鹿博士合作过多篇期刊文章，并在过去几年一直密切关注她的专业发展，很高兴有这样的机会向读者介绍这部作品。该书精选了相关研究内容，旨在介绍地球大数据应用于城市可持续发展和管理研究的最新进展。这些研究或探索将展现地球观测应用于城市可持续发展各个方面的方法和技术，或从地球观测技术的角度为可持续发展科学提供重要见解。因此，该书对地球观测、城市科学和可持续性科学领域的学生、教授和研究人员都具有重要价值，有利于缩小三个学科之间的差距，促进学科间的交叉融合和应用。该书也可作为城市科学、可持续性科学、遥感科学与技术、地理学、地球科学、城市规划、环境科学与工程、土木工程、资源科学、土地利用、交通、能源和地理信息系统等专业的本科生和研究生的教材或重要补充读物，该书将满足课程需要。近年来我们发现高校开设了越来越多关于城市科学、可持续性或相关主题的课程，而遥感逐渐成为城市科学和可持续发展研究必不可少的地理空间工具。该书可作为在政府、商业和工业部门中从事城市、土地和可持续发展研究的官员、从业者、专业人士等的参考书。该书内容涵盖了遥感在城市化、土地、可持续性方面的众多应用，为相关领域研究提供了一个有用的工具箱。 此外，该书通过案例展现了城市可持续发展遥感数据集、方法和技术的经济社会效益与作用，亦可为 GEO 在城市化方面的优先事项做出贡献。

翁齐浩
欧洲科学院院士
2023 年 6 月于香港

前　言

2015 年，联合国在《变革我们的世界：2030 年可持续发展议程》中提出了 17 项可持续发展目标(SDGs)和 169 项具体目标。SDG11 的发展进程和城市地区的可持续性对于所有可持续发展目标的实现至关重要。以对地观测、地理信息大数据等为代表的地球大数据具有宏观、动态、连续性等优势，已成为区域、国家及全球尺度城市土地利用制图、变化监测、城市环境及形态演变分析等研究的重要手段。本书结合近几年地球大数据应用于城市可持续发展研究领域的最新进展，对该领域采用的技术和方法进行了全面、系统的论述，并重点论述了地球大数据应用于城市可持续发展指标监测评估的典型实例。

本书共 12 章，主要围绕城市可持续发展指标体系框架、联合国可持续发展目标 SDG11 指标监测、地球大数据城市可持续发展指标综合监测与评估三个方面展开。

第一部分(第 1 章～第 2 章)：城市可持续发展指标体系框架。城市可持续发展指标是连接学术研究和决策支持的重要纽带，合理的可持续发展指标是衡量城市可持续发展的关键。第 1 章主要阐述了城市可持续发展研究的背景与意义、研究进展、研究基本框架等。第 2 章围绕城市可持续性评估，介绍了国际上常用的城市可持续性评价指标框架体系，详细阐述了 SDG11(可持续城市和社区)的指标体系。

第二部分(第 3 章～第 9 章)：联合国可持续发展目标 SDG11 指标监测。本部分介绍了基于地球大数据的 SDG11 指标监测与预测的技术方法和应用案例，重点介绍了地球大数据应用于 SDG11.3.1 城市土地利用效率监测和预测的方法，描述了地球大数据应用于 SDG11.6 减少负面环境影响、SDG11.7.1 城市开放公共空间提取和评估的实践案例，以及地球大数据应用于减轻城市灾害风险的评估。

第三部分(第 10 章～第 12 章)：地球大数据城市可持续发展指标综合监测与评估。本部分主要阐述了地球大数据应用于城市可持续发展指标综合监测与评估的典型案例，介绍了可持续发展科学卫星 1 号，详细论述了夜间灯光影像应用于城市扩张监测、电力消费估算的方法与实例。第 12 章"展望与建议"在全书论述的基础上指出，虽然地球大数据为城市可持续发展研究提供了新的技术手段，但仍面临方法数据缺乏、计算平台能力薄弱一些问题，应当着力加强平台建设、信息服务、基础理论方法与应用研究，通过加强国际合作应对 SDG11 实现面临的各项挑战。

本书的研究工作得到中国科学院 A 类战略性先导科技专项"地球大数据科学工程"项目三"数字一带一路"（XDA19030000）的资助。全书编写过程中得到裴韬、薛勇、王思远、黄春林、李熙、吴朝阳、宋小宁、侯西勇、梁栋、黄玉琴、李庆亭等专家的支持与指导；参加各章撰写和编辑工作的有韩丽颖、束磊、潘璐阳、罗珂、李春博、殷嘉迪、查富康等。

本书出版得到"地球大数据科学论丛"的资助和科学出版社的大力支持。对该书研究工作进行过指导的领导、专家、学者还有很多，在此不再逐一列出，一并致以衷心的感谢。由于可持续发展目标监测是一个全新而广泛的学科领域，论著难以面面俱到，尚存在许多不足之处，欢迎各位同行专家批评和指正。

鹿琳琳
2023 年 8 月于北京

目　录

"地球大数据科学论丛"序
序一
序二
前言

第1章　绪论 ··· 1
　1.1　背景与意义 ··· 1
　1.2　研究进展 ··· 3
　1.3　研究基本框架 ··· 4
　参考文献 ·· 5

第2章　城市可持续发展指标体系框架 ································· 6
　2.1　引言 ··· 6
　2.2　国际城市可持续性评价指标框架体系 ····························· 7
　　2.2.1　城市可持续性评价指标 ··································· 7
　　2.2.2　研究进展 ··· 8
　　2.2.3　研究趋势 ·· 12
　　2.2.4　研究展望 ·· 13
　2.3　联合国可持续发展目标11：可持续城市和社区 ·················· 13
　　2.3.1　SDG11指标体系 ·· 13
　　2.3.2　地球大数据SDG11指标监测 ······························ 16
　2.4　与城市可持续发展相关的其他国际框架 ························ 19
　　2.4.1　《新城市议程》 ·· 19
　　2.4.2　《2015～2030年仙台减轻灾害风险框架》 ·················· 20
　　2.4.3　《联合国气候变化框架公约》 ···························· 21
　2.5　小结 ·· 23
　参考文献 ··· 23

第3章　地球大数据城市土地利用制图 ······························· 26
　3.1　引言 ·· 26
　3.2　城市建设用地制图 ··· 27
　　3.2.1　全球人类住区图层 ······································ 27

3.2.2　全球城市足迹数据 ·· 29
　　　3.2.3　全球人造不透水地表产品 ·· 30
　　　3.2.4　全球地表覆盖产品 ·· 32
　3.3　城市土地利用制图 ··· 34
　　　3.3.1　特征提取 ··· 34
　　　3.3.2　特征融合 ··· 36
　　　3.3.3　城市土地利用制图应用 ·· 39
　3.4　城市建设用地蔓延分析 ··· 40
　　　3.4.1　研究区与数据集 ··· 41
　　　3.4.2　研究方法 ··· 42
　　　3.4.3　结果与讨论 ··· 45
　3.5　小结 ·· 51
　参考文献 ·· 51

第4章　SDG11.1.1 城市非正规住区 ·· 54
　4.1　引言 ·· 54
　4.2　SDG11.1.1 指标 ··· 55
　　　4.2.1　SDG11.1.1 指标简介 ··· 56
　　　4.2.2　SDG11.1.1 指标估算方法 ··· 58
　4.3　基于遥感数据的城市贫民窟制图 ··· 60
　　　4.3.1　贫民窟的物理特征 ··· 61
　　　4.3.2　采用的遥感数据 ··· 62
　　　4.3.3　制图方法 ··· 63
　4.4　小结 ·· 66
　参考文献 ·· 67

第5章　SDG11.3.1 城市土地利用效率 ·· 68
　5.1　引言 ·· 68
　5.2　SDG11.3.1 指标 ··· 70
　　　5.2.1　SDG11.3.1 指标简介 ··· 70
　　　5.2.2　SDG11.3.1 估算方法 ··· 71
　5.3　超大城市群 SDG11.3.1 指标监测 ··· 73
　　　5.3.1　研究区与数据集 ··· 73
　　　5.3.2　研究方法 ··· 74
　　　5.3.3　结果与讨论 ··· 76
　5.4　基于情景模拟的 SDG11.3.1 指标预测 ··· 80

5.4.1	研究区与数据集	80
5.4.2	研究方法	81
5.4.3	结果与讨论	86

5.5 小结 ……………………………………………………………………… 92
参考文献 ……………………………………………………………………… 92

第 6 章　SDG11.4 保护和捍卫世界文化和自然遗产 …………………… 95
6.1 引言 ……………………………………………………………………… 95
6.2 SDG11.4.1 指标 ………………………………………………………… 96
　　6.2.1　SDG11.4.1 指标简介 …………………………………………… 96
　　6.2.2　SDG11.4.1 估算方法 …………………………………………… 98
6.3 世界文化遗产地城市化发展综合评估 ………………………………… 99
　　6.3.1　研究区与数据集 ………………………………………………… 99
　　6.3.2　研究方法 ………………………………………………………… 100
　　6.3.3　结果与讨论 ……………………………………………………… 101
6.4 小结 ……………………………………………………………………… 104
参考文献 ……………………………………………………………………… 105

第 7 章　SDG11.6 减少负面环境影响 ……………………………………… 107
7.1 引言 ……………………………………………………………………… 107
7.2 SDG11.6 具体目标 ……………………………………………………… 108
　　7.2.1　SDG11.6.1 指标简介 …………………………………………… 108
　　7.2.2　SDG11.6.2 指标简介 …………………………………………… 112
　　7.2.3　基于遥感数据的 $PM_{2.5}$ 浓度估算 ……………………………… 114
7.3 城市环境质量变化综合评估 …………………………………………… 115
　　7.3.1　研究区与数据集 ………………………………………………… 115
　　7.3.2　研究方法 ………………………………………………………… 117
　　7.3.3　结果与讨论 ……………………………………………………… 119
7.4 小结 ……………………………………………………………………… 127
参考文献 ……………………………………………………………………… 128

第 8 章　SDG11.7 城市开放公共空间 ……………………………………… 130
8.1 引言 ……………………………………………………………………… 130
8.2 SDG11.7.1 指标 ………………………………………………………… 131
　　8.2.1　SDG11.7.1 指标简介 …………………………………………… 131
　　8.2.2　SDG11.7.1 估算方法 …………………………………………… 132
8.3 城市绿色空间遥感提取 ………………………………………………… 133

8.3.1 采用的遥感数据 ································· 134
8.3.2 制图方法 ······································ 135
8.3.3 专题应用 ······································ 137
8.4 小结 ··· 139
参考文献 ·· 140

第 9 章 SDG11.b 减轻城市灾害风险 ················ 145
9.1 引言 ··· 145
9.2 SDG11.b 具体目标 ······························ 146
9.3 城市自然灾害风险评估 ························· 147
9.3.1 自然灾害风险评估框架 ···················· 147
9.3.2 暴雨内涝灾害风险评估 ···················· 150
9.3.3 高温热浪灾害风险评估 ···················· 152
9.4 小结 ··· 155
参考文献 ·· 156

第 10 章 SDG11 综合监测与评估 ··················· 160
10.1 引言 ·· 160
10.2 SDGs 协同与权衡关系 ························· 161
10.2.1 SDGs 协同与权衡关系研究简介 ·········· 161
10.2.2 地球大数据 SDGs 协同与权衡关系研究 ··· 162
10.3 SDG11 多指标综合监测与评估 ················ 165
10.3.1 研究区与数据集 ·························· 165
10.3.2 研究方法 ································· 167
10.3.3 结果与讨论 ······························ 168
10.4 小结 ·· 174
参考文献 ·· 175

第 11 章 可持续发展科学卫星 ······················ 176
11.1 引言 ·· 176
11.2 可持续发展科学卫星 1 号 ····················· 177
11.2.1 SDGSAT-1 简介 ··························· 177
11.2.2 传感器简介 ······························ 179
11.2.3 数据产品介绍 ···························· 185
11.3 夜间灯光遥感数据 ···························· 187
11.3.1 数据简介 ································· 187
11.3.2 数据预处理 ······························ 191

		11.3.3 城市可持续发展应用 ··· 193
	11.4	夜间灯光遥感电力消费估算 ··· 195
		11.4.1 研究区与数据集 ··· 198
		11.4.2 研究方法 ··· 200
		11.4.3 结果与讨论 ··· 203
	11.5	小结 ·· 212
	参考文献 ··· 212
第 12 章	展望与建议 ··· 217
	参考文献 ··· 219

第1章

绪 论

1.1 背景与意义

随着全球人口增长和经济发展，大量乡村人口不断涌入城市，城市化成为20世纪50年代以来最为显著的人类活动过程。根据联合国预测，2050年全球将有70%以上的人口生活在城市地区(United Nations, Department of Economic and Social Affairs, Population Division, 2019)。全球城市化进程和城市建设的不断加速导致城市用地持续扩张，城市化进程中土地、自然资源的利用方式对环境的可持续发展具有决定性影响。未经规划管理且快速粗放的城市扩张带来了环境质量恶化、能源消耗和碳排放增加、生物多样性受到威胁等一系列问题，为经济、社会和环境的可持续发展带来挑战。2015年，联合国在《变革我们的世界：2030年可持续发展议程》(以下简称2030年可持续发展议程)中提出了17项可持续发展目标(SDGs)和169项具体目标(United Nations, 2015)，力争到2030年通过这些目标的实现促进全球经济、社会与环境的和谐发展。其中，第11项目标(SDG 11)旨在"建设包容、安全、有抵御灾害能力和可持续的城市和人类住区"。SDG11的实现和发展进程以及城市地区的可持续性对于所有SDGs的实现至关重要。

自联合国实施2030年可持续发展议程以来，中国坚持创新、协调、绿色、开放、共享的新发展理念，积极推进SDGs实现，在消除贫困、应对气候变化、改善生态环境、提升公共卫生服务水平、保障粮食安全等方面取得了重大成就，逐步推进实现高质量发展。我国在2016年制定了《中国落实2030年可持续发展议程国别方案》，并且发布的《中国落实2030年可持续发展议程创新示范区建设方案》明确指出：在"十三五"期间，创建10个左右国家可持续发展议程创新示范区，对国内其他地区可持续发展发挥示范带动效应，对外为其他国家落实2030年可持续发展议程提供中国经验。迄今国务院已批复同意深圳市、太原市、桂林市、郴州市、临沧市、承德市、湖州市、徐州市、鄂尔多斯市、枣庄市、海南藏族自治州建设国家可持续发展议程创新示范区。

2030年可持续发展议程落实的诸多实践表明，可持续发展进程的科学评价仍面临诸多挑战。首先，数据缺失、指标体系不完善及发展不平衡带来的数据能力差异是当前面临的主要问题(郭华东等，2021)。以往基于指标体系的城市可持续发展评价完全或严重依赖于社会经济统计数据，然而，传统的政府统计数据存在统计方法口径不一致、更新周期长、难以获取等问题。SDG11下设的大多数评价指标都面临数据缺失的问题，特别是在一些科技实力薄弱的发展中国家，SDG11指标的度量仍存在较大的数据鸿沟。此外，统计数据常以行政区划为主要单元获取，将其应用在SDGs的连续动态监测和综合集成评估时，难以进行时空尺度的转换，因此得不到理想的评估结果。其次，《2020年全球可持续发展目标进展报告》显示，不同SDGs在全球范围内的达成度相差较大，高收入国家的SDGs平均得分为低收入国家的1.53倍。SDGs指标评估方法的局限和数据滞后、分辨率较低等导致全球可持续发展在指标间及地区间均存在严重的不均衡性。特别是数据获取能力的不足严重制约了对SDGs不均衡性的科学认识(刘雅莉等，2021)。针对SDGs不均衡性的研究多以年为时间分辨率、行政区域为空间分辨率开展统计，无法体现相关指标的空间分布格局和动态变化特征，限制了其完整表达、及时与全面的评估。最后，SDGs指标体系涉及面广，时间跨度长，指标间相互依存、相互关联，其涉及的内容体现了整体性与多样性的统一、层次性与有机性的结合、复杂性与可行性的整合。厘清SDGs指标体系间的内在关联，采集标准统一、可量化的科学数据，提出客观、有效的指标监测和评估方法模型，成为SDGs评估亟待突破的重要方向，也是实现SDGs面临的主要挑战之一。

随着对地观测和大数据技术的发展，地球大数据的概念应运而生。与地球科学、信息科学和空间科技等交叉融合的地球大数据，不仅来源于空间对地观测，还包括陆地、海洋、大气及与人类活动相关的数据，具有海量、多源、异构、多时相、多维度、高复杂度、非平稳及非结构化等特点，是深度认知地球和科学发现的新引擎(郭华东等，2014)。地球大数据在时空分辨率、可获取性、准确性等方面具有独特的优势，在城市土地利用制图、环境监测、社会经济评估等可持续性评价方面得到了广泛应用。近年来，以对地观测、地理信息大数据等为代表的地球大数据，在城市可持续发展指标的计算和监测中发挥了重要作用，推动了其研究方法的变革。充分利用多源地球大数据，采用云计算、人工智能等新兴技术，进行SDGs评估体系优化、产品研发和决策支持，能够为把握SDGs指标动态变化过程和趋势，以及了解不同尺度和区域的SDGs实现进程提供重要支撑。

1.2 研 究 进 展

SDG11(可持续城市和社区)包含 10 个具体目标,每个具体目标对应着不同的指标。各项指标较系统地覆盖了城市住房、交通便利性、公平性、安全性、城市灾害韧性、清洁的空气、绿色和公共空间、公众参与等多个方面,反映了当前国际社会最为普遍关注的城市可持续发展问题,此指标体系为不同国家和地区间开展城市可持续评价与对比研究提供了一个统一的评价框架。截止到 2021 年 3 月 29 日,15 个 SDG11 指标中 10 个指标在监测与评估中面临数据缺失问题。

基于遥感、统计和地理信息相结合的地球大数据方法,开展 SDGs 指标监测评估的工作蓬勃发展,针对全球、国家、省级、市级等不同尺度的案例不断涌现。近年来,我国在地球大数据支撑 SDG11 指标监测与评估方面开展了多项案例研究实践,展现了中国在 SDG11 落实中的数据产品、方法模型、决策支持三个方面的成果与贡献(郭华东等,2021)。SDG11.1.1 指标为居住在贫民窟和非正规住区内或者住房不足的城市人口比例。基于高分辨率遥感影像和城市街景数据,研究人员可以获取棚户区及其他非正规居住区的空间分布,并能够监测其时间上的变化,评价城市非正规居住区的居住环境,为 SDG11.1.1 指标监测评估提供借鉴。借助交通大数据覆盖面广和实时更新的优势,已有研究综合运用公共交通矢量导航数据、高分辨率人口格网化数据、土地利用数据等多源地理大数据构建指标,实现了在格网尺度上估算中国可便利使用公共交通的人口比例,以及分性别、分年龄段评估,并在地市级行政单元尺度上完成了 SDG11.2.1 指标多维数据的对比。SDG11.3.1 城市土地利用效率可以较好地反映城市扩展与土地利用可持续性。已有研究利用地球大数据方法生产全球建设用地或不透水面产品以及城市建成区数据集,为 SDG11.3.1 指标监测提供数据支撑。基于中国地市级自然灾害损失和人口经济年度数据,已有研究提高了 SDG11.5 监测指标的时空分辨率,为防灾减灾规划和政策制定提供了细粒度的数据。基于遥感大数据反演高时空分辨率的细颗粒物($PM_{2.5}$)浓度及变化率,是评价空气污染程度重要的常用手段,可用于反映城市对 SDG11.6 指标的完成情况。在 SDG11.7.1 城市建设区中供所有人使用的开放公共空间的平均比例的评估方面,研究人员利用全国导航矢量数据提取城市建成区范围内公共绿地、广场、各级道路等开放公共空间,生产了中国公里网格开放公共空间数据产品,结合全国人口抽样调查数据,分性别、年龄段对城市居民可便利使用公共交通情况进行了定量评估。以上研究成果可以为中国 SDG11 的实现提供数据和决策依据,也可以为其他国家提供示范和参考。

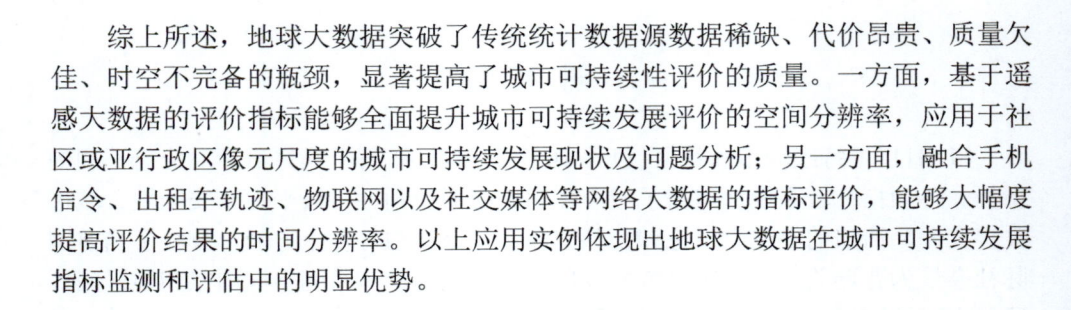

综上所述，地球大数据突破了传统统计数据源数据稀缺、代价昂贵、质量欠佳、时空不完备的瓶颈，显著提高了城市可持续性评价的质量。一方面，基于遥感大数据的评价指标能够全面提升城市可持续发展评价的空间分辨率，应用于社区或亚行政区像元尺度的城市可持续发展现状及问题分析；另一方面，融合手机信令、出租车轨迹、物联网以及社交媒体等网络大数据的指标评价，能够大幅度提高评价结果的时间分辨率。以上应用实例体现出地球大数据在城市可持续发展指标监测和评估中的明显优势。

1.3 研究基本框架

地球大数据技术和平台的迅猛发展，促进了地球大数据在城市可持续发展研究中的应用，为该领域带来了新的方法论和科学范式。基于地球大数据的城市可持续发展指标研究逐渐成为当前的热点和前沿问题。针对这一问题，本书系统阐述了地球大数据评估城市可持续发展的理论、方法与实例，以期为应用地球大数据技术进行城市可持续发展关键和热点问题的研究提供参考和借鉴。

本书主要围绕城市可持续发展指标体系框架、联合国可持续发展目标 SDG11 指标监测、地球大数据城市可持续发展指标综合监测与评估三个方面展开。全书可分为三个部分。

第一部分（第 1～第 2 章）：城市可持续发展指标体系框架。城市可持续发展指标是连接学术研究和决策支持的重要纽带，合理的可持续发展指标是衡量城市可持续发展的关键。第 1 章主要阐述了地球大数据应用于城市可持续发展研究的背景与意义、研究进展、研究基本框架等。第 2 章围绕城市可持续性评估，介绍了国际上常用的城市可持续性评价指标框架体系，详细阐述了 SDG11（可持续城市和社区）的指标体系，以及其他与城市可持续发展相关的国际框架。

第二部分（第 3～第 9 章）：联合国可持续发展目标 SDG11 指标监测。本部分介绍了基于地球大数据的 SDG11 指标监测与评估的技术方法和应用案例，重点介绍了地球大数据应用于城市土地利用制图、SDG11.1.1、SDG11.3.1 监测的方法，描述了地球大数据应用于 SDG11.4、SDG11.6、SDG11.7 评估的方法和案例，以及 SDG11.b 减轻城市灾害风险的相关研究。

第三部分（第 10～第 12 章）：地球大数据城市可持续发展指标综合监测与评估。本部分第 10 章介绍了 SDG11 综合监测与评估；第 11 章主要介绍了可持续发展科学卫星 1 号（SDGSAT-1）与传感器，阐述了夜间灯光影像应用于城市电力消费估算的方法与实例；第 12 章"展望与建议"在全书论述的基础上，指出地球大数据为城市可持续发展研究提供了新的技术手段，但实现 SDG11 仍面临数据平台、技术路径、治理机制等方面的挑战，应当着力加强地球大数据处理平台等基础设施建设、信息协调与数据融合，促进联合国 SDGs 在城市地区的实现。

参 考 文 献

郭华东, 梁栋, 陈方, 等. 2021. 地球大数据促进联合国可持续发展目标实现. 中国科学院院刊, 36(8):874-884.

郭华东, 王力哲, 陈方, 等. 2014. 科学大数据与数字地球. 科学通报, 59(12): 1047-1054.

郭华东. 2021. 地球大数据支撑可持续发展目标报告. https://www.fmprc.gov.cn/web/ziliao_674904/zt_674979/dnzt_674981/qtzt/2030kcxfzyc_686343/zw/202109/P020211019126039571958.pdf[2024-4-2].

刘雅莉, 王艳芬, 杜剑卿, 等. 2021. 地球大数据助力均衡发展评估. 中国科学院院刊, 36(8): 963-972.

United Nations, Department of Economic and Social Affairs, Population Division. 2019. World Urbanization Prospects: The 2018 Revision. New York: United Nations.

United Nations. 2015. Transforming Our World: the 2030 Agenda for Sustainable Development. https://sdgs.un.org/sites/default/files/publications/21252030%20Agenda%20for%20Sustainable%20Development%20web.pdf[2024-4-2].

第 2 章
城市可持续发展指标体系框架

2.1 引 言

城市生态系统的生产和同化服务促进了能量和物质的流动，导致其生态足迹通常远远超出行政边界。城市人口使用的基础资源常远离其消费地，因此快速和不受控制的城市化所带来的影响是全球性的。根据联合国的定义，城市化指人口从农村向城市流动的过程，其伴随着三大主要趋势（Verma and Raghubanshi，2018）：第一，规模较大的城市的集中，即在亚洲、拉丁美洲和非洲等发展中国家和地区常住人口超过 2000 万的城市；第二，世界城市人口中一半以上居住在人口不足 50 万的城市；第三，95%的城市人口增长发生在发展中国家和地区，总人数约达 4 亿。特别是在印度和中国，随着城市化进程的加快，未来十年城市人口将增加约 1/3。伴随着全球城市化趋势，城市将在环境、社会和经济三个方面面临城市化正效应和负效应的权衡问题。

城市化带来的挑战使全球认识到，在城市化进程中必须有效坚持可持续发展的原则。许多政府、研究人员和实践者都致力于制定促进可持续城市化的政策和方法。例如，制定指标指导政府相关的决策者和规划者做出科学合理的决策，以实现城市可持续发展。然而，长期以来，可持续发展是一个较为松散的基础概念，虽然其定义根据研究人员的目标领域不同而有所差异，但始终围绕什么是发展、什么是可持续、环境与发展之间的关系以及这种发展的时间尺度而展开。1987 年，以挪威首相 Gro Harlem Brundtland 为主席的联合国世界环境与发展委员会（WCED）发表了一份报告《我们共同的未来》，正式提出可持续发展概念，并以此为主题对人类共同关心的环境与发展问题进行了全面论述，受到世界各国政府、组织和舆论的极大关注（WCED，1987）。根据其定义，可持续发展意味着利用资源以满足当前社会的需求，并努力在资源的再生能力范围内以最佳方式利用资源。

1992 年，在联合国环境与发展会议上，可持续发展要领得到参会者的共识与承认，102 个国家首脑共同签署了《21 世纪议程》，发表了《里约宣言》，开启了《联合国气候变化框架公约》(United Nations Framework Convention on Climate Change)，会后建立可持续发展委员会、可持续发展机构间委员会和可持续发展高级别咨询委员会机制。

2012 年，Moldan 等(2012)给出了定义可持续发展的三个重要因素。首先，可持续发展满足"某些基本人类需求"，然后才能满足更高的需求；其次，这种发展应与自然和谐；最后，可持续发展是一个以人为中心的概念，其核心是代际公平。Turcu(2013)认为，尽管可持续性没有公认的定义，但是可持续发展应在满足人类需求、提高生活质量的同时，将自然资源的利用频率和程度维持在生态系统的再生能力范围内，并指出可持续发展不应仅是一个具体的定义和概念，而应是一个规范性的可实施的选择。Pupphachai 和 Zuidema(2017)也认为可持续发展不是一个精确的定义，而是为评估和制定政策以提升城市功能和结构指明了一个方向。

2.2 国际城市可持续性评价指标框架体系

2.2.1 城市可持续性评价指标

可持续性的所有方面都源于人类活动，如资源使用、环境污染、城市系统的能力、代际公平等。因为这些活动大多集中在城市地区，城市可持续性贯穿环境、社会和经济可持续性的各个领域。材料和能源的流入以及废物的产生不应超过城市的可持续环境承载能力。经济活动、人口增长、基础设施和服务、污染和废物应限制在城市系统的内部，以便城市系统能够和谐发展，从而将自然环境的负面影响限制在城市内部。

若要衡量国家或地区在可持续发展方面取得的进展，需要通过指标量化来衡量这种进展的现象。1996 年，联合国经济和社会事务部以驱动力-状态-响应(driving force-state-response，DSR)框架的形式发布了第一组指标，这些指标为衡量环境、经济和社会发展提供了必要的依据。指标可以向决策者和公众表明发展的现状、存在的劣势和优势，并指出优先领域，有助于可持续发展目标的实现。指标不仅对可持续发展框架进行了具体化，还增强了对监测现象的理解。单个指标可以用来衡量个别现象，如生活在贫困线以下的人数百分比(贫困率)和绿地覆盖率。基于不同方法和权重，将单个指标结合则形成一个综合指数。单个指标和综合指数都有助于衡量、分析和实施决策及公众传播中的可持续实践。

可持续发展指标必须明确区分可持续发展和不可持续发展，并应明确说明其对应结果，不应与决策混淆。可持续性指标是一种可表明当前状态和基线状态之间距离的规范性度量。因此，决策者和受可持续发展政策影响的人群是实施指标测算可行性的最佳判断者。衡量城市地区的可持续发展是实现城市可持续发展的最大挑战(Lee and Huang, 2007)，这需要获取关于城市社会、经济和环境方面的可比的信息。基于指标的可持续性评估可以揭示当地可持续性的状态、量化可持续性、获取政策实施的反馈，并提出实现可持续发展的最佳政策措施。

Newman 和 Jennings(2012)将可持续的城市生态系统定义为"道德、高效(健康和公平)、零废物产生、自我调节、弹性、自我更新、灵活、心理满足和合作的生态系统"。可持续城市发展包括通过社会互动和更容易获得广泛服务来提高生活质量，通过绿色建筑设计技术、可持续交通、环境保护和修复、可再生能源和废弃物管理、绿色经济(包括清洁技术、绿色税收政策、绿色基础设施等)，最大限度地减少能源消耗，通过自然资源管理，如公共空间、文化和自然遗产、水资源的保护等实现环境公正和公平。城市可持续发展指标围绕城市发展的诸多要素，如生物多样性、能源、物质平衡、空气污染、热岛、噪声污染等。虽然以上指标有助于衡量可持续发展的进展，但不同城市对可持续发展的目标和需求不同，能够衡量某个特定城市可持续发展的指标不一定适用于其他城市。因此，必须完善现有指标体系，在统一的指标体系下开发本土化的可持续发展指标，以提高指标体系的针对性和适用性，更好地指导城市化实践。

2.2.2 研究进展

城市可持续发展指标的发展、确定和实施面临着诸多挑战。科学合理且适用性强的城市可持续性指标体系的制定和实施，一般都要经过一个自上而下的整体流程，包括指标选择、基线和目标确定、评估和审查(Verma and Raghubanshi, 2018)。而确定、选择和完善指标体系的过程中，还面临诸多内部挑战和外部挑战。内部挑战是指标发展方法中固有的问题，其原因可能包括但不限于用于制定指标的方法、加权方法、测量的复杂性或理论基础过于简单甚至缺乏等。外部挑战是妨碍可持续性指标框架实施的问题(Moldan et al., 2012)，包括数据缺乏、政策延迟或政府缺少实施指标的执行力，对标准指标的构成缺乏共识以及跨学科和城市的比较分析。这些是在执行和将指标纳入决策使用过程中面临的问题。

在确定指标框架前，初步评估(A)是第一步也是最重要的。其取决于政府政策，涉及众多政府部门，还受城市边界的范围、时间段以及城市条件是否更新等的影响。城市条件是指一个城市区别于其他城市的独特之处，是由城市内部、区域和全球环境共同决定的。城市可持续性评估主要关注城市边界内的状态，城市条件决定了指标与城市化之间的关系(Stossel et al., 2015)。另外，公共部门承担着实施、报告可持续发展进展的职能，在创建指标方面的作用十分重要。

设定目标(B)是制定指标的第二步。现阶段可持续性的定义仍存在混乱和模糊的问题，没有可持续性目标的通用标准。目前设定目标或结果时，需要利益相关者的参与，缺乏公民与专家主导方法的整合，应根据一些通用标准和当地特点确定目标(Mascarenhas et al., 2015)。例如，减贫可能是一个普遍标准，但生活在贫困线以下的人口的减贫百分比，将由当地的现实条件和能力决定。

指标选择(C)是一个迭代过程，包括设定选择标准、确定可靠的指标以及利益相关者的参与。现在大多数研究都集中在这一方面，因此确定了大量指标和选择标准，但仍未形成一个公认的方法。Tanguay 等(2010)建议采用引用最多的指标作为最相关的指标，这种方法优缺点明显，被引用多的指标意味着其应简单、易于用数据进行测量，但也意味着其简单性可能会损失深入测量可持续性维度的能力。此外，该指标应涵盖可持续发展的所有组成部分以及可持续发展评估报告中所述的某些有针对性的预定类别，并应选择便于数据收集、分析和传播的指标。

为了衡量可持续性，我们必须建立一个概念框架，以遵循最适当的指标选择标准。Tanguay 等(2010)提出了一项可持续发展指标子类战略。他们将至少引用四次并代表更多可持续发展类别的指标与引用四次以上但代表更少可持续发展类别的指标进行对比，并进一步应用了选择指标时需考虑的三个条件：第一，指标的简洁性，易于理解和使用；第二，涵盖所有类别的可持续发展；第三，保留文献中存在共识的指标，以便进行合理的概念分析。研究发现，可持续性评价时，应尽可能的采用数量较少的指标。根据各自类别中最经常出现或代表性指标进行选择，发现在 20 个可持续发展类别中，有 6 个类别没有被选定的指标所代表。基于指标的指数或综合指数可以构成不同指标的组合，综合指数的建立需要特别考虑指标和权重的选择(Tran, 2016)。可持续性仪表板、环境可持续性指数、环境脆弱性指数、环境政策指数、福祉指数、宜居星球指数、人类发展指数和城市发展指数等都是典型的综合指数。

指标的选择决定其聚合过程，聚合期间做出的不同选择将产生不同的结果。权重是针对特定目标群体的，因为决策者、公民、专家和企业对不同问题的优先级不同，指标对最终指数值的贡献程度取决于不同利益相关者的主观理解和判断。指标选择应当根据发展规划的目标进行，但由于缺少关于如何根据城市化特征广泛应用这些目标的研究，目前尚未有研究提出具有普适性的指标体系，这也是因为指标的普遍适用性和相关性之间存在权衡关系。

设定基线(D)是指标评估中一个容易被忽视的环节。创建差距分析基线需要根据国家或区域定期抽样调查收集的社会经济数据，以及通过持续监测环境参数收集的科学数据。

选择目标(E)需要通过科学投入来确定可持续性要求，并需要利益相关者的讨论来确定目标的实用性，因此需要大量研究才能得出明确合理的阈值。Cook 等(2017)建议采用绝对阈值，包括专家判断和针对具体国家的分析，以便对环境指标进行全面评估。阈值是科学确定的或基于政策的可持续发展目标，超过这些目标意味着不可持续。阈值假设基本上是一个生态经济学的计量概念。实现整体发展目标之前，必须满足基本的人类需求，但在实践中，即使在满足基本的人类需求后，这种发展目标也不会实现。当宏观经济系统超过某一阈值时，进一步增长的边际收益将被外部性的边际成本所抵消。用于衡量这些的指标称为福利指数，其确定了增长的收益和成本。

应用(F)涉及通过指标的应用收集数据和结果。指标应用的目的是收集数据和结果，而评估结果的应用是为了落实指标产生的信息，弥补可持续发展和不可持续发展之间的差距。数据不可用是指标应用面临的一个关键挑战(Moldan et al., 2012)，在数据缺乏的情况下，即使是最符合逻辑和科学的指标框架也会失效。不能以统一标准进行度量的问题限制了指标应用，并导致另一个外部局限性，即案例研究之间无法比较。

对指标结果的评价(G)包括进行敏感性分析和找出不足之处，以修改指标评估框架。这也是指标框架研究中容易被忽视的一步。Ramos 和 Caeiro(2010)提到了元分析对评估指标有效性的重要性，在实施的指标框架中很少有规定进行元分析，而缺乏此类评估会影响指标框架的可信度和长期可持续性。

有关报告结果(H)和维持指标框架(J)步骤的研究不多，为了维持指标框架，通常是政府、社会机构等通过出版物、公共信息传播以及网络平台来实施。

众多的国际和区域组织积极参与可持续性评价指标的制定和利用研究，为城市可持续发展贡献了重要力量。世界银行根据领域和属性将可持续性指标分为三大类：第一类是涵盖各种环境问题的指标，包括单个指标；第二类是评价环境政策的一小套专题指标；第三类是系统性指标，其中一个指标代表一个难题(Dizdaroglu, 2015)。世界银行于 2007 年启动了一项"全球城市指标计划"，该计划为城市发展研究提供了一个平台，用来比较不同指标体系并分享可持续城市化方面的成果和最佳实践案例。该计划由位于加拿大多伦多大学的全球城市指标设施(global city indicators facility, GCIF)运行，世界银行还提供了一种评估工具——TRACE，它使用 28 个主要的性能指标来衡量城市的能源消耗(Zoeteman et al., 2016)。

联合国人类住区规划署(以下简称联合国人居署)的"城市指标项目"(urban indicators program)主要用来监测与评价全球城市《人居议程》和"联合国千年发展目标"的实施进展状况。该项目开发了包括城市发展指数(city development index，CDI）在内的数个城市发展水平评价指标，构建了全球多个城市参与的信息监测与收集网络，形成了功能较为强大的城市数据库系统。联合国人居署当前选取的"城市指标"共包括 43 个指标，对应着《人居议程》在住房、社会发展与消除贫困、环境管理、经济发展、城市治理 5 个方面的 19 项发展目标，以及"联合国千年发展目标"下改善贫民窟居民生活的 1 项发展目标。相比于许多城市层面的指标评价体系，联合国人居署"城市指标"的应用较为广泛。

世界资源研究所也确定了四类指标：第一类是源指标，以森林、海洋和淡水等资源消耗枯竭和生态系统退化为基础；第二类是汇指标，衡量资源储备维持和废物排放的能力；第三类是生命支持指标，反映地球生态系统和生物多样性的变化；第四类是人类影响指标，评估环境退化对人类健康和福祉的影响（Dizdaroglu，2015）。这些指标是专门为捕捉人类活动和环境相互作用而设计的。

在国家统计组织的帮助下，欧盟统计局为欧盟国家制定了一个名为"城市审计"的监测框架。1999 年开始，该框架作为一种社会经济计量工具定期收集数据，并由欧盟统计局公开发布统计结果年鉴。城市审计数据反映了欧盟地区的城市可持续性状况（Zoeteman et al., 2016）。其他指标研究还包括世界卫生组织（WHO）欧洲健康城市网络，其自 1998 年以来收集数据，发布了 100 个欧洲城市的 12 项健康指标的概况，欧洲绿色城市指数利用 302 页环境指数评估了 30 个欧洲城市。

"城市可持续性发展指数"是由哥伦比亚大学、清华大学、麦肯锡公司联合创办的非营利性组织"城市中国研究计划"（UCI）于 2010 年提出并发布的。该指数是首个专门为中国城市设计的城市发展评价工具，尽管制作者认为可以适用于任何一个发展中国家的城市，但其所包含的指标是根据中国城市的发展水平和中国特有的数据约束量身定制的。其创建目的是评估发展中国家的城市如何应对环境的可持续性和经济增长之间平衡的挑战，并为比较中国城市在可持续发展道路上所处的位置提供完善的事实依据；其设计目的在于衡量中国城市在一系列可行性层面的相对表现，且为了衡量城市发展的可持续性，该指数框架包括社会可持续性、经济可持续性、环境可持续性和资源可持续性四大类别。

除了以上全球、区域或国家尺度的指标体系外，也有大量研究针对单个城市提出了本地化的可持续性评价指标。Lee 和 Huang（2007）提出了一套用于台北市可持续性评价的 51 项指标，通过计算经济、社会、环境和体制四个方面的综合指标值，以评估哪些公共政策促进了可持续发展。该指标集属于脆弱的可持续性框架，强调了指标应在人为和生态方面达到平衡。另外，根据城市地区建成区集中的特点，Xing 等（2009）以建筑和城市规划周期为研究重点，确定了一个基于城市地区建筑物货币化的城市可持续发展模型，其目的是分析环境、社会和经济外部性的成本并将其内部化来确定可持续性。Sakieh 和 Salmanmahiny（2016）开展了一项新视角的研究，他们将城市增长与人体癌细胞扩散进行了比较，认为城市核心区的行为类似于构成肿瘤的癌细胞，从类比结果中发现城市核心区的增长与癌细胞扩散相似。由于城市核心区拥有更大和更广泛的生态足迹，城市可持续性发展需要优先考虑限制较大的城市核心区的无序扩张。虽然较小的肿瘤具有更大的生长潜力，但较大的肿瘤更容易得到缓解，城市核心区也是如此。Panda 等（2016）围绕经济、社会、环境和体制可持续性的四个方面，制定了综合性城市社会可持续性指数（urban social sustainability index, USSI）。Babu 和 Datta（2015）的研究报告表明，在更依赖自然资源的发展中国家，社会经济发展和环境方面之间存在着双向关联。他们研究发现，预期寿命增长 1%可使国内生产总值（GDP）增长 10291.46 美元，GDP 增长 1%导致的预期寿命增长较小，GDP 和成人识字率之间的关系也是如此。这意味着 GDP 的增长并没有立即改善健康和教育，并且 GDP 没有考虑森林砍伐、水质退化、水土流失、生物多样性丧失、空气污染、渔业资源枯竭等非经济因素的影响。

2.2.3 研究趋势

随着城市可持续性指标发展和应用研究的深入，众多新数据、新方法应用于指标的选择、构建和评估。因子分析和主成分分析（PCA）等是最常用的方法。Zhang 等（2010）应用 PCA 来确定最有价值的指标集，进而对指标进行评估。他们研究发现，PCA 的前三个因子主要由以下指标变量构成：因子 1——GDP、单位土地面积 GDP、用于环境污染治理的投资、总土地面积和单位土地面积消费品零售额；因子 2——建成区建设用地覆盖率和人均道路面积；因子 3——经处理和再利用的工业固体废物比例和人口密度。Sakieh 和 Salmanmahing（2016）使用多标准评估、SLEUTH（slope, land use, exclusion, urban, transportation hill-shade）土地利用变化模型和绩效指标进行癌症率增长和城市化模式类比研究。Panda 等（2016）在计算 USSI 时，将数据标准化，通过专家调查进行加权和因子分析，确定分数的方向性和主题指数的线性聚合。Salvati 和 Carlucci（2014）应用了一个因子权重模型来创建可持续性指数，指标选择方法包括变量选择、数据转换、多变量分析、权重推导、指标组合和衍生指标描述性统计分析等步骤，之后进行 PCA，确定了影响意大利的 8100 个城市社会经济和环境状况的因素。Cook 等（2017）使用两种不同但互补的方法开发了一个简单的指数，在量化目标的情况下使用接近目标的方法，对于存在变化趋势的目标，采用红绿灯方法，量化了实现或偏离公认的可持续性目标的进展，根据政策相关性、效用性、可靠性、可解释性以及数据可用性和质量五个关键标准，从 30 个指标中选出了 23 个指标。Luan 等（2017）对现有指数中的 18 个指标进行敏感性分析，提出了一个综合指数，采用拓展傅里叶幅度敏感性检验(extend Fourier amplitude sensitivity test, EFAST)模型定量确定可持续发展指标的重要性。

近年来,地球观测数据在城市可持续性指标计算中的应用越来越广泛。de Sherbinin 等(2014)制定了一套指标,重点关注空气颗粒物浓度、生物量燃烧和近海叶绿素趋势三个方面。对于空气中的颗粒物浓度,他们从人类健康政策的角度使用人口权重创建了一个暴露指数。例如,人口权重对人口较多地区的 $PM_{2.5}$ 浓度给予更大的权重。另外,他们使用气溶胶光学厚度(AOD)测量的多角度成像光谱辐射计(MISR)数据,将人口加权应用于全球城乡空间网格制图项目中。利用卫星遥感图像创建可持续性指标是他们在方法上的主要特点,证明了卫星数据在城市可持续性测量中的作用和价值。

2.2.4 研究展望

大量研究结果表明,指标的应用和城市可持续性的后续评估容易受到以下因素的影响:数据可用性,科学确定或基于政策目标确定目标/可持续性阈值,以及指标选择的概念框架。基于专题的跨越经济、社会、环境和体制可持续性四个维度的指标分类是最常用的方法。联合国可持续发展委员会称,大多数国家在进行国家、区域或基于主题的可持续性评估时都采用了基于问题和专题的指标框架,因为它们更容易理解并被纳入政策框架。当前的城市可持续评价指标体系多种多样,评价指标囊括了社会、经济、环境、基础设施和制度等与城市发展有关的诸多方面,但由于各指标体系在提出背景、目的、时间和指标设置方面存在一定差异,且涵盖城市发展全方位的指标体系评价容易掩盖特定的可持续发展问题,导致指标体系间的可比性较差(Shen and Zhou, 2014)。

2015 年通过的联合国可持续发展目标(SDGs)和具体目标为发展中国家与发达国家未来 15 年实现可持续发展提供了一个整体的指标框架。联合国 SDGs 创造了一个灵活的、基于国家优先事项的选择目标,在一定程度上解决了上述问题,但其仍然缺乏全面捕捉城市化类型和水平的能力。各国已根据其他地区或国家的实际情况制定了自己的指标体系和优先事项,并且全球都在衡量城市在可持续发展方面的进展。虽然目前没有一套指标可以用于所有城市地区之间的比较和排名,但可以明确的是,可持续性指标是不断实现可持续发展目标的手段,而不是实现可持续性的终点。

2.3 联合国可持续发展目标 11:可持续城市和社区

2.3.1 SDG11 指标体系

为了给发达国家和发展中国家的可持续发展提供一个全面的评估方法,联合国在 2015 年正式通过《变革我们的世界：2030 年可持续发展议程》，并提出了 SDGs。SDGs 包括了 17 项目标和 169 项具体目标，旨在 2015~2030 年以综合的方式更好地解决社会、经济和环境三个维度的发展问题(United Nations, 2015)。因为各国可以在遵循国际公认准则的同时，在国家尺度和当地层面优先考虑这些具体目标的实现，相较于联合国千年发展目标(millennium development goals, MDGs)，SDGs 目标更容易与政策相结合。SDGs 下设具体的指标，并且包括金融、贸易、技术转让等实施手段的目标。例如，SDG17 提出了一个包括金融、贸易、多国合作和能力建设的贯穿各领域的议题，以促进其他 16 项 SDGs 的实施。

针对城市可持续性问题，SDG11 包括一系列跨领域问题，如经济适用住房、可持续交通、人类住区规划和管理、绿色和公共空间等，支持城市、城郊和农村地区之间紧密的经济、社会和环境联系，以及发展和应用全面的各层次灾害风险管理策略。SDG11 下含 10 个具体目标，每个具体目标对应着不同的指标(表 2.1)。SDGs 是通过长期的政治谈判过程产生的。可持续发展服务网络(sustainable development services network)在评估这些目标的科学稳健性时，发现 169 项具体目标中只有 49 个具有良好的科学背景，54%的目标需要在范畴上更加具体，17%的目标需要显著改进。评估中发现执行缺乏、目标与目标之间的冲突、国际协议与政治焦点之间的冲突、数据不可用性和包含无法量化的目标等是 SDGs 目前的主要缺陷。

表 2.1　SDG11 的具体目标和指标

具体目标	指标
11.1 到 2030 年，确保人人获得适当、安全和负担得起的住房和基本服务，并改造贫民窟	11.1.1 居住在贫民窟和非正规住区内或者住房不足的城市人口比例
11.2 到 2030 年，向所有人提供安全、负担得起的、易于利用、可持续的交通运输系统，改善道路安全，特别是扩大公共交通，要特别关注处境脆弱者、妇女、儿童、残疾人和老年人的需要	11.2.1 可便利使用公共交通的人口比例，按年龄、性别和残疾人分列
11.3 到 2030 年，在所有国家加强包容和可持续的城市建设，加强参与性、综合性、可持续的人类住区规划和管理能力	11.3.1 土地使用率与人口增长率之间的比率
	11.3.2 已设立以民主方式定期运作的、民间社会直接参与城市规划和管理架构的城市所占百分比
11.4 进一步努力保护和捍卫世界文化和自然遗产	11.4.1 保存、保护和养护所有文化和自然遗产的人均支出总额，按资金来源（公共、私人）、遗产类型（文化、自然）和政府级别（国家、区域和地方/市）分列
11.5 到 2030 年，大幅减少包括水灾在内的各种灾害造成的死亡人数和受灾人数，大幅减少上述灾害造成的与全球国内生产总值有关的直接经济损失，重点保护穷人和处境脆弱群体	11.5.1 每 10 万人当中因灾害死亡、失踪和直接受影响的人数
	11.5.2 灾害造成的直接经济损失（与全球国内生产总值相比）、重要基础设施的损坏和基本服务的中断次数

续表

具体目标	指标
11.6 到 2030 年，减少城市的人均负面环境影响，包括特别关注空气质量，以及城市废物管理等	11.6.1 由管控部门所收集和管理的城市固体废物占城市废物总产量的比例，按城市分列
	11.6.2 城市细颗粒物(如 $PM_{2.5}$ 和 PM_{10})年度均值(按人口权重计算)
11.7 到 2030 年，向所有人，特别是妇女、儿童、老年人和残疾人，普遍提供安全、包容、便利、绿色的公共空间	11.7.1 城市建设区中供所有人使用的开放公共空间的平均比例，按性别、年龄和残疾人分列
	11.7.2 过去 12 个月中遭受身体骚扰或性骚扰的受害人比例，按性别、年龄和残疾情况及发生地点分列
11.a 通过加强国家和区域发展规划，支持在城市、近郊和农村地区之间建立积极的经济、社会和环境联系	11.a.1 执行人口预测和资源需求一体化的城市和区域发展计划的城市，按城市规模分列的比例
11.b 到 2030 年，大幅增加采取和实施综合政策和计划以构建包容、资源使用效率高、减缓和适应气候变化、具有抵御灾害能力的城市和人类住区数量，并根据《2015-2030 年仙台减轻灾害风险框架》在各级建立和实施全面的灾害风险管理	11.b.1 依照《2015-2030 年仙台减轻灾害风险框架》通过和执行国家减少灾害风险战略的国家数目
	11.b.2 依照国家减少灾害风险战略通过和执行地方减少灾害风险战略的地方政府比例
11.c 通过财政和技术援助等方式，支持最不发达国家就地取材，建造可持续的、有抵御灾害能力的建筑	11.c.1 支持最不发达国家就地取材建造和翻新可持续、抗灾和资源节约型建筑的财政资助的比例

　　SDG11 的指标囊括了城市社会、经济、环境、安全、制度等诸多方面，反映了当前国际社会最为普遍关注的城市可持续发展问题，为城市间的可持续发展比较研究提供了一个统一的评价框架。SDG11 指标中 11.1～11.7 为技术类目标，主要反映城市可持续发展的状态；11.a～11.c 为合作支持类目标，主要表征国家及区域间为建设可持续城市而开展的合作水平(倪鹏飞等，2021)。

　　深入分析 SDG11 发现，其 10 个具体目标又存在多维互联的关系。在横向上，10 个子目标分别涉及住房保障、高效交通、城市管理、遗产保护、防灾减灾、环境治理、公共空间、城乡关系、城市社区和援助建筑。在纵向上，10 个具体目标要实现的目标效果可以归类为经济、社会、自然三大维度，以及高效、便捷、可及、可负担、生命、财产、平等、普及、减灾、减污、绿色和持久 12 个方面。

　　可持续发展目标 11.a、11.b、11.c 为合作支持类具体目标，主要表征国家及区域间为建设可持续城市而开展的合作水平，处于城市维度以上。在联合国人居署给出的"协助国家和地方政府监测和报告可持续发展目标 11 指标的指南"(A Guide to Assist National and Local Governments to Monitor and Report on SDG Goal11 Indicators)中，指标 11.a 使用的是推行了国家城市发展政策的国家数量数据，指标 11.b 使用的是符合《2015-2030 年仙台减轻灾害风险框架》的国家和地方政府的比例数据，目前还未很好地分解到城市层面。

2.3.2 地球大数据 SDG11 指标监测

随着科学技术水平的不断提高，当前的数据存量呈现指数增长，数据类型不断丰富，人类已经迈入大数据时代。传统城市可持续发展评价大多基于统计数据，大数据及其分析技术的出现为实现大样本量、更高时间分辨率和空间分辨率的可持续发展评价提供了新选择。目前手机数据、交易数据、健康记录等网络大数据已在社会福祉、城市公共交通通畅与可达性、人口流动、国际化程度等城市可持续性分析方面得到了应用(王鹏龙等, 2018)。网络大数据可以作为传统社会经济统计数据的有力补充，有效填补可持续发展目标指标监测数据的空白。从卫星获得的地球观测数据被认为是一种有效、及时和持续的信息源，支持城市可持续发展决策。因此，以遥感和网络大数据为代表的地球大数据，能够在城市可持续性指标计算中发挥重要的作用。目前，地球大数据已经在 SDG11 下设的多个直接指标中得到应用(高峻等, 2021)。

1. SDG11.1

借助机器学习算法与遥感大数据可以实现对城市贫困地区的估算(Jean et al., 2016)。快速城市化导致人口高度集聚，住房出现不足，贫民窟/非正规住区增加。城市居住环境改善被认为是未来几十年城市可持续发展面临的主要挑战之一。贫民窟/非正规住区及人口的比例成为衡量城市可持续发展的重要指标之一。但在我国没有贫民窟的概念，因此该指标需要进行本地化的解读。我国的棚户区存在大量设施简陋、环境较差、安全隐患较多的住宅，同时具有房屋容积率小、人口密度大等特点，严重制约了城市的可持续发展。借助高分遥感和城市街景数据可以获取棚户区的空间分布并能够监测棚户区的空间变化。国内外学者研发了一系列高分辨率、长时间序列的数据产品，极大地丰富了数据来源。我国的高分 2 号卫星遥感影像的空间分辨率为 0.8m，其在城市棚户区识别中发挥了重要的作用。

2. SDG11.2

借助交通大数据全覆盖、动态实时更新的优势，对该评价指标所刻画的城市可持续发展内涵进行评估表征。基于该指标论述可提炼衍生出"交通覆盖"的评价维度，用于表征一个城市的发展程度，是城市现代化与便捷性的标志。路网密度的大小是判断居民出行便捷程度的重要标准，是评价城市服务发展水平的重要参考。因此，可选用"路网密度指数"对城市交通覆盖情况进行量化。路网密度可采用城市道路长度的累积值与城市用地总面积的比值进行计算。其中，路网长度可以从开放街道地图(open street map，OSM)大数据平台批量免费获取。该平台于 2004 年创办，是公众参与建设的地理信息平台，由全球注册志愿者采集上传，免费供用户使用。

3. SDG11.3

城市化最显著的特征包括城市空间扩张和人口增长。因此，有效监测城市进程，不仅需要掌握现有城市空间扩张强度，还需要监测人口的增长速率。SDG11.3.1 被定义为土地使用率(LCR)与人口增长率(PGR)之间的比率，用于描述城市扩张与人口增长的关系。利用地球大数据方法生产多时相全球不透水面产品，以及相应的城市建成区数据集，为该指标监测提供数据支撑。此外，政务网站作为政府实施政民互动的平台，成为市民参与城市治理的一种新模式，其参与程度彰显着一个城市的基层治理能力，是评价一个城市可持续性的重要参考指标。可基于各地政务网站数据，利用市民对城市治理问题的咨询、意见、建议及态度等诸多信息，采用基于深度学习的自然语言处理技术对这些信息进行挖掘处理后构建 SDG11.3 指标(伍亿真等，2021)。

4. SDG11.4

世界文化遗产是人类的宝贵财富，是全人类公认的具有突出意义和普遍价值的文物古迹，对世界文化遗产进行有效的风险管理和评估具有重要意义。联合国在 2015 年提出要"进一步努力保护和捍卫世界文化和自然遗产"的目标(SDG11.4)。该目标在刚提出时处于指标和方法均缺失的状态；2019 年经过重新评估，仍处于数据不完整、方法不完善阶段，亟须发展更完善的定量指标以支持世界文化遗产的可持续发展。近年来，城市发展迅速、人口增长、气候环境变化大等因素对文化遗产地的赋存环境造成了干扰。因此，需要围绕世界遗产保护真实性和完整性两大原则，利用地球大数据定量评估人类活动和自然因素对遗产地的干扰，以便及时发现潜在的风险并提出应对措施。

5. SDG11.5

SDG11.5 具体目标中包括两项指标：SDG11.5.1——每 10 万人当中因灾害死亡、失踪和直接受影响的人数；SDG11.5.2——灾害造成的直接经济损失(与全球国内生产总值相比)、重要基础设施的损坏和基本服务的中断次数。利用多类型统计数据可以计算中国地市级行政单元 2010～2020 年 SDG11.5 监测指标数据，即每 10 万受灾人口、每 10 万死亡和失踪人口、灾害造成的直接经济损失占地区生产总值(GRP)的比重，并计算 2000 年以来全国总体监测指标，从而为我国防灾减灾规划和政策制定提供细粒度的参考数据。

6. SDG11.6

基于遥感大数据计算的"细颗粒物（$PM_{2.5}$）浓度及变化率"是评价空气污染程度重要的常用指数，可用于反映城市对 SDG11.6 指标的完成情况。由于 $PM_{2.5}$ 具有覆盖面积大、在大气中不易扩散、活性强且易挟带有毒有害物质等特点，与其他空气污染物成分相比，$PM_{2.5}$ 具有显著代表性（伍亿真等，2021）。目前，对 $PM_{2.5}$ 进行反演使用最广泛的数据是中分辨率成像光谱仪（MODIS）气溶胶光学厚度（AOD）产品。由于 MODIS AOD 产品采用了层级数据格式对数据进行存储，可以很方便地利用交互式数据语言 IDL（interactive date language）对 $PM_{2.5}$ 浓度进行批处理。MODIS AOD 产品具有较高的时空分辨率，且数据公开可免费获取。

7. SDG11.7

该指标重点强调城市公共空间的建设情况。城市公共空间是城市管理的重要组成部分，是创建城市良好人居环境的重要条件，可选取基于遥感大数据计算的"开放空间面积占建成区面积的比例"反映城市公共空间建设强度。开放空间是指城市中服务社会融合与城市健康可持续的具有较高生态和社会价值的非/少建筑的空间，如绿地、水域和广场等。开放空间面积与建成区面积可借助美国国家航空航天局（NASA）陆地卫星（Landsat）遥感数据分别进行遥感解译提取，基于提取结果求取面积比值即为开放空间面积占建成区面积的比例。

8. SDG11.a

人口流动可反映城市活力与城市能动性，对城市发展起着非常重要的作用。准确及时地获取城市人口密度在灾害风险评估、生态环境保护等具有重要意义，然而传统的统计数据难以满足实时动态获取人口密度的需求。人口流动可以用城区人口密度变化率进行衡量，人口密度可由不透水地表面积与夜间灯光数据联合求取。不透水地表面积可借助 Landsat 遥感数据进行计算。

9. SDG11.b

城市热岛效应是城市热环境恶化的一种重要的气候变化现象。有效地评估城市热环境变化敏感性特征，对于灾害风险评估、生态环境保护等具有重要作用（Sun et al.，2021）。基于遥感大数据提取的"区域增温敏感性指数"，旨在刻画城市对地表温度升高、极端热环境变化的反应程度，可用于评估城市适应气候变化、抵御灾害的能力。该指数利用内嵌的区域整体增温敏感性、区域梯度增温敏感性、区域覆盖增温敏感性 3 个层次，对城市热环境变化的灵敏度与适应度进行刻画。Landsat、MODIS 遥感影像等多源遥感热红外数据，可应用于城市对增温敏感性的测算。

因在时空分辨率、可获取性、准确性等方面具有独特的优势，对地观测数据逐渐在城市土地可持续利用、大气环境、社会经济等的可持续性评价方面发挥重要作用。同时，随着文本挖掘、情感分析、人工智能、机器学习等相关分析技术的发展和进一步应用，针对特定可持续发展问题，城市可持续性评价指标将进一步完善，评价结果的时空分辨率与准确性将不断提高，评价成本亦将下降。因此，未来 SDGs 的监测与评估工作，以遥感和网络数据等多源数据利用为导向，开展多源数据融合等研究，进一步改进指标评价的时空分辨率与准确性，提高时间效益和经济效益。

2.4 与城市可持续发展相关的其他国际框架

2.4.1 《新城市议程》

1976 年，第一次联合国人类居住区会议（以下简称人居一）在加拿大温哥华召开。联合国大会召开人居一时，各国政府开始认识到建设可持续人类住区的必要性以及城市化快速发展的后果，特别是在发展中国家。当时，国际社会很少关注城市化及其影响，但在全球范围内，大量人口快速迁入城镇地区，规模、速度均前所未有。人居一通过了《温哥华人类住区宣言》，其中包括共有 64 项国家行动建议的《温哥华行动计划》。人居一还为 1978 年联合国人居中心的设立奠定了基础。1996 年，在土耳其伊斯坦布尔召开了第二届联合国人类住区会议（以下简称人居二）。世界领导人在人居二通过了《伊斯坦布尔人类住区宣言》和《人居议程》，作为实现人人享有适当住房的全球行动计划，致力于利用可持续人类住区的理念推动世界城市化的发展。

2016 年 10 月，联合国在厄瓜多尔首都基多召开了第三届联合国住房和城市可持续发展大会（以下简称人居三），有来自 167 个国家的超过 4.5 万人参会。与会者广泛而深入地探讨城市可持续发展问题和对策，讨论并通过《新城市议程》。该文件是联合国 2030 年可持续发展目标的组成部分，更是一份着眼于行动的文件，旨在动员会员国和其他主要利益攸关方在地方层面推动可持续城市发展，有助于我们重新思考应当如何建设和管理城市，以及如何在城市中生活。作为一个指导未来 20 年城市可持续发展的框架性文件，该文件具体包括以下三部分。

第一部分为《基多宣言》，题为《全人类的可持续城市与住区》，包含了共同愿景、原则、承诺和行动倡议。关于共享的城市愿景表述为：平等的使用和享受城市与人类住区，寻求促进包容性，确保所有现在和未来的居民没有任何形式的歧视，可以在正义、安全、健康、方便、负担得起、韧性和可持续的城市和人类住区中定居、生产，并提高所有人的生活质量，促进城市繁荣。《新城市议程》将这一共同愿景上升到"城市的权利"的高度。当前城市规划水平还跟不上城市发展速度，许多城市居民还生活在缺水缺电并且环境脏乱的条件下。联合国人居署调查表明，约 75%城市居民的生活贫困，城市中的贫富差距越拉越大，同时 70%的温室气体排放以及大量垃圾由城市产生。如果我们不采取积极行动应对城市可持续发展问题，未来人类城市生活将会受到极大影响。

《新城市议程》所归纳的城市与人类住区是能够实现社会功能的、具有参与性和归属感的、实现性别平等的、能以高效城市经济应对当下和未来挑战的、能发挥好跨行政边界的城市-区域功能的、能通过规划和投资增进各类公平的、具有韧性的、引导可持续的消费和生产模式的区域。因此，人们面临的挑战十分艰巨，人居三会议强调各国必须为兑现《新城市议程》中的承诺而采取切实行动，确保每个人都能参与进来，并在强有力的政策框架和可靠的融资系统支持下，致力于不断探索并实施创新和高效的规划。

第二部分为《新城市议程基多行动纲要》，其包含 5 个篇章，构成《新城市议程》的主体内容，分别是：①社会包容和消除贫困为目的的可持续城市发展，特别强调了鼓励世界各国引入全国性的城市政策；②对于全人类可持续和包容的城市振兴与发展机会，全面归纳了城市发展的规律；③环境可持续和韧性城市发展，强调了城市设计的前沿认识；④塑造城市治理结构，建立一个支持性框架，梳理了城市政府的作用；⑤城市空间发展的规划与管理，提出了城市改造、发展和拓展的思路。

第三部分为实施手段，强调了每隔 4 年对《新城市议程》的落实进行检查和报告，作为评价和巩固《新城市议程》落实的成果，建议联合国大会考虑 2036 年召开第四届联合国住房和可持续城市发展大会(即"人居四"大会)。

2.4.2 《2015～2030 年仙台减轻灾害风险框架》

2015 年 3 月，在日本仙台召开的第三届世界减灾大会上，联合国通过了《2015-2030 年仙台减轻灾难风险框架》(以下简称仙台框架)(Sendai Framework for Disaster Risk Reduction)，成员国同意从灾害管理转向灾害风险管理。这是国际社会在防灾减灾合作方面达成的第一份重要协议。自 2005 年《兵库行动框架》通过以来，各国和其他利益攸关方都在地方、国家、区域和全球各级减少灾害风险方面取得进展，从而使部分灾害所导致的死亡率有所下降。但是在仙台框架中也强调：近年来，灾害不断造成严重损失，使个人、社区和整个国家的安全和福祉都受到影响，具体数据为：70多万人丧生、140多万人受伤和大约2300万人无家可归。总之，有超过15亿人在各种方面受到灾害的影响，经济损失总额超过1.3万亿美元。此外，2008~2012年有1.44亿人灾后流离失所。气候变化也加剧了灾情，严重阻碍了可持续发展。有证据显示，各国民众和资产遭受灾害风险的增长速度高于减少脆弱性的速度，从而产生了新的风险，灾害损失也不断增加，特别是容易对社区产生重大经济、社会、卫生、文化和环境影响。频发小灾和缓发灾害尤其给社区、家庭和中小型企业造成影响，在全部损失中，这些灾害造成的损失占有很高的比重。所有国家，特别是灾害死亡率和经济损失偏高的发展中国家，都在履行财政义务和其他方面的义务，面临越来越高的潜在隐藏成本。

仙台框架提出了未来15年全球减灾工作的成果和目标，明确了在《兵库行动框架》的基础上，力求在未来15年取得以下成果："大幅减少在生命、生计和卫生方面，以及在人员、企业、社区和国家的经济、实物、社会、文化和环境资产方面的灾害风险与损失"；明确了7项全球性减轻灾害风险的具体目标，这7个具体目标是：①到2030年大幅度降低灾害死亡人口，使2020~2030年平均每10万人全球灾害死亡率低于2005~2015年；②到2030年大幅度减少全球平均受灾人数，为实现这一具体目标，使2020~2030年平均每10万人受灾人数低于2005~2015年平均受灾人数；③到2030年，使灾害直接经济损失占全球国内生产总值(GDP)的比例有所减少；④到2030年，大幅度减少因灾造成的重要基础设施的损坏和服务的中断，特别是要通过提高综合防灾、减灾、救灾能力，降低卫生和教育设施的受损程度；⑤到2020年，已制定国家和地区减轻灾害风险战略的国家数量大幅度增加；⑥到2030年，促进发展中国家的减灾国际合作，为执行仙台框架的发展中国家完成其国家行动提供充足和可持续的支持；⑦到2030年，大幅度增加人民可获得和利用多灾种预警系统，以及灾害风险信息和评估结果的机会。

仙台框架重点指出了优先行动事项，要求各国在地方、国家、区域和全球各级各部门内部和部门之间采取重点突出的行动。其4个优先行动如下：理解灾害风险；加强灾害风险治理以管理灾害风险；投资减轻灾害风险，提升综合防灾、减灾、救灾能力；加强备灾以提升有效响应能力，在恢复、安置、重建方面做到让"灾区明天更美好"。仙台框架明确提出各个国家和地区应结合本国和本地区自身的情况，在与本国和本地区相关法律保持一致的情况下，将上述4个优先行动统筹考虑，通过国际合作实施上述4项优先行动。

2.4.3 《联合国气候变化框架公约》

自1896年瑞典科学家Ahrrenius警告二氧化碳排放可能会导致全球变暖以来，

人们对这一话题的关注越来越多。直到20世纪70年代，随着众多科学成果的问世，二氧化碳排放与全球变暖之间的作用机制被揭示。为了让决策者和公众更好地理解这些科研成果，联合国环境规划署（United Nations Environment Programme，UNEP）和世界气象组织（World Meteorological Organization，WMO），成立了联合国政府间气候变化专门委员会（Intergovernmental Panel on Climate Change，IPCC）。1990年，IPCC发布了第一份评估报告，经过数百名顶尖科学家和专家的评议，该报告确定了气候变化的科学依据，对政策制定者和广大公众都产生了深远的影响，也影响了后续气候变化公约的谈判。同年，第二次世界气候大会呼吁建立一个气候变化框架条约。本次会议由137个国家加上欧洲共同体进行部长级谈判，经过艰苦的谈判，最后并没有指定任何国际减排目标，但其确定的一些原则为以后制定气候变化公约奠定了基础。这些原则包括气候变化是人类共同关注的，公平原则、不同发展水平国家"共同但有区别的责任"，可持续发展和预防原则。《联合国气候变化框架公约》（以下简称公约）(United Nations Framework Convention on Climate Change)于1992年5月9日在纽约通过，同年6月在里约热内卢联合国环境与发展会议开放签署，并于1994年3月21日生效。此后，各缔约方开始谈判，以确定一个具有操作性的议定书。经过艰苦的谈判，1997年12月11日通过了《京都议定书》。

  公约的最终目标是将大气层中温室气体的浓度稳定在一个不对气候系统造成威胁的人为干扰的水平上。这样的水平应当在一个时间范围内得以实现，使生态系统能够自然地适应气候变化，保证粮食生产不受到威胁，使经济发展能够可持续地进行。为实现上述目标，公约确立了五个基本原则：①"共同而区别"的原则，要求发达国家应率先采取措施，应对气候变化；②要考虑发展中国家的具体需要和国情；③各缔约方应当采取必要措施，预测、防止和减少引起气候变化的因素；④尊重各缔约方的可持续发展权；⑤加强国际合作，应对气候变化的措施不能成为国际贸易的壁垒。

  作为世界上第一个为全面控制二氧化碳等温室气体排放、应对全球气候变暖给人类经济和社会发展带来不利影响的国际公约，其也是国际社会在应对全球气候变化问题时进行国际合作的一个基本框架。据统计，如今已有190多个国家批准了公约，这些国家被称为公约缔约方，他们做出了许多旨在解决气候变化问题的承诺。每个缔约方都必须定期提交专项报告，其内容必须包含该缔约方的温室气体排放信息，并说明为实施公约所执行的计划及具体措施。公约奠定了应对气候变化国际合作的法律基础，是具有权威性、普遍性、全面性的国际框架。

  中国作为最大的发展中国家，于2015年6月30日向公约秘书处提交了应对气候变化国家自主贡献文件《强化应对气候变化行动——中国国家自主贡献》。该文件重申了 2009 年中国向国际社会宣布的,并在 2014 年宣布的《国家应对气候变化规划(2014-2020 年)》中明确提到的 2020 年应对气候变化的目标。该文件确定了中国 2030 年的自主行动目标:二氧化碳排放 2030 年左右达到峰值并争取尽早达峰;单位国内生产总值二氧化碳排放比 2005 年下降 60%~65%,非化石能源占一次能源消费比重达到 20%左右,森林蓄积量比 2005 年增加 45 亿立方米左右。中国还将继续主动适应气候变化,在农业、林业、水资源等重点领域和城市、沿海、生态脆弱地区形成有效抵御气候变化风险的机制和能力,逐步完善预测预警和防灾减灾体系。

2.5 小 结

完善契合的可持续发展指标体系,对决策者确定实施可持续城市化的适当政策以及应对与城市化相关的问题至关重要。现有的可持续城市化指标体系多种多样,在指标数量、维度指标之间的比例以及指标的含义等方面存在差异。各指标体系的应用水平在现有系统中也存在明显差异,指标体系间的可比性较差。2015 年通过的联合国可持续发展目标(SDGs)和具体目标,为各国实现可持续发展状况的评价提供了一个协调统一的、整体的指标框架。

不同城市以 SDG11 为导向,建立开放的城市可持续性评价指标体系框架,可根据区域生态、环境、社会、经济特征,添加区域性指标。此指标体系将有助于反映不同城市在应对联合国和国际社会普遍关注的可持续发展议题方面的现状与存在的问题,为推进城市可持续发展提供建议。同时,随着遥感与网络大数据等数据源的不断更新,以及人工智能、机器学习等技术的蓬勃发展,未来可以不断探索如何将地球大数据应用于 SDG11 指标的监测评估。

参 考 文 献

高峻, 张中浩, 李巍岳, 等. 2021. 地球大数据支持下的城市可持续发展评估:指标、数据与方法. 中国科学院院刊, 36: 940-949.

倪鹏飞, Kamiya M, 郭靖, 等. 2021. 中国城市践行联合国可持续发展目标 11 的进展评估. 城市与环境研究, (3):36-55.

王鹏龙, 高峰, 黄春林, 等. 2018. 面向 SDGs 的城市可持续发展评价指标体系进展研究. 遥感技术与应用, 33: 784-792.

伍亿真, 施开放, 余柏蒗, 等. 2021. 利用 NPP-VIIRS 夜间灯光遥感数据分析城市蔓延对雾霾污染的影响. 武汉大学学报(信息科学版), 46: 777-789.

Babu S S, Datta S K. 2015. Revisiting the link between socio-economic development and environmental status indicators—Focus on panel data. Environment, Development and Sustainability, 17: 567-586.

Cook D, Saviolidis N M, Davíðsdóttir B, et al. 2017. Measuring countries' environmental sustainability performance—The development of a nation-specific indicator set. Ecological Indicators, 74: 463-478.

de Sherbinin A, Levy M A, Zell E, et al. 2014. Using satellite data to develop environmental indicators. Environmental Research Letters, 9(8): 084013.

Dizdaroglu D. 2015. Developing micro-level urban ecosystem indicators for sustainability assessment. Environmental Impact Assessment Review, 54: 119-124.

Huete A, Didan K, Miura T, et al. 2002. Overview of the radiometric and biophysical performance of the MODIS vegetation indices. Remote sensing of Environment, 83: 195-213.

Jean N, Burke M, Xie M, et al. 2016. Combining satellite imagery and machine learning to predict poverty. Science, 353: 790-794.

Lee Y J, Huang C M. 2007. Sustainability index for Taipei. Environmental Impact Assessment Review, 27: 505-521.

Luan W, Lu L, Li X, et al. 2017. Weight determination of sustainable development indicators using a global sensitivity analysis method. Sustainability, 9(2): 303.

Mascarenhas A, Nunes L M, Ramos T B. 2015. Selection of sustainability indicators for planning: Combining stakeholders' participation and data reduction techniques. Journal of Cleaner Production, 92: 295-307.

Moldan B, Janoušková S, Hák T. 2012. How to understand and measure environmental sustainability: Indicators and targets. Ecological Indicators, 17: 4-13.

Montgomery M R, Stren R, Cohen B, et al. 2013. Cities Transformed: Demographic Change and Its Implications in the Developing World. London: Routledge.

Newman P, Jennings I. 2012. Cities As Sustainable Ecosystems: Principles and Practices. Island Press.

Panda S, Chakraborty M, Misra S K. 2016. Assessment of social sustainable development in urban India by a composite index. International Journal of Sustainable Built Environment, 5: 435-450.

Pupphachai U, Zuidema C. 2017. Sustainability indicators: A tool to generate learning and adaptation in sustainable urban development. Ecological Indicators, 72: 784-793.

Ramos T B, Caeiro S. 2010. Meta-performance evaluation of sustainability indicators. Ecological Indicators, 10: 157-166.

Sakieh Y, Salmanmahiny A. 2016. Treating a cancerous landscape: Implications from medical sciences for urban and landscape planning in a developing region. Habitat International, 55: 180-191.

Salvati L, Carlucci M. 2014. A composite index of sustainable development at the local scale: Italy as a case study. Ecological Indicators, 43: 162-171.

Shen L, Zhou J. 2014. Examining the effectiveness of indicators for guiding sustainable urbanization in China. Habitat International, 44: 111-120.

Shi K, Chen Y, Yu B, et al. 2016. Urban expansion and agricultural land loss in China: A multiscale perspective. Sustainability, 8(8): 790.

Singh N, Mhawish A, Ghosh S, et al. 2019. Attributing mortality from temperature extremes: A time series analysis in Varanasi, India. Science of the Total Environment, 665: 453-464.

Stossel Z, Kissinger M, Meir A. 2015. Measuring the biophysical dimension of urban sustainability. Ecological Economics, 120: 153-163.

Sun F, Zhao H, Deng L, et al. 2021. Characterizing the warming effect of increasing temperatures on land surface: Temperature change, heat pattern dynamics and thermal sensitivity. Sustainable Cities and Society, 70: 102904.

Tanguay G A, Rajaonson J, Lefebvre J F, et al. 2010. Measuring the sustainability of cities: An analysis of the use of local indicators. Ecological Indicators, 10: 407-418.

Tran L. 2016. An interactive method to select a set of sustainable urban development indicators. Ecological Indicators, 61: 418-427.

Turcu C. 2013. Re-thinking sustainability indicators: Local perspectives of urban sustainability. Journal of Environmental Planning and Management, 56: 695-719.

United Nations. 2015. Transforming Our World: The 2030 Agenda for Sustainable Development. https://sdgs.un.org/2030agenda.

van Donkelaar A, Martin R V, Brauer M, et al. 2016. Global estimates of fine particulate matter using a combined geophysical-statistical method with information from satellites, models, and monitors. Environmental Science & Technology, 50: 3762-3772.

Verma P, Raghubanshi A S. 2018. Urban sustainability indicators: Challenges and opportunities. Ecological Indicators, 93: 282-291.

Wan Z. 2014. New refinements and validation of the collection-6 MODIS land-surface temperature/emissivity product. Remote Sensing of Environment, 140: 36-45.

WCED. 1987. Our Common Future. World Commission on Environment and Development. Oxford: Oxford University Press.

Xing Y, Horner R M W, El-Haram M A, et al. 2009. A framework model for assessing sustainability impacts of urban development. Accounting Forum, 33(3): 209-224.

Zhang Y, Yang Z, Fath B D, et al. 2010. Ecological network analysis of an urban energy metabolic system: Model development, and a case study of four Chinese cities.Ecological Modelling. 221: 1865-1879.

Zoeteman K, Mommaas H, Dagevos J. 2016. Are larger cities more sustainable? Lessons from integrated sustainability monitoring in 403 Dutch municipalities. Environmental Development, 17: 57-72.

第 3 章

地球大数据城市土地利用制图

3.1 引 言

据联合国预测，城市人口将从 2018 年占世界人口的 57.5%增长到 2050 年的 69.1%。人为因素正在从物理方面（土地覆盖）和社会经济方面（土地利用）的不同维度改变着城市土地。了解城市化进程及由此导致的土地利用变化对于自然资源利用、人口统计、健康、全球环境变化和社会可持续发展等越来越重要。不同国家、地区的城市空间增长速度、增长规模不同，用地增长模式、增长形态也大不相同。高速推进的城市化进程提高了经济增长红利，推动了社会文明的进步，也催生了对城市空间的巨大需求。在中国，随着改革开放以来城市化进程的不断推进和经济水平的高速发展，城市空间发生了巨大的变化，城市空间急剧扩张成为各个城市发展的主要特征。

随着对地观测技术的发展，来自不同卫星和传感器的遥感影像为城市空间扩张的监测提供了丰富的数据源。MODIS、Landsat 专题制图仪（TM）/增强型专题制图仪（ETM+）/OLI、美国国防气象卫星计划（defense meteorological satellite program, DMSP）/线性扫描业务系统（operational line-scan system, OLS）等卫星遥感数据已被广泛应用于城市的土地利用、结构、边界、范围制图与变化监测（Li et al., 2016）。近年来，海量的地球观测数据集实现开放获取，高性能计算资源的可用性不断提高，使得大范围的城市制图成为可能。基于地球观测大数据和处理平台框架，国际上利用遥感卫星影像研发了多种城市建设用地和不透水地表产品，将有助于确定未来城市土地利用制图的框架，并更好地支持城市规划、城市环境评估、城市灾害监测和城市交通分析。卫星数据可用于监测国家、区域和全球范围的城市土地演变，信息和通信技术的进步使人们可以获得地理空间大数据（geospatial big data, GBD）。为了捕获城市功能模式的复杂性和多样性，大量研究同时利用遥感和地理空间大数据的优势来探究城市空间的物理和社会经济特征

(Qi et al., 2019; Zhang et al., 2021)，更深入地理解城市地表，以解决世界上诸多紧迫的城市环境和可持续发展问题。

3.2 城市建设用地制图

城市建设快速发展，城市用地不断向外蔓延，交通网络也不断扩展，受此影响的土地利用方式发生了很大的变化。城市建设用地的扩张和变化影响着城市生态环境和社会经济的可持续发展。遥感技术是城市空间信息动态采集与监测的重要手段。目前，已有多个国际组织和机构研发了全球尺度的建设用地或不透水地表制图产品，并在全球范围内开放共享。

3.2.1 全球人类住区图层

大范围的城市建设用地制图可以提供关于土地开发强度和生态环境的基本信息，也是支持人居环境研究与规划的重要数据集。全球人类住区图层（global human settlement layer, GHSL）是由欧盟委员会联合研究中心（JRC）研制的一套全球尺度人类居住区遥感产品数据集。GHSL 是一个开放、免费和无须注册即可下载的数据集，其具有开放输入、开放方法和开放输出的特点(Pesaresi et al., 2013)。GHSL 能够提供建设用地（BU）和非建设用地（NBU）的系统化区分和识别方法，这些区域是在完全自动处理的方式下进行计算得到的。符号机器学习（symbolic machine learning, SML）是一种基于经验多维直方图概念的提取方法，也是 GHSL 进行城市信息提取的核心方法。其能够以前所未有的空间分辨率和空间尺度来绘制大规模、复杂的人类住区信息地图。此外，GHSL 跨越了一段相当长的时间范围（1975～2016 年），完整数据集的空间分辨率高达 30m。GHSL 不仅捕捉了大城市的细节信息，同时也包含了城镇和村庄等较小居民点的信息。因此，它是城市化进程分析的理想数据集。2020 年 10 月 29 日，GHSL 公开发布了一个应用 Sentinel-2 卫星遥感数据获取的、免费开放的全球建设用地数据集，空间分辨率为 10m，当时该数据集是最详细的全球建设用地地图，比以往的数据产品更详细、更准确地展示了人类在地球上的印记。

目前，GHSL 数据集包括 BUILT-UP、GHS POP 和 GHS settlement model 三类数据，具体包含以下 11 种产品。

(1) 全球建设用地栅格图层数据（GHS-BUILT）：数据源来自 1975 年、1990 年、2000 年、2014 年的 Landsat 卫星影像（GLS1975、GLS1990、GLS2000 及 Landsat 8 collection 2013 年/2014 年），空间分辨率为 30m、250m 和 1000m。

(2) 全球人口栅格图层数据（GHS-POP）：根据 GHSL 建设用地分布和密度数

据将 1975 年、1990 年、2000 年、2015 年的 CIESIN GPWv4.10 人口数据，由行政区单元分解到像元，空间分辨率为 250～1000m。

（3）人类住区模型栅格数据（GHS-SMOD）：数据源来自以上的 GHS-POP 和 GHS-BUILT，运用欧盟统计局描述的"城市化程度"方法，利用人口数量、人口与建设用地密度的规则将人类住区划分为不同类型。

（4）Sentinel-1 建设用地栅格图层数据（GHS-BUILT-S1）：数据源来自 2016 年 Sentinel-1 影像，基于大尺度像素级别的深度学习框架，使用卷积神经网络（CNN）生成，空间分辨率为 20m。

（5）Sentinel-2 建设用地栅格图层数据（GHS-BUILT-S2）：数据源来自 2017～2018 年合成的全球 Sentinel-2 多波段影像，基于大尺度像素级别的深度学习框架，使用卷积神经网络生成，空间分辨率为 10m。

（6）城市中心数据库（GHS-UCDB）：描述了城市中心空间实体，基于 GHSL 多时相专题属性数据与其他数据源获取。

（7）欧洲建设用地图层数据（ESM）：该数据使用了目前已知的大部分商用高分辨率卫星影像，时间为 2014～2016 年，空间分辨率达到 2m。

（8）多波段 Sentinel-2 栅格数据（GHS-CompositeS2）：基于谷歌地球引擎（Google Earth Engine）可获取的 L1C 级别的 Sentinel-2 数据合成得到的全球无云像元，空间分辨率为 10m，时间跨度为 2017～2018 年，包括红、绿、蓝、近红外四个波段，是生成 GHS-BUILT 的核心数据。

（9）城市功能区实体（GHS-FUA）：划分出至少 15%的人口通勤到城市中心的行政单元，基于城市中心数据库（urban centre database, UCDB）人类活动特征估计的区域。

（10）城市化水平分类数据（GHS-DUC）：将所有的 GADM 3.6 行政单元进行城市化水平分类。

（11）增强型活动人口估计数据（ENACT-POP）：用于研究分季节、分白昼和夜间的人口数据，时间为 2011 年。

由于 GHSL 包含详细的空间信息数据，在极大的时间跨度内覆盖全球范围，因此，可以通过 GHSL 研究分析关于人居信息的时空特征。GHSL 通过建成区信息和人口普查数据相结合，来提供全球人类住区信息。其被认为是具有高分辨率的无缝全球拼接分类地图产品（Sliuzas et al., 2017）。GHSL 可以为灾害风险管理、土地建模以及国际科学和决策者提供数据支持，用来解决区域政策、城市化、灾害等带来的危机。其发展了一种全新、开放和创新的数据处理技术，并用以支持对全球范围内城市化趋势和动态的理解与认识，从而提供了一种关于全球城市化进程的新观点。

3.2.2 全球城市足迹数据

城市化会对环境、经济、政治、社会和文化产生深远影响。未经合理规划和管理的城市化可能造成自然栖息地破坏、生物多样性和肥沃土壤丧失、气候影响、废弃物增加、空气污染、社会冲突或运输和交通问题等。居住区是人类活动的中心。因此，深刻理解人类居住区的全球空间分布和演变是确保城市和农村居住区可持续发展的一个关键因素。

全球城市足迹(global urban footprint, GUF)计划是由德国航空航天中心(DLR)和德国遥感数据中心(DFD)发起的，利用城市足迹处理器（UFP）获取全球人类住区制图的计划。GUF 采用的输入数据是 TerraSAR-X 和 TanDEM-X 在条带模式下采集的 3m 分辨率的单视斜距复数(single look slant range complex, SSC)影像的幅度值。数据处理过程包括三个基本步骤(图 3.1)。首先，从所有原始振幅图像中提取纹理特征(斑点散射)，突出显示以高度多样化和异质性后向散射为特征的区域，也就是雷达图像中由建筑物和其他垂直结构的双次散射效应，以及大面积阴影区域引起的城市建成区的典型特征。其次，经过一个全自动的分类过程，根据相应的幅度和纹理图像，为每个场景生成一个二值居民地图层。因此，纹理和幅度图像中具有高值的像元被定义为建设用地，而其他剩余区域则分类为非建设用地。最后，基于半自动化质量评估进行数据镶嵌和后处理。

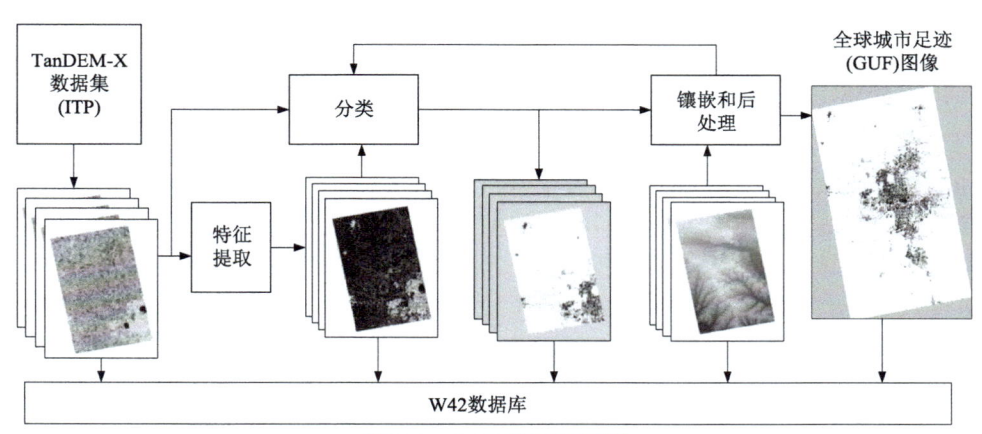

图 3.1 GUF 处理流程图

GUF 生成的结果图(图 3.2)可以用三种颜色显示：黑色表示"城市地区"，白色表示"陆地表面"，灰色表示"水体"。这种表示突出了人类居住区的空间格局，有利于分析城市结构、居住区的比例、区域人口分布以及农村和城市地区的形态。当同时查看整个 GUF 时，欧洲、美国东海岸和亚洲的大都市地区从中脱颖而出，人们甚至可以识别大城市中沿道路延伸的小村庄、单个农舍或未建成的走廊。为了对定居点格局进行全面和客观的分析，DLR还开发了一种显示定居点之间空间网络的方法。这样就可以计算各种形式和中心性度量，这些度量可以用于从全球到局部尺度的不同空间单位的定居模式的定性和定量表征。GUF在加强气候建模、地震或海啸地区的风险分析以及监测人类对生态系统的影响方面具有很大的潜力。此外，它还可以监测不同定居点的历史增长以及持续的未来发展。基于以上研究，可以实现对世界不同区域之间城市的动态比较和分析。

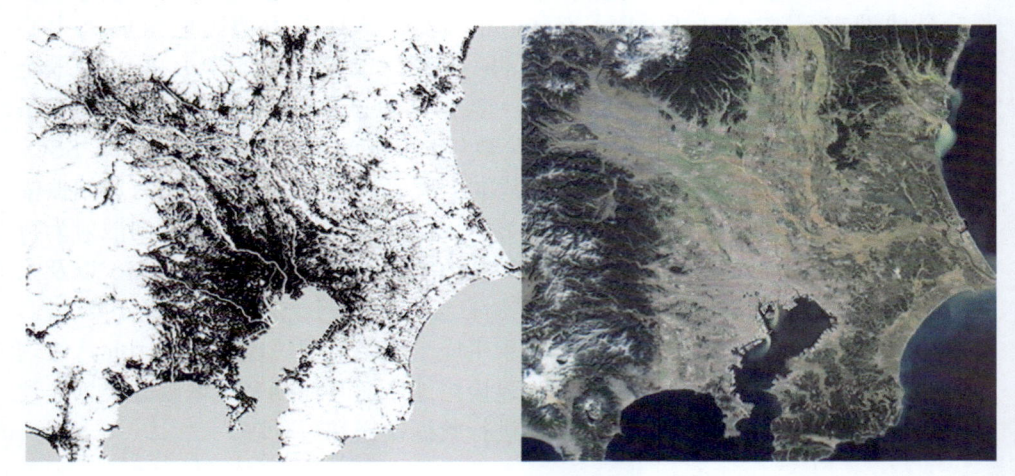

图 3.2　GUF 与光学卫星数据对比（东京地区）

3.2.3　全球人造不透水地表产品

　　当前，全球城市人口已经超过了农村人口，且预计城市人口的比例在未来会继续增加。这些新增的城市人口将主要集中在东亚和非洲等发展中国家和地区，对当地的生态环境和可持续发展提出了新挑战。城市建成区及周边生态环境的评估较大程度上依赖于城市区域空间范围的确定，但目前这类数据特别是多时相数据的获取仍然以人工目视解译为主，缺乏在区域和全球尺度上较为一致的制图方法和相关的数据集。

　　针对这一问题，清华大学地球系统科学系首次完成了高空间分辨率(30m)全球人造不透水地表(global artificial impervious area，GAIA)逐年动态数据产品（1985～2018年）制图（Gong et al., 2020），该数据可以通过清华大学数据共享网站进行开放下载①。GAIA采用的数据源包括近150万景长时序的Landsat光学影

---

① https://data-starcloud.pcl.ac.cn/zh。

像及夜间灯光数据和 Sentinel-1 雷达数据等其他的辅助数据。首先，通过空间掩膜和特征评价(exclusion-inclusion)算法，实现对逐年不透水地表的快速制图。其次，通过时间一致性检验(temporal consistency check)算法，对初始的不透水面序列数据进行时间域滤波和转化逻辑推理，从而保证获取的不透水面序列在时空上的合理性。针对全球干旱区不透水面制图的难点，引入 Sentinel-1 雷达数据和夜间灯光数据，较之前的研究显著提高了在干旱区产品的制图精度。通过对典型年份的精度评价进行分析可知，GAIA 的平均总体精度超过了 90%。同时，对比全球主要的城市数据产品发现，GAIA 在城市面积的量级和时序特征上均更为合理。该数据表明，北美和亚洲占据了全球不透水面近 70% 的面积。过去近 30 年，亚洲地区的不透水面在全球的占比从 34% 跃升到 43%。中国和美国作为全球主要的城市化区域，其不透水面占全球约 50%，且中国的城市化面积在 2015 年已超过美国、东亚和南亚地区，是过去 30 年全球城市化的主要引擎。GAIA 揭示了全球主要国家和地区城市化速度的差异，为全球城市化研究提供了重要的基础数据。

此外，基于已开发的全球高分辨率人造不透水面制图产品，研究人员提取了多时相(1990 年、1995 年、2000 年、2005 年、2010 年、2015 年和 2018 年)的全球城市边界(global urban boundary，GUB)数据集（Li et al., 2020）。GUB 数据集可以开放访问①，其采用全球一致的边界定义和绘制方法，通过算法自动根据不透水面的分布进行城市边界划定(图 3.3)。全球多时相城市边界数据是评价城市生态环境和建成区构成的重要基础数据和评价单元。作为全球城市研究的重要基础数据，GUB 数据集能够支持联合国可持续发展目标的相关研究，为全球城市科学发展提供决策支持。

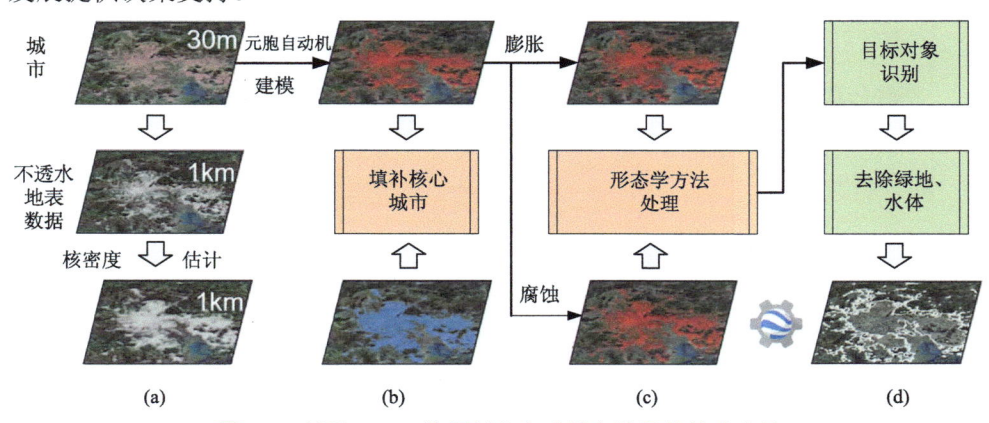

图 3.3 基于 GAIA 数据划定全球城市边界的技术路线

(a)生成核密度图；(b)划定初始城市边界；(c)改善城市边缘区域周围的城市边界；(d)生成城市边界的后处理

---

① https://data-starcloud.pcl.ac.cn/zh。

3.2.4 全球地表覆盖产品

全球地表覆盖(global land cover，GLC)的准确表征对于可持续发展监测、环境变化、土地资源管理以及许多其他应用领域都至关重要(Liu et al., 2021)。近几十年来，利用卫星遥感数据成功生成了许多 GLC 产品，包括空间分辨率为 1km 的全球 GLC_2000 陆地覆盖分类产品、国际地圈-生物圈计划(International Geosphere-Biosphere Programme，IGBP)土地覆盖分类产品(IGBP_DISCover)、500m 的中分辨率成像光谱仪(MODIS)陆地覆盖产品(MOD12Q1)和 300m 的全球土地覆盖(global cover)地图及欧洲航天局(ESA)气候变化倡议土地覆盖产品(CCI_LC)。然而，这些粗分辨率的 GLC 产品并没有提供足够的空间细节。近年来，GLC 制图正朝着提供更高的空间分辨率和更精细的分类体系的方向发展。随着高分辨率卫星遥感数据的免费获取以及计算和存储能力的提高，分辨率为 10～30m 的 GLC 产品不断涌现，包括 GlobeLand30、FROM_GLC、GLC_FCS30、ESA-S2-LC20 和 FROM_GLC10。

经过跨学科的协同创新，我国研究创建了成套全球地表覆盖遥感制图的总体技术方法，研制出了全球 30m 地表覆盖数据 GlobeLand30(图 3.4)。GlobeLand30 由国家基础地理信息中心使用基于"像元-对象-知识"(POK)方法开发，其 2000 年、2010 年和 2020 版本分别于 2014 年和 2020 年发布，可通过网络免费下载[①]。相较于粗分辨率产品，GLC 数据集提供了更多的地表覆盖模式细节，并可以监测大多数人类活动所引起的地表覆盖变化。该数据集包含 10 个主要的地表覆盖类

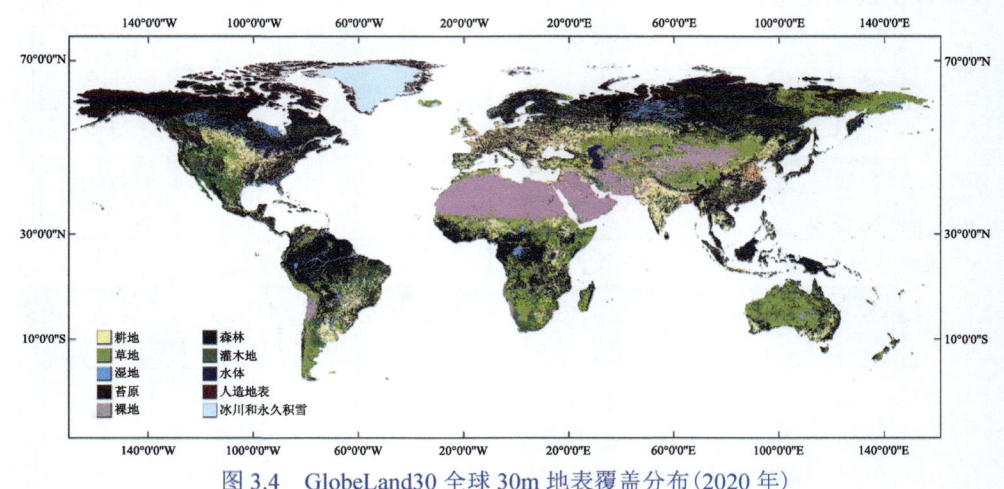

图 3.4 GlobeLand30 全球 30m 地表覆盖分布(2020 年)

---

① http://www.webmap.cn/mapDataAction.do?method=globalLandCover。

型(表 3.1)，分别是耕地、森林、草地、灌木地、湿地、水体、苔原、人造地表、裸地、冰川和永久积雪。按照产品定义的全球分幅，GlobeLand30 共有 966 个数据集，面积覆盖全球陆地表面 1.49 亿 km^2。与前两个版本数据集相比，2020 年版本数据首次生成了完整的南极洲 30m 地表覆盖数据，并填补了北纬高纬度区域地表覆盖信息的空白，累计增加 113 个数据集，真正实现了 30m 地表覆盖数据对全球陆地表面的全覆盖，影像数据源更加丰富，质量进一步提升，其中国产自主卫星影像覆盖度达 67%。通过技术创新，变化检测、分层更新、知识化检核等全球地表覆盖更新技术得以实现，为更新工作顺利开展提供了有力技术保障，大幅度提升了地表覆盖数据的质量。

表 3.1　GlobeLand30 地表覆盖分类系统

类型	内容	代码
耕地	用于种植农作物的土地，包括水田、灌溉旱地、雨养旱地、菜地、牧草种植地、大棚用地、以种植农作物为主有果树及其他经济乔木的土地，以及茶园、咖啡园等灌木类经济作物种植地	10
森林	乔木覆盖且树冠盖度超过 30% 的土地，包括落叶阔叶林、常绿阔叶林、落叶针叶林、常绿针叶林、混交林，以及树冠盖度为 10%~30% 的疏林地	20
草地	天然草本植被覆盖，且覆盖度大于 10% 的土地，包括草原、草甸、稀树草原、荒漠草原，以及城市人工草地等	30
灌木地	灌木覆盖且灌丛覆盖度高于 30% 的土地，包括山地灌木、落叶和常绿灌丛，以及荒漠地区覆盖度高于 10% 的荒漠灌丛	40
湿地	位于陆地和水域的交界带，有浅层积水或土壤过湿的土地，多生长有沼生或湿生植物，包括内陆沼泽、湖泊沼泽、河流洪泛湿地、森林/灌木湿地、泥炭沼泽、红树林、盐沼等	50
水体	陆地范围液态水覆盖的区域，包括江河、湖泊、水库、坑塘等	60
苔原	寒带及高山环境下由地衣、苔藓、多年生耐寒草本和灌木植被覆盖的土地，包括灌丛苔原、禾本苔原、湿苔原、高寒苔原、裸地苔原等	70
人造地表	由人工建造活动形成的地表，包括城镇等各类居民地、工矿、交通设施等，不包括建设用地内部连片绿地和水体	80
裸地	植被覆盖度低于 10% 的自然覆盖土地，包括荒漠、沙地、砾石地、裸岩、盐碱地等	90
冰川和永久积雪	由永久积雪、冰川和冰盖覆盖的土地，包括高山地区永久积雪、冰川，以及极地冰盖等	100

GlobeLand30 V2020 数据精度评价由中国科学院空天信息创新研究院牵头完成，基于景观形状指数抽样模型进行全套数据布点，共布设样本超过 23 万个。评价结果表明，GlobeLand30 V2020 数据的总体精度为 85.72%，Kappa 系数为 0.82。地表覆盖及其变化是环境变化研究、地理国情监测、可持续发展规划等不可或缺的重要基础信息和关键参量。中国研制的 GlobeLand30 数据集是全球首套 30m 分

辨率全球地表覆盖数据集，包含了更加丰富详尽的全球地表覆盖空间分布信息，能更好地刻画大多数人类土地利用活动及其所形成的景观格局。该成果已开始在全球生态环境监测、可持续发展研究等方面发挥重要作用，并为我国地理国情监测奠定了坚实基础(陈军等, 2014; Jun et al., 2014)。

3.3 城市土地利用制图

新兴的地理空间大数据(GBD)为城市土地覆盖(物理环境)制图向城市土地利用(居住环境)制图的转变提供了可能。融合遥感和地理空间大数据的城市土地利用产品在城市管理中应用广泛，主要应用领域包括城市规划、城市环境评估、城市灾害监测、城市交通分析等。通过将地理空间大数据特征添加到传统的基于遥感的城市制图中，可以更深入地理解城市社会经济属性。

3.3.1 特征提取

遥感在城市制图中的应用由来已久。然而，城市功能模式复杂多样，仅通过遥感数据难以准确地捕捉这些信息。新兴的地理空间大数据有助于我们从物理方面(城市土地覆盖)到社会经济方面(城市土地利用)理解城市土地，是对遥感数据的有力补充。环境传感器、照相机、网络摄像头、社交媒体等固定和移动传感器，甚至城市居民的日常活动，每天都能够产生大量的地理数据，如移动电话数据、交通轨迹、地理标记的照片和社交媒体数据等，它们为揭示城市是如何运行的提供了一种途径。遥感和地理空间大数据特征的提取是城市土地利用识别的基础，城市土地利用产品的性能很大程度上依赖于这些特征。因此，本节主要介绍了几种常用于城市土地利用类型识别的遥感和地理空间大数据特征。

从城市土地利用分类中使用的遥感影像派生出的特征可以分为光谱、纹理、时间和空间特征。其中，光谱和纹理特征是遥感数据提取城市土地利用信息的共同特征，因为不同的光谱和纹理可以反映不同的城市土地利用类型。时间序列信息等时间特征通过提供有关城市土地利用类型的有价值信息，改善城市土地利用制图。深度学习技术为从如WorldView-3、GF-2和SPOT-5等甚高分辨率(VHR)卫星图像中自动提取空间特征提供了新的可能性，而空间特征有助于在非常详细的尺度上对城市土地利用进行分类。围绕城市土地利用分类，从遥感影像提取的特征主要包括以下几种类型。

(1)光谱特征：一般来说，城市建设用地的光谱特征在近红外波段(NIR)中显示出较低的反射率，而植被在近红外波段中具有较高的反射率。此外，可见光、短波红外(SWIR)和微波区域的波谱也适合表征城市地物类型。Landsat、Sentinel-2

等拥有丰富光谱信息的遥感数据的发展，为获取有关城市土地利用物理属性的详细信息提供了可能。然而，相邻光谱波段之间存在高度相关性，导致信息的冗余。

(2)纹理特征：纹理特征包含色调变化空间分布的丰富信息，能够表征城市表面的结构格局及其与周围环境的关系。不同的纹理（如粗糙、光滑、波纹、不规则和有线条）显示出不同的图像特征（如均匀性、线性结构和对比度）。在具有高度异质性的城市景观中，具有不同大小、图案、结构和形状的地面物体共存。因此，采用从遥感影像中提取的丰富的纹理特征，有助于提高土地利用分类的准确性。

(3)时间特征：时间特征是指城市表面的光谱和纹理特征随时间变化所引起的差异。由于植被生长具有明显的季节性，时间特征的使用能够有效地提高植被和其他土地覆盖类型制图的精度。由于秋季和冬季城市表面裸露的土地较多，城市土地利用制图的结果往往不太准确。基于生长季获取的遥感影像，获取不同地物类型的时间变化特征，能够区分具有不同物候特征的城市植被。

(4)空间特征：除了光谱、纹理和时间特征外，从遥感数据中提取的最常用的特征是空间特征。随机森林模型、支持向量机和决策树等传统机器学习方法能够处理光谱、纹理和时间特征等遥感图像的基本特征。监督卷积神经网络模型和非监督自动编码器模型等深度学习算法，可以由分层结构从遥感影像中提取高级别的空间信息，表现出显著的图像表达和理解能力。高分辨率遥感影像具备精细的城市土地利用结构信息（即空间细节），因此通常应用深度学习技术，从高分辨率遥感影像中获取城市土地利用的空间信息。

移动定位、无线通信和物联网的发展促进了大数据的快速增长。根据Kitchin和McArdle(2016)的研究，大数据一方面由其大容量所定义，另一方面由其特征（如数量、种类和速度）定义。Liu等(2016)进一步将大数据的特征定义为穷尽性、关系性、准确性、价值性和可变性。地理空间大数据，即具有地理参考的大数据，大多数由固定和移动的传感器生成，包括环境传感器、摄像头、网络摄像头和社交媒体，甚至居民的日常活动。土地利用制图最常涉及的地理空间大数据包括社会传感(social sensing, SS)数据、社交媒体数据(social media data, SMD)和志愿地理信息(volunteered geographic information, VGI)数据。社会传感和公众感知(citizen sensing, CS)的内容和概念比较广泛。公众感知不包含公司和机构生成的数据，VGI侧重于用户生成的数据。地理空间大数据的定义包括上述所有的地理空间数据。

尽管地理空间大数据的质量在空间和时间上可能有所不同，但是地理空间大数据的每个记录都包含了与个人行为相关的空间、时间、语义和序列信息。由于人类时空活动与城市动态社会经济属性之间的高度相关性，新兴的地理空间大数据有助于刻画城市功能模式日益复杂的情况。因此，为了更好地分类和了解城市土地利用，地理空间大数据可以应用于社会经济和人类活动的识别。地理空间大数据的详细特征描述如下。

（1）空间特征：几乎所有地理空间大数据都可以提供空间信息。作为可免费获取的众源地理信息数据，开放街道地图（open street map，OSM）数据，包括建筑物、道路和公园等土地利用信息，是一种十分有用的空间数据源，可用于从遥感图像中提取训练样本以对城市土地利用类型进行分类。谷歌地图和高德地图等也已成功应用于城市土地利用制图。此外，社交媒体数据可以提供间接的空间位置数据。例如，Zhan 等（2014）通过使用推特（Twitter）上签到的社交媒体数据推断出纽约市的城市土地利用类型。

（2）时间特征：手机数据、流量数据、社交媒体数据和智能卡数据等数据源的时间特征可以揭示人类活动的移动模式。Gong 等（2016）参考了出租车轨迹数据的行程目的，分析了九种日常活动类型的时空特征。Shi 等（2019）结合遥感数据，从不同土地利用类型中提取微信用户密度的时间变化。由于包含丰富的人类活动信息，时间特征可以用来提取城市土地利用的社会功能和模式。

（3）语义特征：街景照片、众包地理标记照片和社交媒体照片等是社会传感数据的重要组成部分。从照片中获得的语义特征与从遥感数据中获得的特征有很多共同之处，但也存在一些重要的区别。遥感数据通常由国家和国际组织按照既定原则进行定期的获取，虽然具有较高分辨率的照片数据可能会被一系列组织（如 Google 街景）和个人获取，但其空间和时间可能是临时的，并且质量无法保证。随着图像识别和深度学习技术的发展，从照片中提取语义特征并将其应用于对土地利用信息的感知已成为可能。

（4）序列特征：社交媒体数据和搜索引擎数据已成为当前研究中地理空间大数据的重要来源。利用这些数据序列特征的研究主要包括以下三个方面：获得某个地区的评价指标或主题；获取与该地点相关的情绪信息，如幸福或抑郁；确定公众对热点事件的关注，如灾害、疾病和事故等。

地理空间大数据的每条记录都包含与反映人类行为的个体相关的空间、时间、语义和序列信息，尽管这些信息的质量可能在空间和时间上有所不同。由于人类时空活动与城市动态社会经济属性之间具有高度的相关性，这些新兴的地理空间大数据的应用可以为日益复杂的城市功能模式的刻画提供帮助。

3.3.2 特征融合

目前，已有多种不同的特征融合方法，能够将遥感和地理空间大数据要素进行特征融合，以进行城市土地利用分类。根据数据特征融合模式的不同，可以将融合方法进一步划分为特征级融合（feature-level integration，FI）和决策级融合

(decision-level integration，DI)两类。

1. 特征级融合方法

基于特征级融合的分类中，首先提取遥感和地理空间大数据特征，其次将这些要素融合到城市土地利用分类的集成要素中(图 3.5)。

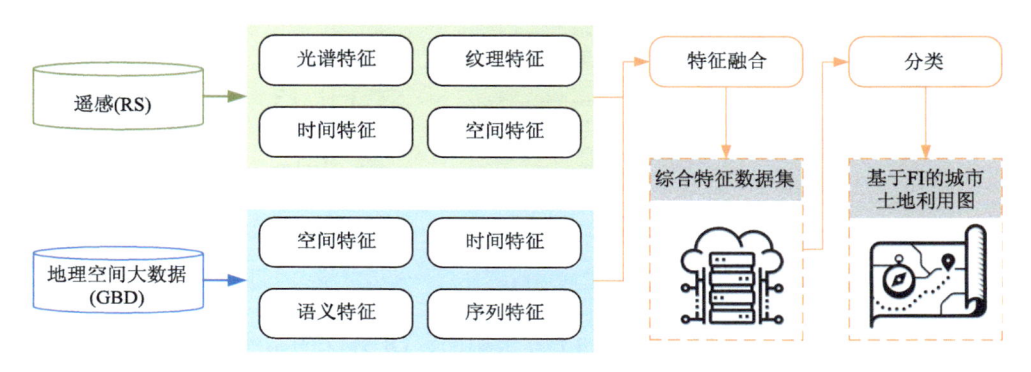

图 3.5 基于特征级融合的分类决策图

因为对象或斑块适用于遥感数据和地理空间大数据，所以大多数 FI 研究使用对象级或斑块级单元作为研究单元。遥感数据通常是网格格式，而地理空间大数据的格式是多种多样的，因此需要统一这两种特征。在特征提取阶段，基于 FI 的分类方法通常分别提取地理空间大数据特征。通过整合地理空间大数据特征，Zhang 等(2019)从遥感中划定了物理特征，包括光谱特征(每个波段的平均值和标准差)和纹理特征(每个波段的对比度、相关性和同质性)，用于城市土地利用分类。Sun 等(2020)提取了光谱和纹理遥感特征、兴趣点(point of interests, POI)频度、POI 空间分布地理空间大数据特征和其他特征，以训练随机森林分类器，将城市功能区识别为住宅区、商业区和工业区。

在特征集成阶段，FI 方法通常使用机器学习技术对遥感和地理空间大数据特征进行分类。Du 等(2020)通过移除道路缓冲区生成城市功能区，然后通过线性判别分析和支持向量机方法对功能区进行分类。此外，卷积神经网络和自动编码器模型等深度学习技术，也被用于城市土地利用制图，以进一步提高分类性能。

2. 决策级融合方法

决策级融合方法基于某种融合规则将基于遥感的分类结果与基于地理空间大数据的分类结果相结合，应用于城市土地利用制图(图 3.6)。

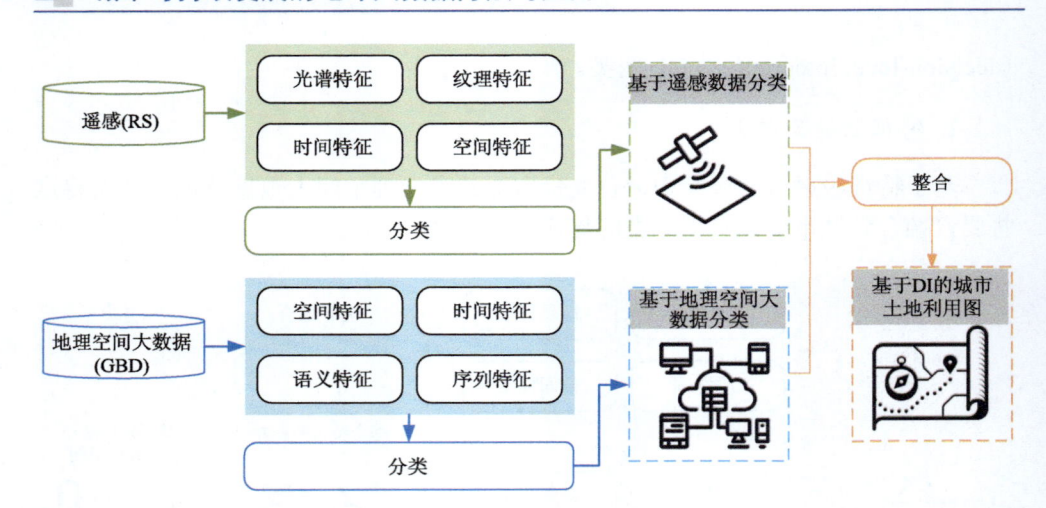

图 3.6　基于决策级融合的分类决策图

Chang 等(2015)研究发现，与 FI 方法相比，DI 方法的基本单位更加多样化，不需要统一分类的基本空间单元，其特点是结合遥感分类结果和地理空间大数据分类结果来提取城市土地利用信息。Jia 等(2018)首先使用支持向量机对遥感影像和手机定位数据进行分类，然后将两种分类结果融合在一起，基于网格单位绘制城市土地利用图。Tu 等(2018)利用分层聚类分析，结合遥感的景观指标和地理空间大数据的人类活动指标，以基于对象的单位研究城市功能模式。利用深度神经网络和 POI 的功能分布，Xu 等(2020)从遥感图像中提取空间地理特征，并对两个结果进行归一化，以识别城市功能区域。Song 等(2018)使用基于对象的方法从遥感数据中生成城市对象，然后使用 POI 对城市对象进行分类和聚合。Zhong 等(2020)提出基于规则分类器制图(RCM)模型把面向遥感的结果和面向地理空间大数据的结果相整合，用于提取城市功能区；基于斑块单位，通过不同的机器学习方法对 POI 数据和遥感图像进行分类，然后通过对每个斑块内的词频进行加权，将具有不同分类系统的两个结果结合。

3. 基于不同融合方法分类的优缺点

特征级融合方法的优点是实现了对遥感和地理空间大数据的信息压缩，可以实时处理。这种方法具有人为干预水平低、处理时间短等特点，还可以实现遥感和地理空间大数据功能之间的功能优化和深度交互。但遥感和地理空间大数据之间的数据质量、时间分辨率、数据格式和数据尺度的变化可能会产生异质性，从而导致对目标的不同表示、描述和解释。决策级融合方法是将遥感和地理空间大数据整合，其数据特征可以在决策级方法中分别计算和处理，从而避免了特征集成和冲突问题。通过重叠的遥感分类和地理空间大数据分类结果获得制图结果，该分类方法的准确性受以上两种处理过程的影响。因此，控制遥感和地理空间大数据分类的具体过程，对于提高土地利用分类的精度和性能十分重要。

3.3.3　城市土地利用制图应用

整合遥感和地理空间大数据使得分类算法、计算平台和数据源有所提升，有利于更好地绘制城市土地利用地图。深度学习作为机器学习的一个新分支，建立关于数据的基本参数，并通过使用多层方法来训练计算机自行学习。此外，云计算平台的快速增长为处理大量的遥感与地理空间大数据提供了有前景的解决方案。集成遥感和新兴的地理空间大数据的城市土地利用制图为城市规划、城市环境评估、城市灾害监测和城市交通分析等城市管理提供了较大的潜力(图3.7)。

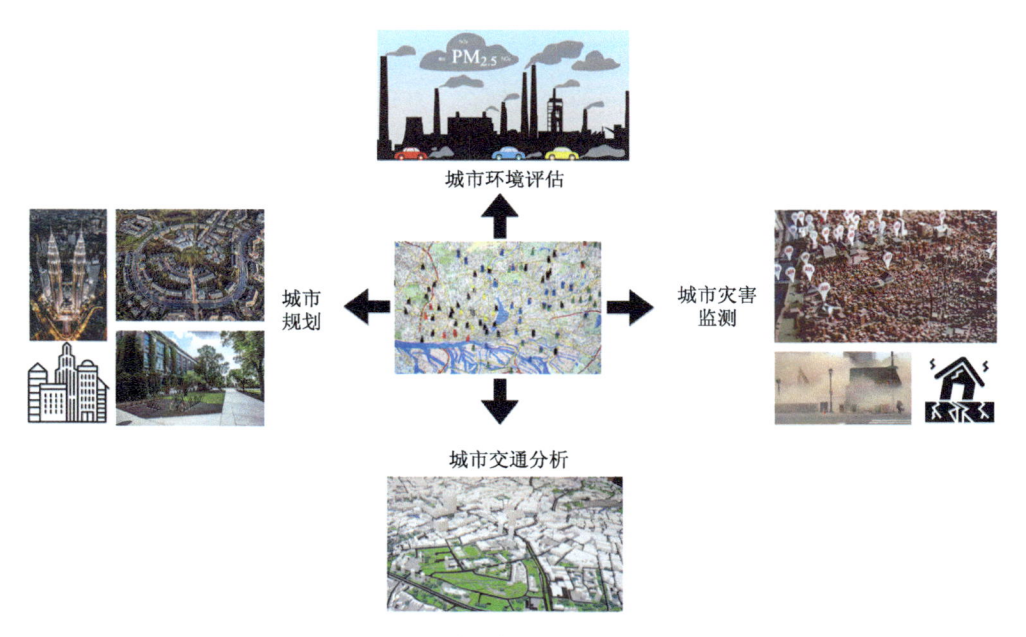

图 3.7　土地利用制图在城市中的应用

遥感和地理空间大数据相结合的城市土地利用地图，使得城市规划体系更加科学高效。Xing 和 Meng(2018)通过整合遥感影像中的景观指标和地理空间大数据的语义特征来提取城市土地利用信息，作为城市规划和管理中的指标。Chen 等(2018)通过从遥感数据中提取土地覆盖特征和从 POI 中提取土地利用特征，来识别城市绿地，协助政府部门进行城市绿地规划。整合遥感和地理空间大数据将有助于从物理特征中改善城市功能，为城市土地利用提供充分和实时的信息。

集成遥感和地理空间大数据的城市土地利用地图的使用，能够支持城市环境、城市热岛和空气污染的监测。Song 等（2019）分析了城市功能区与空气污染物排放之间的关系，并利用遥感和 POI 集成的城市土地利用地图，提出了一种经济高效的空气污染时空模式制图方法。Luan 等（2020）利用遥感和地理空间大数据量化了城市自然表面和非人类活动地表对城市热岛的影响，探讨了城市热岛与城市土地利用模式之间的关系。这些证据表明，空气污染强度与遥感所监测的城市土地覆盖以及地理空间大数据记录的人类活动有关，城市环境的空间格局与土地利用格局有很强的相关性（Pan et al., 2013）。

遥感和地理空间大数据集成的城市土地利用产品，还能为地震、火灾和洪水等历史和将来的灾害分析提供科学参考依据。Li 等（2019）利用遥感和地理空间大数据集成数据进行城市灾害信息检测研究，为灾害管理提供了可靠的方法。Cervone 等（2016）提出了一种在恶劣天气下进行城市损失评估的新框架，通过将遥感实时 Twitter 数据与地理空间数据相结合，获取受灾区域更丰富的信息。

近年来，城市交通拥堵等一系列问题严重影响人类日常生活的质量。一些研究人员利用遥感和地理空间大数据对城市交通进行了综合分析，通过遥感和地理空间大数据的集成，可以更全面地了解城市交通状况。Liu 等（2012）综合应用交通数据和 LandScan 产品，将上海市划分为六个区域，为智能城市的交通管理提供技术支持。

3.4　城市建设用地蔓延分析

全球城市化过程导致人口从农村地区向城市地区的转移和城市建成区的扩大。城市蔓延的一个重要特征是城市地区土地扩张的速度超过了人口增长的速度。城市蔓延可能带来交通拥堵、开发空间减少、能耗增加等一系列负面影响，从而威胁城市的可持续发展。因此，理解城市蔓延的格局、过程和趋势，并采取相应的政策措施，对于 2030 年可持续发展议程实施和可持续城市发展至关重要。

已有研究提出了各种各样的指标来量化城市蔓延的程度和特征（岳文泽等，2020）。其中，空间度量是描述景观结构和模式的定量指数，在量化城市增长、蔓延和碎片化方面发挥了重要作用。卫星遥感数据获取的城市建设用地信息可以与统计数据相结合，增强对城市蔓延模式、过程和影响的理解。过去 30 年中，中国的直辖市和省会城市大多是各省份发展最快的地区。作为国家的主要动力，拥有大量人口和高 GDP 的直辖市和省会城市的发展，被认为是中国城市快速发展的代表。基于城镇建设用地提取数据，本节分析了我国直辖市和省会城市建设用地格局及时空变化特征，详细解释了各个省会城市建设用地蔓延的现象(Lu et al., 2019)。

3.4.1 研究区与数据集

本节以我国直辖市和省会城市为主要研究区，开展城市蔓延分析。为了在区域尺度上对比分析城市蔓延过程，根据社会经济发展水平的同质性，将中国划分为四个不同的经济区域。中国东部地区包括上海、北京、天津、山东、广东、江苏、河北、浙江、海南和福建；中国中部地区包括安徽、山西、江西、河南、湖北和湖南；中国西部地区包括重庆、云南、四川、贵州、陕西、甘肃、青海、内蒙古、宁夏、广西和新疆；中国东北地区包括吉林、黑龙江和辽宁。

1. 遥感数据集

首先，采用 32000 多幅多时相 Landsat 遥感数据，绘制全球范围内城镇建设用地分布图。其中，包括 1990 年获取的 7375 景 Landsat 4/5 专题制图仪(TM)影像、2000 年获取的 8756 景 Landsat 7 增强型专题制图仪(ETM+)影像、2015 年获取的 9468 景 Landsat 8 OLI/TIRS 传感器影像。除此之外，为了以五年为间隔监测中国的城市扩张情况，本研究下载并处理了覆盖中国领土的另外三个数据集，包括 1995 年获取的 487 景 Landsat 4/5 TM 影像、2005 年获取的 405 景 Landsat 4/5 TM 和 488 景 Landsat ETM+影像、2010 年获取的 623 景 Landsat 4/5 TM 和 259 景 Landsat ETM+影像。1990 年和 2000 年的数据采用了来自马里兰大学预处理的全球土地调查(GLS)数据集(Gutman et al., 2013)。1995 年的数据来自中国地理空间数据云①，2005 年、2010 年和 2015 年的数据来自美国地质调查局地球资源观测与科学中心。从 20 世纪 90 年代至今，这些输入数据在完整性和传感器特性方面表现出很大的差异。由于 1990 年收集的 32.8%的元数据信息不完整，无法估计大气反射率参数的顶部，因此采用了基于机器学习的分类策略。最后，将 1990 年、2000 年和 2015 年覆盖全球的建设用地产品与 1995 年、2005 年和 2010 年覆盖中国的三个数据集进行综合，生成中国区域的多时相建设用地数据产品。

2. 人口及行政边界数据集

中国根据行政级别将城市分为地级市和县级市，人口建成区的增长大多发生在城市的大都市圈及其附近区域。由于研究期间行政边界的变化可能会影响城市

---

① http://www.gscloud.cn/。

人口数据的统计，将 2017 年的城市边界作为统一的行政边界应用于所有数据集中，以确保1990～2015 年的城市地区和城市人口具有可比性。本研究采用的县、市和省级的行政边界来自中国国家基础地理信息中心。

由于在中国的大城市中常住人口往往比户籍人口多，本研究收集了 1990 年、1995 年、2000 年、2005 年、2010 年和 2015 年的常住人口数据，作为与每个城市的城区范围相对应的人口普查数据，将城市人口变化与城市土地扩张进行关联。对于无法获得常住人口数据的年份，本研究使用社会经济普查公报中相应年份的人口年增长率进行估算；对于并入市辖区的县，收集并添加了早期该县的分类数据，以创建与 2017 年边界一致的人口数据集。

3.4.2 研究方法

1. 城市建设用地分类

遥感影像土地分类常见的方法有监督分类和非监督分类两种。非监督分类是在没有标准样本的情况下，根据影像自身的统计特征和像元之间的相似度，采用聚类分析划分地物类别的分类方法。常见的非监督分类方法有 K 均值分类法、迭代自组织数据分析算法(ISODATA)等。因为其分类结果只是区分了影像中存在的差异，并不能确定类别的属性，需要进一步通过目视判读或实地调查后确定。因此，一般采用监督分类的方法对遥感影像地物进行分类，其根据已知类别的标准样本，来确立一个判别函数和相应的判别准则，然后再将待分类的样本的观测值代入求出判别函数，即可由判别函数对该样本的类别属性做出识别。一些学者在利用遥感影像提取城市建成区时，提出了许多实用的提取方法，使提取精度大大提高。

基于符号的机器学习方法(symbolic machine learning, SML)是一种可以应用于复杂多样的卫星数据处理场景的监督分类技术。通过图像数据量化排序和关联规则分析两个步骤，SML 可以自动生成推理规则。原则上，任何与"建设用地"这一类抽象概念相联系或近似的数据，只要覆盖全球，都可以用来训练分类器，从卫星图像中获取人类住区信息。用于训练 SML 分类器的数据集包括以下全球范围的网格数据。

(1) GlobeLand30 是第一个高空间分辨率(30m)全球开放获取的土地覆盖产品，其通过使用混合的面向像素和面向对象方法的操作可视化分析技术产生。与"人造地表"有关的类别主要包括城市地区、道路、农村住区、露天矿山和采石场，这里用作待检测的 Landsat 卫星影像中地物信息的学习集。

(2) GHS_S1 对应于在 GHSL 框架内由 Sentinel-1 卫星数据绘制生成的空间分

辨率为20m的全球建设用地图。其于2016年开始处理，2017年全面完成；利用了7000多景Sentinel-1A和Sentinel-1B影像。为使GHSL生产工作适应Sentinel-1数据，GHS_S1开发了基于SML分类器的专用工作流。

在GHSL的框架下，建设用地信息生成的策略是基于单景学习和分类的策略，无须将一景影像里学习到的决策规则(将卫星数据实例与类抽象联系起来)转移到另一景卫星影像中。SML的输出结果包括由Landsat卫星数据获得的镶嵌而成的二进制建设用地图层，空间分辨率为30m。

2. 城市蔓延分析方法

城市蔓延是指分散的土地开发现象，其特征是城市扩张期间的低密度、无计划和不均衡的增长模式。这一过程可能导致土地资源低效利用，与可持续发展原则相矛盾。本节从以下三个方面分析中国主要城市蔓延的特征和模式。

首先，分别采用两个定量化的指标，即建设用地年度扩张面积(annual expansion area, AE, km^2)和年度扩张速度(annual rate of urban land expansion, AGR, %)，分析城市建设用地扩张的数量和速度。AGR可以通过将城市扩张转换为标准度量来减少城市土地的规模效应，并广泛用于比较多城市的城市增长率。AE和AGR的计算公式如式(3.1)和式(3.2)所示：

$$\mathrm{AE} = \frac{A_{\mathrm{end}} - A_{\mathrm{start}}}{d} \tag{3.1}$$

$$\mathrm{AGR} = 100\% \times \left[\left(\frac{A_{\mathrm{end}}}{A_{\mathrm{start}}} \right)^{1/d} - 1 \right] \tag{3.2}$$

式中，A_{start}和A_{end}分别为开始时间和结束时间的城市建设用地面积；d为从开始时间点到结束时间点的时间跨度；AE为测量城市面积的年变化。利用获得的多时相城市建设用地产品，计算1990~2015年5个相邻时期各城市的AE和AGR。

其次，使用城市蔓延指数(USI)量化城市蔓延的程度。USI考虑了与城市蔓延程度密切相关的两个关键因素：城市面积和城市人口的年增长率。如果在一个研究时期内，城市面积的增长率超过了人口的增长率，则城市扩张被定义为城市蔓延。USI值越高，表明城市蔓延的程度越大。USI的计算公式如式(3.3)所示：

$$\mathrm{USI}_{(t_1,t_2)} = \mathrm{UA}_{(t_1,t_2)} - \mathrm{UP}_{(t_1,t_2)} \tag{3.3}$$

式中，$\mathrm{USI}_{(t_1,t_2)}$为从t_1年到t_2年的城市蔓延指数；$\mathrm{UA}_{(t_1,t_2)}$和$\mathrm{UP}_{(t_1,t_2)}$为t_1年到t_2年的城市面积和城市人口的年增长率。

$$UA_{(t_1,t_2)} = \left[\left(\frac{A_{t_2}}{A_{t_1}}\right)^{\frac{1}{t_2-t_1}} - 1\right] \times 100\% \tag{3.4}$$

$$UP_{(t_1,t_2)} = \left[\left(\frac{P_{t_2}}{P_{t_1}}\right)^{\frac{1}{t_2-t_1}} - 1\right] \times 100\% \tag{3.5}$$

式中，A_{t_1} 和 A_{t_2} 为城市面积；P_{t_1} 和 P_{t_2} 为城市人口。为了代表全国平均蔓延水平，本研究使用直辖市和所有省会城市的城市建设用地面积和人口总和计算总体 USI。

最后，选择了八个广泛使用的景观指数，进一步揭示研究区域的城市扩张和空间模式的特征(表 3.2)。这些指数是利用 1990~2015 年 5 个相邻时间段每个城市的建设用地产品进行计算。

表 3.2 研究中使用的景观指数

景观指标	英文缩写	表达式	符号含义
城市总面积 (total urban area)	CA	$\sum_{j=1}^{n} a_j \left(\frac{1}{10000}\right)$	a_j = 城市斑块 j 的面积(m^2)
斑块数 (number of patches)	NP	N	n = 城市斑块的数量
最大斑块指数 (largest patch index)	LPI	$\frac{\max_{j=1}^{n}(a_j)}{A} \times 100$	a_j = 斑块 j 的面积(m^2)；A = 所有景观的总面积(m^2)
斑块密度 (patch density)	PD	$\frac{N}{A} \times 10^6$	N = 景观中的斑块总数；A = 所有景观的总面积(m^2)
平均斑块大小 (mean patch size)	MPS	$\frac{\sum_{j=1}^{n} a_j}{N}$	a_j = 城市斑块 j 的面积(m^2)
边缘密度 (edge density)	ED	$\frac{\sum_{k=1}^{m} e_k}{A} \times 10000$	e_k = 城市斑块 j 的边缘总长度(m)，包括景观边界和城市斑块背景；A = 所有景观的总面积(m^2)
平均形状指数 (mean shape index)	MSI	$\frac{\sum_{j=1}^{n} \frac{p_j}{2\sqrt{\pi a_j}}}{n}$	p_j = 城市斑块 j 的周长；a_j = 城市斑块 j 的面积；n = 城市斑块的数量
面积加权的平均斑块分形指标 (area-weighted mean patch fractal dimension)	AWMPFD	$\sum_{i=1}^{m}\sum_{j=1}^{n}\left[\frac{2\ln(0.25 p_{ij})}{\ln a_{ij}}\frac{a_{ij}}{A}\right]$	m = 斑块类型的数量；n = 某一类别的斑块数量；p_{ij} = 斑块 ij 的周长；a_{ij} = 斑块 ij 的面积；A = 所有景观的总面积

以上景观指数用于描述城市形态的规模、破碎化和复杂性。城市景观的大小以城市总面积(CA)、斑块数(NP)和最大斑块指数(LPI)进行描述。一般来说，CA和LPI随着城市的增长而不断增加。在城市快速增长期间，建设用地斑块数(NP)可能会增加。如果城市区域扩张合并为一个连续的空间结构，NP则会减少。斑块密度(PD)、平均斑块大小(MPS)和边缘密度(ED)是衡量城市形态变化的指标。随着时间的推移，斑块密度的增加表明景观的破碎化程度越来越高。较大的MPS表明城市景观更加集中，碎片更少。在大城市，MPS通常沿着从城市到农村的梯度下降。ED衡量城市区域相对于总景观的总边缘，整个城市景观的ED值较低，表明毗连性较高。城市景观的形状复杂性由平均形状指数(MSI)和面积加权的平均斑块分形指标(AWMPFD)来描述。MSI和AWMPFD越高，表明城市区域的形状越复杂和不规则。

3.4.3 结果与讨论

表3.3为城镇建设用地数据的精度评估结果，包括城市建设用地制图结果的总体精度、生产精度、用户精度和Kappa系数。对于建设用地和非建设用地，生产精度和用户精度都超过0.78。由于1990年和1995年获得的Landsat卫星数据质量较差，一些建设用地像元被错分为非建设用地类型，建设用地的生产精度相对较低。1990年、1995年、2000年、2005年、2010年、2015年的Kappa系数分别为0.79、0.59、0.85、0.84、0.80和0.92。这些结果表明，在研究期间，城市土地分类结果与参考数据具有较高的一致性。

表3.3 城市建设用地数据的精度评价结果

年份	总体精度	生产者精度（建设用地）	生产者精度（非建设用地）	用户精度（建设用地）	用户精度（非建设用地）	Kappa系数
1990	0.89	0.92	0.86	0.87	0.92	0.79
1995	0.79	0.78	0.81	0.80	0.78	0.59
2000	0.92	0.93	0.92	0.92	0.93	0.85
2005	0.92	0.94	0.90	0.90	0.94	0.84
2010	0.90	0.95	0.86	0.87	0.94	0.80
2015	0.96	0.95	0.97	0.97	0.95	0.92

图3.8显示了31个直辖市或省会城市的城市蔓延空间格局，大多城市面积在1990~2015年快速扩张。

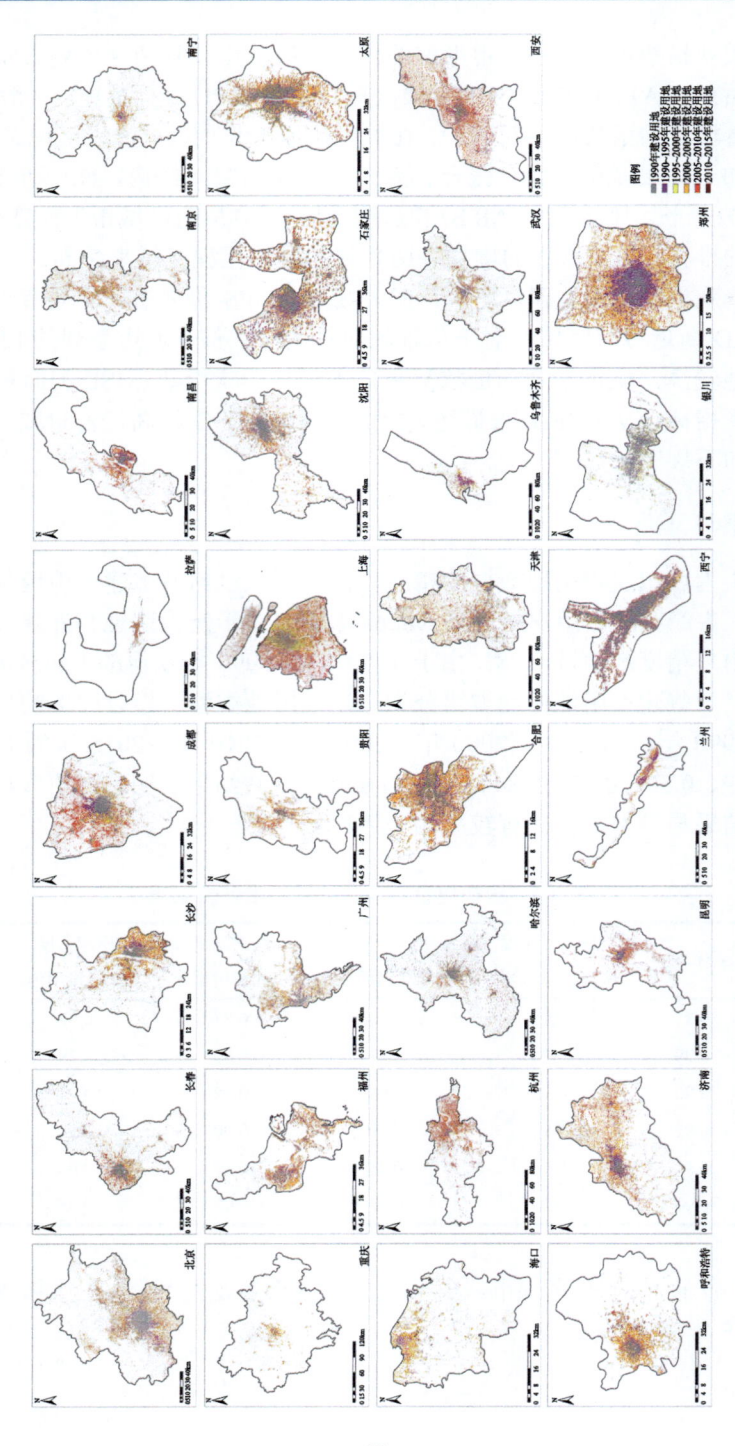

城市可持续发展的地球大数据方法与应用

图 3.8 1990~2015 年中国直辖市和省会城市蔓延动态图

图 3.9 为 1990~2015 年每个城市各时期的城市建设用地面积变化。1990~2015 年，31 个城市的平均 AE 和 AGR 分别为 555.35 km² 和 5.16 %。对比 1990~2015 年不同经济区域城市的 AE 和 AGR[图 3.9(b)]，可以看出西部地区建设用地面积增长最快，AGR 为 6.35 %，其次是中部地区(AGR 为 6.14 %) 和东部地区 (AGR 为 5.06 %)，中国东北地区的城市建设用地增长率最低(AGR 为 3.47 %)。

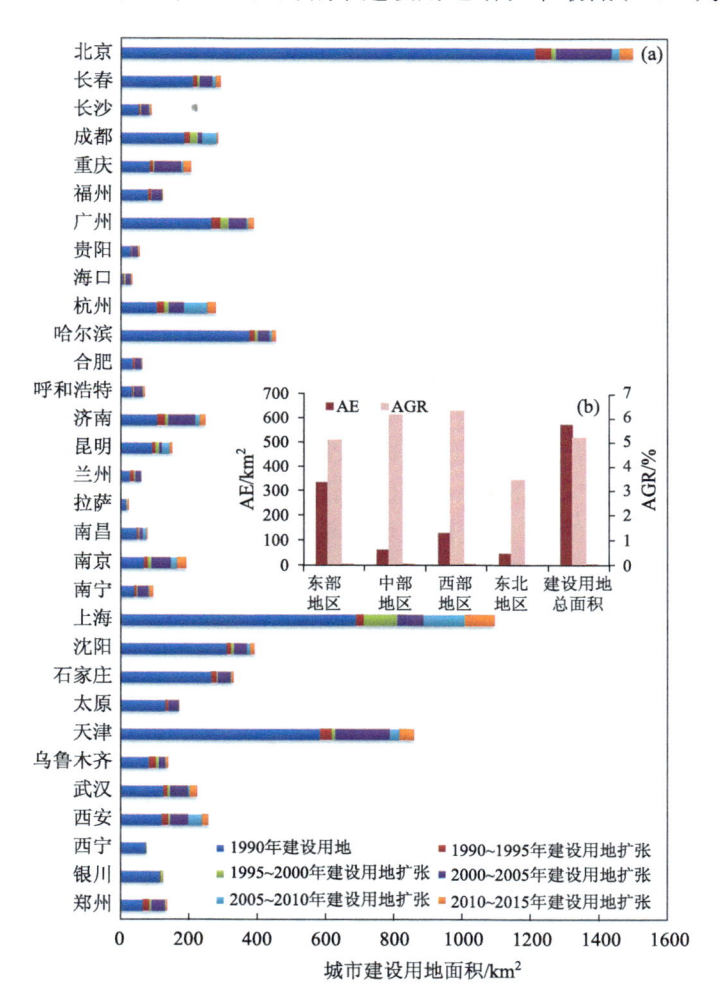

图 3.9 1990~2015 年中国直辖市和省会城市(a)、各经济区域(b)城市建设用地面积变化

表 3.4 列出了 1990~2015 年五个时期的各经济区域的 AE 与 AGR。1995~2000 年，建设用地面积的扩张缓慢，AE 为 303.46 km²，AGR 为 3.84%；城市扩张速度在 2000~2005 年达到顶峰，AE 为 3002.68 km²，AGR 为 11.17 %；自 2005

年开始放缓,四个时期观察到不同的增长率,东部地区城市与所有城市总面积呈现出相同的趋势。1990~1995 年和 2000~2005 年,中部地区城市的增长率最高。与其他地区的城市相比,1995~2010 年,西部地区城市的建设用地增长率相对较高。东北地区城市的建设用地增长率最低,且随时间呈现逐渐降低的趋势。

表 3.4 1990~2015 年各经济区域城市扩张面积和速度

经济区域	1990~1995 年 AE/km²	AGR /%	1995~2000 年 AE/km²	AGR /%	2000~2005 年 AE/km²	AGR /%	2005~2010 年 AE/km²	AGR /%	2010~2015 年 AE/km²	AGR /%
东部地区	208.25	5.54	183.67	3.86	1766.55	10.64	280.84	2.99	267.3	2.49
中部地区	53.75	9.79	17.71	2.35	337.41	15.84	22.4	1.29	40.75	2.17
西部地区	59.93	6.59	78.1	6.28	545.12	12.88	117.48	3.99	81.10	2.34
东北地区	40.41	4.15	23.98	2.1	353.6	7.75	26.75	1.47	39.87	2.01
总面积	362.35	—	303.46	—	3002.68	—	447.47	—	429.02	—

1990~2015 年,所有城市的总面积年增长率为 5.16%,而城市人口增长率仅为 2.31%。29[①]个城市建设用地的增长超过城市人口的增长,总体 USI 为 2.85。在研究的 29 个城市中,只有 3 个城市(石家庄、西宁和银川)没有出现城市蔓延(USI<0),26 个城市(89.66%)出现了城市蔓延(USI>0)(图 3.10)。其中,10 个城市(38.46%)的 USI 低于全国平均水平(0<USI<2.85),其余 16 个城市的蔓延程度高于全国平均水平。根据 2015 年的人口普查数据,中国有 7 个直辖市或省会城市,包括北京、成都、重庆、广州、上海、天津和武汉,人口超过 1000 万,可以定义

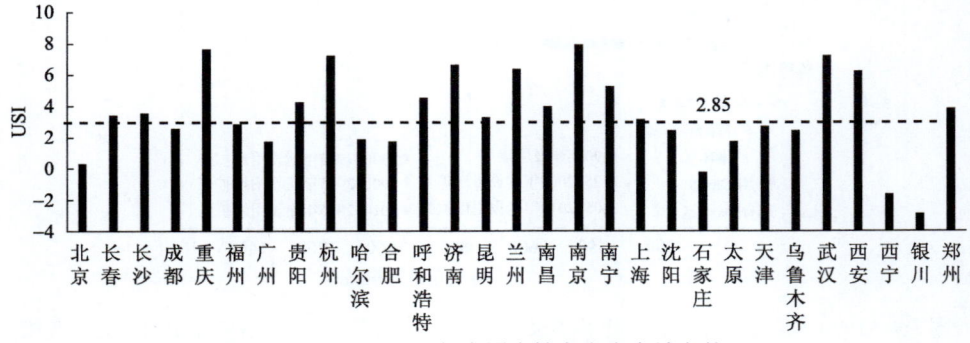

图 3.10 1990~2015 年中国直辖市和省会城市的 USI
虚线代表 USI 的全国平均水平(2.85)

---

① 因缺少海口、拉萨的人口数据,因此分析建设用地和人口增长的关系时变成 29 个城市。

为超大城市。其中，北京、成都、广州和天津的 USI 值低于 2.85，表明这些城市的城市规划和管理实践有利于紧凑的土地开发。相比之下，蔓延最剧烈的城市包括南京、重庆、武汉和杭州，USI 值高于 7。中国中部地区（平均 USI 为 3.61）和东部地区（平均 USI 为 3.57）的城市比西部地区（平均 USI 为 3.41）和东北地区（平均 USI 为 2.54）的城市蔓延程度更大。

除了城市蔓延程度的分析，使用景观格局指标可以进一步量化城市蔓延的时空模式（图 3.11）。从 20 世纪 90 年代开始，在六个不同的时间段量化城市土地空间格局的参数并计算组合成蜘蛛图。对于每个轴，将一个城市特定参数的最大值设置为 1，其余城市的值相对于最大值进行归一化。蜘蛛图通过量化从空间上描述城市环境的景观指标，实现了单个城市空间增长演变的可视化和比较。

整体而言，在城市化进程中，各城市的建设用地总面积呈现出单调增加的趋势。与其他城市相比，上海、北京和天津等超大城市的 CA 值最大，LPI 也呈现出单调上升的趋势。郑州、合肥和太原的 LPI 大于 0.5，表明大的建成区斑块在总景观面积中占主导地位。NP 和 PD 变化趋势一致，31 个城市中有 18 个城市的 NP 和 PD 呈上升趋势，成都、兰州、福州、上海和银川等城市呈下降趋势。NP 或 PD 的增加反映了城市景观碎片化的趋势。填充式扩张有助于减少城市中的斑块密度和景观破碎化，并可以实现更紧凑的城市形态。MPS 的低值表明城市景观更加破碎。南京、南宁、武汉和乌鲁木齐的 MPS 较低（<0.2），重庆显示出破碎化的城市景观格局。在省会城市的都市圈，多指标呈波动上升趋势。上海、福州、兰州和合肥的 MPS 比 1990 年增加了 5 倍。ED 的增加也表明城市土地利用的破碎化程度增加。除西宁外，大部分城市 ED 呈上升趋势。随着城市化的发展，大都市的景观变得更加支离破碎。MSI 和 AWMPFD 衡量了城市景观中斑块形状的复杂性。大多数城市的 MSI 一直在增加，表明随着城市化的发展，城市景观的形状变得更加不规则和复杂。长春、哈尔滨、济南和西安等 12 个城市的 AWMPFD 有所下降，可能表明在新扩建城区的规划得到了有效实施。

结合人口数据，该研究利用过去 25 年的卫星影像绘制了多时相城市建设用地产品，并且对直辖市和省会城市的城市蔓延进行了综合测度和分析。1990～2015 年，西部地区城市建设用地面积增长最快，其次是中部地区和东部地区城市，而东北地区城市增长速度最慢。城市人口增长率为 2.31%，而建设用地面积增长率为 5.16%。在研究的 29 个城市中，26 个城市显示出蔓延趋势，16 个城市蔓延程度超过全国平均水平（USI>2.85）。蔓延最大的城市包括南京、重庆、武汉和杭州，USI 值大于 7。随着城市扩张进程，大多数城市中观察到城市斑块的增长和破碎化程度的增加。在成都、兰州、福州、上海和银川等城市，斑块数量呈下降趋势。MPS 的波动性增长趋势表明直辖市或省会城市都市区的城市用地规模在扩大。

城市可持续发展的地球大数据方法与应用

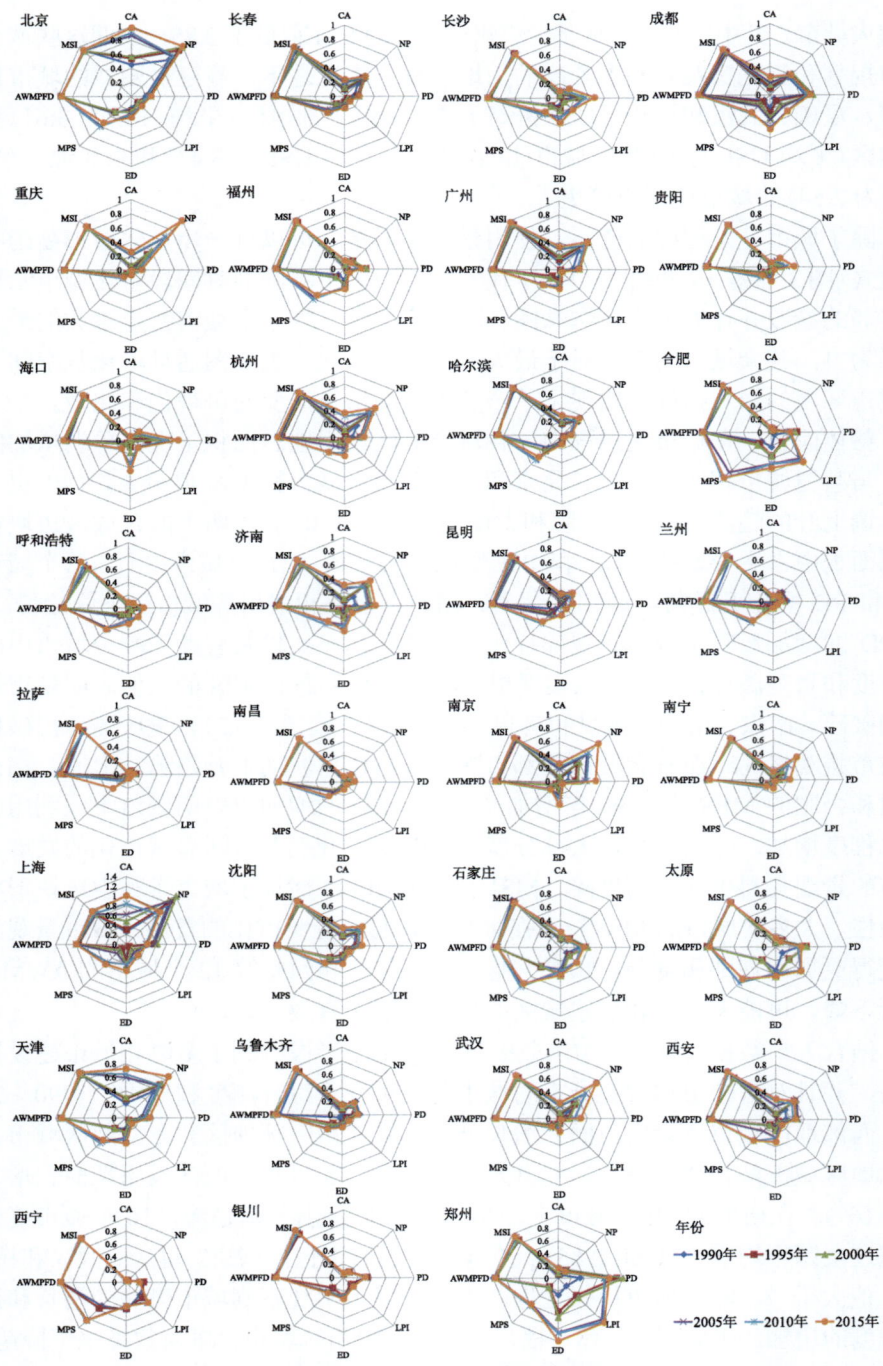

图 3.11　八个景观指数描述的中国直辖市和省会城市土地时空格局

— 50 —

中国当前正处于城市化快速发展阶段，推进城市化高质量发展需要统筹协调城市空间扩张和城市人口增长。本节利用地球大数据的宏观、动态、客观监测能力，对中国不同发展阶段的主要城市进行蔓延对比分析，发现多个城市有低密度蔓延的现象，这将提高人口城镇化的土地成本。为了保证城市的可持续发展，应采取有效措施减缓或抑制城市低密度蔓延趋势，提高土地资源利用效率。在城市化进程中，节约利用土地、提高土地利用效率和提高城市综合承载力必须作为长期坚持的基本方针，才能应对人均土地资源消耗惯性增加的挑战，对于保障耕地安全、生态安全和可持续发展都具有重大意义。利用卫星影像和人口普查数据监测城市蔓延的方法，可以推广应用到正在经历快速城市化进程的其他地区。

3.5 小　结

大数据的革命正在改变着城市科学的研究范式，克服传统数据统计口径不一、统计信息不全和难以获取等问题，凭借其宏观、动态和多样的优势，成为认识地球的"新钥匙"、知识发现的"新引擎"、决策支持的新手段。对城市空间格局清晰、定量的认识和城市空间扩张的监测是确定一个城市是否正在向可持续发展迈进的关键一环。

随着遥感大数据处理云平台的发展，国际上开展了多项全球城市建设用地、不透水地表和地表覆盖制图计划。这些数据产品的开放共享为全球城市化进程的研究和城市扩张过程的分析提供了有价值的基础数据。遥感数据与新兴的地理空间大数据融合，进一步促进了城市土地覆盖向土地利用制图的转变。基于地球大数据的城市土地利用制图和变化分析，可以为 SDGs 在城市区域的评估实践提供数据、方法和应用层面的借鉴，为联合国 SDGs，特别是地球表层与环境、资源密切相关的诸多目标的监测和评估，提供大尺度、长周期的丰富信息。

参 考 文 献

陈军, 陈晋, 廖安平, 等. 2014. 全球30m地表覆盖遥感制图的总体技术. 测绘学报, 43: 551-557.

岳文泽, 吴桐, 刘学, 等. 2020. 中国大城市蔓延指数的开发. 地理学报, 75: 2730-2743.

Cervone G, Sava E, Huang Q, et al. 2016. Using Twitter for tasking remote-sensing data collection and damage assessment: 2013 Boulder flood case study. International Journal of Remote Sensing, 37(1): 100-124.

Chang C, Ye Z, Huang Q, et al. 2015. An integrative method for mapping urban land use change using "geo-sensor" data. Bellevue: Proceedings of the 1st International ACM SIGSPATIAL Workshop on Smart Cities and Urban Analytics: 47-54.

Chen W, Huang H, Dong J, et al. 2018. Social functional mapping of urban green space using remote sensing and social sensing data. ISPRS Journal of Photogrammetry and Remote Sensing, 146: 436-452.

Du S J, Du S H, Liu B, et al. 2020. Large-scale urban functional zone mapping by integrating remote sensing images and open social data. GIScience & Remote Sensing, 57: 411-430.

Gong L, Liu X, Wu L, et al. 2016. Inferring trip purposes and uncovering travel patterns from taxi trajectory data. Cartography and Geographic Information Science, 43(2): 103-114.

Gong P, Li X, Wang J, et al. 2020. Annual maps of global artificial impervious area (GAIA) between 1985 and 2018. Remote Sensing of Environment, 236: 111510.

Gutman G, Huang C, Chander G, et al. 2013. Assessment of the NASA-USGS global land survey (GLS) datasets. Remote Sensing of Environment, 134: 249-265.

Jia Y, Ge Y, Ling F, et al. 2018. Urban land use mapping by combining remote sensing imagery and mobile phone positioning data. Remote Sensing, 10(3):446.

Jun C, Ban Y, Li S. 2014. Open access to earth land-cover map. Nature, 514(7523): 434.

Kitchin R, McArdle G. 2016. What makes Big Data, big data? Exploring the ontological characteristics of 26 datasets. Big Data & Society, 3(1): 2053951716631130.

Li Q, Lu L, Weng Q, et al. 2016. Monitoring urban dynamics in the Southeast U.S.A. using time-series DMSP/OLS nightlight imagery. Remote Sensing, 8(7): 578.

Li X, Gong P, Zhou Y, et al. 2020. Mapping global urban boundaries from the global artificial impervious area (GAIA) data. Environmental Research Letters, 15(9): 094044.

Li Z, Huang Q, Emrich C T. 2019. Introduction to social sensing and big data computing for disaster management. International Journal of Digital Earth, 12(11): 1198-1204.

Liu J, Li J, Li W, et al. 2016. Rethinking big data: A review on the data quality and usage issues. ISPRS Journal of Photogrammetry and Remote Sensing, 115: 134-142.

Liu L, Zhang X, Gao Y, et al. 2021. Finer-resolution mapping of global land cover: Recent developments, consistency analysis, and prospects. Journal of Remote Sensing, 2021: 5289697.

Liu Y, Wang F, Xiao Y, et al. 2012. Urban land uses and traffic "source-sink areas": Evidence from GPS-enabled taxi data in Shanghai. Landscape and Urban Planning, 106(1): 73-87.

Lu L, Guo H, Corbane C, et al. 2019. Urban sprawl in provincial capital cities in China: Evidence from multi-temporal urban land products using Landsat data. Science Bulletin, 64(14): 955-957.

Luan X, Yu Z, Zhang Y, et al. 2020. Remote sensing and social sensing data reveal scale-dependent and system-specific strengths of urban heat island determinants. Remote Sensing, 12(3):391.

Pan G, Qi G, Wu Z, et al. 2013. Land-use classification using taxi GPS traces. IEEE Transactions on Intelligent Transportation Systems, 14(1): 113-123.

Pesaresi M, Huadong G, Blaes X, et al. 2013. A global human settlement layer from optical HR/VHR RS data: Concept and first results. IEEE Journal of Selected Topics in Applied Earth Observations and Remote Sensing, 6(5): 2102-2131.

Qi L, Li J, Wang Y, et al. 2019. Urban observation: Integration of remote sensing and social media data. IEEE Journal of Selected Topics in Applied Earth Observations and Remote Sensing, 12: 4252-4264.

Shi Y, Qi Z, Liu X, et al. 2019. Urban land use and land cover classification using multisource remote sensing images and social media data. Remote Sensing, 11(22): 2719.

Sliuzas R, Kuffer M, Kemper T. Dubai: 2017. Assessing the quality of global human settlement layer products for Kampala, Uganda. 2017 Joint Urban Remote Sensing Event (JURSE), IEEE: 1-4.

Song J, Lin T, Li X, et al. 2018. Mapping urban functional zones by integrating very high spatial resolution remote sensing imagery and points of interest: A case study of Xiamen, China. Remote Sensing, 10(11): 1737.

Song J, Zhao C, Lin T, et al. 2019. Spatio-temporal patterns of traffic-related air pollutant emissions in different urban functional zones estimated by real-time video and deep learning technique. Journal of Cleaner Production, 238: 117881.

Sun J, Wang H, Song Z, et al. 2020. Mapping essential urban land use categories in Nanjing by integrating multi-source big data. Remote Sensing, 12(15):2386.

Tu W, Hu Z, Li L, et al. 2018. Portraying urban functional zones by coupling remote sensing imagery and human sensing data. Remote Sensing, 10(1):141.

Xing H, Meng Y. 2018. Integrating landscape metrics and socioeconomic features for urban functional region classification. Computers, Environment and Urban Systems, 72: 134-145.

Xu S, Qing L, Han L, et al. 2020. A new remote sensing images and point-of-interest fused (RPF) model for sensing urban functional regions. Remote Sensing, 12(6):1032.

Zhan X, Ukkusuri S V, Zhu F. 2014. Inferring urban land use using large-scale social media check-in data. Networks and Spatial Economics, 14: 647-667.

Zhang C, Xu L, Yan Z, et al. 2021. A glove-based POI type embedding model for extracting and identifying urban functional regions. ISPRS International Journal of Geo-Information, 10(6): 372.

Zhang Y, Li Q, Tu W, et al. 2019. Functional urban land use recognition integrating multi-source geospatial data and cross-correlations. Computers, Environment and Urban Systems, 78: 101374.

Zhong Y, Su Y, Wu S, et al. 2020. Open-source data-driven urban land-use mapping integrating point-line-polygon semantic objects: A case study of Chinese cities. Remote Sensing of Environment, 247: 111838.

第 4 章

SDG11.1.1 城市非正规住区

4.1 引　言

到 2030 年，全球 60%的人口将生活在城市，未来几十年中 90%的城市增长可能发生在低中等收入国家。当前的城市化趋势表明，到 2050 年，城市人口将增加 30 亿，占世界人口的比例将增加到 2/3。稳定的城市化趋势将影响健康、经济、社会和环境等人类社会的各个方面。世界许多地区，特别是发展中国家，在经济停滞、规划和治理不善的情况下，其城市化率居高不下，导致出现贫民窟或非正规住区集中在大城市的赤贫新局面。这些区域的住房条件低于平均水平，城市环境公平性和包容性较差，城市安全和生计机会减少，并忽视了连通性和公共空间的提供。贫民窟、非正规住区和住房不足是城市贫穷和不平等的明显表现。贫民窟和非正规住区在世界上，特别是在发展中国家前所未有的扩散，以及长期缺乏适足住房，是当今城市面临的主要挑战之一。

据估计，目前世界上约有 1/8 的人口生活在贫民窟，或居住在周围环境类似贫民窟的地区(UN-Habitat, 2018)。在未来 15 年，估计将有 30 多亿人需要适足住房。因此，住房和贫民窟挑战剥夺了数百万城市居民享有适足生活水平和住房的权利，使他们无法享受可持续城市化的优势，这是世界上贫困持续存在的一个关键因素。为了设计和实施适当的政策和方案，应对全世界的住房挑战，必须明确和量化城市地区贫民窟、非正规住区或住房不足的人口比例。这就是 SDG11.1.1 指标所关注的，其综合了住房条件欠缺的两个方面：一方面是联合国人居署根据千年发展目标主要面向发展中国家一直在监测的贫民窟和非正规住区，另一方面是主要适用于发达国家的住房不足问题。通过综合以上两个方面，该指标有助于反映发达国家和发展中国家的住房条件，具有普适性，符合"不让任何人掉队"的基本原则。

4.2 SDG11.1.1 指标

SDG11.1.1 指标指居住在贫民窟和非正规住区内或者住房不足的城市人口比例，其进展情况监测的目的是向决策者和相关利益攸关方提供必要和及时的信息，以便做出知情的决定，确保人人获得适当、安全和负担得起的住房和基本服务，并改造贫民窟。整体而言，SDG11.1.1 指标的监测能够促进更高的问责制、更好的绩效评估以及中央政府与区域和地方政府之间的有力协调。其使城市能够收集准确、及时、分类的数据和信息，对城市采取系统的方法，并根据数据得出明确的政策建议。通过这种方式，国家和城市能够就采取的最佳行动做出适当的决定，同时系统地记录其在结果和影响层面的进展。一系列相互关联的因素通常会导致贫民窟和住房不足现象扩散，这些因素包括住房政策薄弱、规划和土地管理不善、与城市密集化有关的城市移徙、灾害、冲突、长期贫困以及缺乏负担得起的住房等。这些因素表明，所有方面对该指标的衡量都将为分析实现 2030 年可持续发展议程的相关城市问题提供一个广阔的研究领域。因此，SDG11.1.1 指标将千年发展目标 7（具体目标 7D）的要素与可持续发展目标更广泛的住房非正规性和不足性相结合，其监测和报告极为关键。

全球城市化最艰巨的挑战之一是提供给人们能够负担得起的适足住房。联合国全球城市样本的调查结果表明，所有不同类型城市中心的人们都买不起住房，甚至连租房的费用都负担不起。例如，在低收入国家，家庭需要储蓄相当于其年家庭收入近 8 倍的资金，才能支付其城镇或城市标准住房的价格，如果他们租房，大多数家庭必须将其月收入的 25% 以上用于支付租金。负担能力问题正在影响发展中国家和发达国家。在拉丁美洲，居高不下的房价收入比和难以获得的住房融资迫使家庭求助于未经规划和缺少法律保障的非正式解决方案。在撒哈拉以南非洲的许多地区，仅有不到 10% 的家庭有能力为最便宜的新建房屋提供抵押贷款。事实上，与其他地区相比，非洲家庭面临的住房成本比其人均国内生产总值高 55%。在许多欧洲国家和地区，家庭中特别是年轻人，承受着沉重的住房成本负担，而在其他必需品上的支出要少得多。在极端情况下，家庭由于无力支付住房成本而被迫离开住所。

目前，全球估计有 16 亿人生活在住房不足的环境中，其中 10 亿人居住在贫民窟和非正规住区，意味着城市中约 1/4 的人生活在损害其健康、安全、繁荣和机会的环境中。缺乏基本服务是贫民窟和非正规住区的一个共同制约因素：全世界有 24 亿人生活在不良的环境卫生条件下，20 亿人受到缺水的影响。尽管生活在贫民窟的城市人口比例在2000～2014年从39%下降到30%，但其绝对数量仍在增长。目前，估计世界1/4的城市人口生活在贫民窟，即8.81亿城市居民，而2000年仅为7.92亿。年轻妇女和儿童所在的家庭往往最容易受到住房条件不足的影响。同时，无家可归也是一个日益严峻的问题，据估计，全世界有1亿多人无家可归。

贫民窟是最极端的城市贫困形式之一，也是世界上贫困和排斥持续存在的关键因素——实际上是可持续和包容性城市化的挑战。研究表明，以非正规住区形式出现的其他形式的城市贫困已成为一种世界级现象，即使在发达国家也存在这种现象。与此同时，尽管并非所有住房不足的人都生活在贫民窟，但他们所处的城市环境条件非常差。因此，必须在全球、国家和城市的数据中获取更好地反映令人不满意的生活条件的指标，以确保更可靠地记录住房不足的情况。

4.2.1　SDG11.1.1指标简介

根据2030年可持续发展议程，有必要确定和量化居住在贫民窟、非正规住区和住房不足的人口比例，以便为制定适当的政策和方案提供信息，确保所有人都能获得适足住房和改造贫民窟。

1. 贫民窟

联合国人居署、联合国统计司和城市联盟于2002年召开了一次专家组会议，讨论用于衡量千年发展目标指标的贫民窟的官方定义，最终商定将"贫民窟家庭"定义为居民遭受以下一种或多种"家庭贫困"的家庭。

(1)缺乏良好的供水服务。如果一个家庭有足够的水[20L/(人·天)]供家庭成员使用，价格合理(不到家庭总收入的10%)，并且家庭成员特别是妇女和儿童无须付出极大的努力(每天不到一小时的最低水量)，则被视为可以获得改善的饮用水。改善的饮用水源是一种免受外部污染，特别是粪便污染的设施，主要包括：通过管道向住宅、小区或庭院供水；不超过5户的公共水龙头、立管；雨水收集；瓶装水(如果二次水源也得到改善)；钻孔、管井。

(2)缺乏完备的卫生设施。如果家庭成员可以使用排泄物处理系统，无论是私人厕所还是与合理数量的人共享的公共厕所，都认为家庭可以获得更好的卫生条件。因此，这种改进的卫生设施在卫生上将人类排泄物与人类接触分开。改进的卫生设施包括：与下水道、化粪池或地坑相连的冲水、倒水式马桶或厕所；通风的改良坑式厕所；带有平板或完全覆盖坑的坑式厕所；堆肥厕所。

(3)缺乏足够的居住面积。如果共享同一可居住房间的人数不超过三人，则认为家庭成员拥有足够的居住面积。过度拥挤指标包括地区一级的指标，如人均内部居住面积或每个地区住房不足的家庭数量。此外，住房单元一级的指标，如每张床居住的人数或每个房间居住的五岁以下儿童的人数，也可能是可行的。每个房间的居住人数已被证明与不良健康风险相关，此指标的数据通常通过家庭调查收集。

(4)住宅缺乏耐久性和安全性。如果房屋建在安全位置，且具有永久性和结实的结构，能够保护居民免受如雨、热、冷等极端情况的影响，则该房屋被视为"耐用"气候条件。以下标准用于确定结构住宅的质量、耐久性：墙壁、屋顶和地板的结构永久性；建筑材料的耐久性；遵守建筑规范；住宅未处于破旧状态；住宅不需要大修；房屋位置安全(住宅不位于有毒废物上或附近；住宅不位于洪泛平原；住宅不在陡坡上；住宅不位于危险的路段：住宅不靠近铁路、公路、机场、电力线)。

(5)住宅缺乏保有权保障。安居权是所有个人和群体都应得到的受到国家有效保护的一项权利，从而免遭强迫驱逐。保有权保障被理解为通过成文法或习惯法建立的一系列与住房和土地有关的权利，使人能够在家中安全、和平和有尊严地生活。无论使用权的类型如何，所有享有使用权保障的人都享有法律地位，免受任何非法驱逐、骚扰和其他威胁。在以下情况中，人们享有有保障的使用权。

从广义上讲，"贫民窟居民"是指生活在具有上述任何一种特征的家庭中的人。这五个特征都源自适足住房的定义，此后一直被用于千年发展目标的报告中，作为衡量发展中国家贫民窟居民数量的主要或次要数据，也是成功实现千年发展目标 7.D[①]的基础。

2. 非正式住区

非正式住区通常被视为贫民窟的同义词，特别注重土地、结构和服务三方面是否达到标准。非正式住区的定义包括三个主要标准，贫民窟的定义已经涵盖了这三个标准。

(1)居民对其居住的土地或住房没有保有权保障，其方式为棚户或非正规出租住房等。

(2)社区通常缺乏正规的基本服务和城市基础设施。

(3)住房不符合现行规划和建筑法规，通常位于地理和环境危险区域，并且可能缺乏市政许可证。

非正规住区可以被具有不同收入水平的城市居民居住，无论是富人还是穷人。

---

① 千年发展目标 7.D 指到 2020 年，显著改善至少 1 亿贫民窟居民的生活。

3. 住房不足

《世界人权宣言》第二十五条将住房作为人人享有适足生活水准权的组成部分之一。联合国经济、社会和文化权利委员会《关于适足住房权的第 4 号一般性意见》(1991 年)和《关于强迫驱逐的第 7 号一般性评论》(1997 年)强调，适足住房权利是指在安全、和平和有尊严的地方生活的权利。要使住房充足，除了必须提供居住的房屋，还应至少满足以下标准。

(1) 保有权的法律保障，法律保护其免受强迫驱逐、骚扰和其他威胁；

(2) 服务、材料和基础设施的可用性，包括饮用水安全、适当的卫生设施、做饭、取暖、照明和食物的储存或垃圾处理等；

(3) 如果住房成本威胁或损害了居住者享有其他人权，则住房是不足的；

(4) 宜居性，如果住房不能保证人身安全或提供足够的空间，以及不能抵御寒冷、潮湿、高温、雨水、风等其他威胁，则住房是不足的；

(5) 无障碍，如果不考虑弱势群体和边缘化群体的特殊需要(如穷人、面临歧视的人、残疾人、受害者等)；

(6) 位置，如果住房与就业机会、保健服务、学校、托儿中心和其他社会设施隔绝，或者位于危险或污染场所或紧邻污染源，则住房是不足的；

(7) 文化适足性，如果住房不尊重和不考虑文化特征与生活方式的需求，就不适足。

4.2.2 SDG11.1.1 指标估算方法

住房不足指标(SDG 11.1.1)考虑了以下两个组成部分。

生活在贫民窟/非正规住区家庭(slum/informal settlements households，SISH)的人口百分比：

$$SISH = 100 \times \frac{居住在SISH家庭的人口数量}{城市总人口数量} \quad (4.1)$$

居住在住房不足家庭(inadequate housing households，IHH)的人口百分比：

$$IHH = 100 \times \frac{居住在住房不足家庭的人口数量}{城市总人口数量} \quad (4.2)$$

以上指标的测量单位为%。目前，几乎所有发展中国家都已经报告了关于贫民窟和非正规住区的数据，部分国家报告了关于家庭住房支出(住房不足)的数据。因此，SDG11.1.1 指标将有助于反映影响所有国家家庭的更广泛的住房不足的问题。

表 4.1 展示了界定贫民窟、非正规住区和住房不足的大部分标准。非正规住区的三个标准基本上包含在贫民窟的定义中。因此，贫民窟和非正规住区这两个方面被合并为指标的一个组成部分，与联合国千年发展目标 7（"确保环境的可持续能力"）下的指标 D（"到 2020 年使至少 1 亿贫民窟居民的生活明显改善"）有一致性和连续性。今后将制定一个综合指数，结合贫民窟/非正规住区和住房不足评价指标，提供一个综合估计值。

表 4.1 界定贫民窟、非正规住区和住房不足的大部分标准

项目	贫民窟	非正规住区	住房不足
供水设施	√	√	√
卫生设施	√	√	√
足够的生活区	√	√	√
房屋结构质量、可持续性及位置	√		√
安全性	√	√	√
可负担性			√
可达性			√
文化适足性			√

SDG11.1.1 指标的第二个部分是住房不足。在适足住房的七个标准中，贫民窟/非正规住区未涵盖的三个标准是住房负担能力、可达性和文化适足性。然而，住房负担能力是最相关和最容易衡量的。事实上，住房负担能力不仅是一项关键的住房适足标准，而且是以更全面的方式衡量住房不足的适当手段，因为它对于不同国家和不同收入水平的地区都是一项全球性挑战，对城市平等造成了严重的负面影响。衡量是否具有住房负担能力的基本原则是，与住房相关的家庭财务成本不应威胁或损害食物、教育、医疗、交通等其他基本需求的实现和满意度。根据联合国人居署城市指标方案（1996～2006 年）的现有方法和数据，住房费用月支出净额不应超过家庭月总收入的 30%。SDG11.1.1 指标能够根据年龄、性别等进行分解，并派生出一些定量化的子指标。

该指标中贫民窟/非正规住区的部分数据可通过人口普查和国家住户调查（如人口与健康调查和多指标类集调查）获得。住房不足的数据可以通过家庭收入调查来获取，包括对住房支出的调查。根据所有商定的 2030 年可持续发展议程目标和指标，衡量实现 SDG11.1 的进展状况将需要使用有效的监测手段，并在所有国家、所有利益攸关方和所有相关社区的参与下建立伙伴关系。对于初级报告，国家数据提供者（特别是国家统计机构）将通过人口普查和调查生成初级数据发挥重要作

用。区域和全球估计数据将根据国家数据进行适当分类。联合国将通过与当地和国际利益攸关方商议，开发专门的数据采集工具。将在区域和全球范围内对工具、分析和报告的使用进行质量保证，以确保标准统一和定义普遍适用。

联合国人居署对城市一级 SDG11.1.1 指标的信息进行了分类，提高了其对 SDG11 监测的适用性。作为联合国人居署城市繁荣倡议的一部分，目前在全世界 320 多个城市对"贫民窟居民"指标进行了度量。联合国人居署和世界银行计算了多年指标(1996~2006 年)，将其作为城市指标方案的一部分。基于住房负担能力衡量的住房不足数据适用于所有经济合作与发展组织(OECD)中的国家和地区，以及 200 个联合国全球样本城市；通过住房可负担性衡量的住房不足数据，在许多国家都适用。作为城市指标方案的一部分，联合国人居署和世界银行计算了这一指标 1996~2006 年的值。最近，由城市联盟、美洲开发银行和联合国人居署共同形成的国际组织"全球住房指标工作组"，提议在全世界收集关于这一指标的数据。

SDG11.1.1 指标目前主要是通过联合国人居署、联合国环境规划署、城市联盟和世界银行等几个组织和机构之间的合作制定的。还有一些专家对其概念、基本原理以及元数据的制定做出了贡献，支持指标的计算，并根据指标在国家层面进行报告和政策对话。国家统计局将通过人口普查和调查在监测和报告进程中发挥重要作用。该指标在全球层面的最终汇编和报告将由联合国人居署领导和指导。

然而，与其他所有指标一样，该指标存在一些潜在的挑战和限制，主要包括以下 5 点。

(1)在提及恶化的住房条件时，往往由于政治或经济原因，某些定义和特征难以达成一致。

(2)国家和城市层面缺乏适当的工具来衡量 SDG11.1.1 指标要求的所有组成部分，有时导致低估住房单元的恶化。

(3)土地和财产保有权保障之间关系复杂，导致难以将其纳入不同的调查，从而难以对其进行衡量和监测。

(4)SDG11.1.1 指标没有涵盖无家可归问题。

(5)许多国家在数据收集、管理和分析、更新和监测方面的能力仍然有限，但这些对于确保国家和全球数据的一致性十分关键。

4.3 基于遥感数据的城市贫民窟制图

贫民窟的持续存在以及新贫民窟的出现是当代城市化进程的必然组成部分，

特别是在全球中低收入国家，贫民窟的快速发展与正规土地市场的失调和规划能力薄弱相关。联合国人居署报道，非洲62%的城市人口生活在贫民窟；在亚洲，这一比例高达30%；在拉丁美洲和加勒比地区，贫民窟的居住率为24%。过去六七十年中，出现了各种针对贫民窟政策的讨论和方案。20世纪五六十年代，贫民窟住区往往作为"传统村庄"而被忽视。为了满足制定扶贫政策所需的区域和全球信息的需求，需要采用创新的方法，以加强我们对贫民窟时空动态的了解，建立关于贫民窟的数据库。为了开发此类数据库，需要发展可靠和稳健的贫民窟检测方法，以便进行全球比较，同时也为资源较少的国家和城市提供支持。此类数据库是进行社会经济数据整合的基础，为设计和实施贫民窟改造方案提供必要的基本信息。此外，国际政策和国家层面城市发展议程的制定，需要覆盖全球且具有一致性较好的贫民窟数据。联合国人居署统计了关于贫民窟发展和分布的全球统计数据，通过其《世界城市状况报告》和其他出版物进行发布，为贫民窟改造进程的实施提供了数据和信息。但联合国人居署的报告仅提供了贫民窟居住者的估计数量，而没有提供关于贫民窟范围的地图。贫民窟范围制图可以提供不断更新的关于贫民窟位置、范围和密度的信息，这是当前亟须的。

遥感技术具有频繁覆盖大面积区域的优势，可以获得区域或全球范围的贫民窟信息(Kuffer et al., 2016)，在分析贫民窟的时空动态方面发挥了关键作用。例如，遥感数据可以用于监测其密度的增加和面积的扩张。此外，遥感信息提取可以将城市形态与社会经济参数联系起来。遥感能够反映高度危险区域的贫民窟数量及其周边的环境条件，这些信息对指导城市卫生运动的开展起着重要作用。贫民窟制图具有重要的实用性，如在法律案件中，地图是保护居民免遭非法驱逐的重要历史档案。此外，将贫民窟空间信息与社区驱动的地图结合起来，能够了解当地需求并支持扶贫政策的制定。

4.3.1 贫民窟的物理特征

全球、区域和地方的贫民窟定义存在差异，可能导致各自绘制的贫民窟区域之间存在巨大差异。大部分已有研究采用了联合国人居署对贫民窟的定义，该定义由五个既定指标组成：有保障的使用权、充足的安全用水、可接受的卫生设施、是否过度拥挤和住房的耐久性，同时考虑到房屋结构的质量和场地条件潜在的危险性。基于墙体材料、拥挤程度、管道供水、下水道连接和所有权等指标，Duque等(2015)利用麦德林市的人口普查数据建立了一个贫民窟指数。该指数与遥感影像的土地覆盖、结构和纹理特征信息相比较发现，遥感影像信息可以反映约59%的贫民窟指数。基于遥感的研究中，采用联合国人居署定义的一个主要问题是，只有"住房条件的耐久性"指标与从图像中提取的信息有直接联系，包括地理位置，以及判断是否符合通过密度、距离和屋顶材料衡量的建筑规范。贫民窟的屋顶材料(如塑料、铁、混凝土、锡、石棉)可能在贫民窟内部、不同贫民窟之间以及全球城市之间有所不同，因此缺少易于区分的光谱特征。以加纳为例，Engstrom等(2015)得出结论，在使用联合国人居署的定义时，该城市的大部分居住区都被归类为贫民窟，而基于图像的识别结果更符合当地贫民窟的实际情况。因此，进行贫民窟识别时，需要根据当地情况对全球贫民窟定义进行调整。然而，大多数研究未能识别贫民窟形态的局地特征，并建立相关的基于图像的识别标准。

贫民窟的物理特征主要包括五个方面：建筑几何结构、密度、布局(格局/道路)、屋顶材料和场地特征，最常用的特征是屋顶尺寸较小、高密度和格局不规则(如街道不规则和狭窄以及建筑朝向杂乱)。在亚洲城市中，贫民窟的建筑密度约80%，往往高于非洲城市，撒哈拉以南非洲约60%。同样在撒哈拉以南非洲，位于中部的贫民窟建筑密度较高，如肯尼亚内罗毕的贫民窟屋顶覆盖率为50%~60%。不同地理区域的城市和贫民窟之间，其屋顶材料和物理场地特征都存在很大差异。例如，由于屋顶材料(如塑料、木材等)的不同，德拉敦的贫民窟色调差异较大，但在艾哈迈达巴德，贫民窟屋顶材料的光谱特征相似。贫民窟所在场地的物理特征没有普遍的规律。贫民窟通常位于不适合施工的区域，如洪泛平原、陡坡或其他危险场所。由于贫民窟发展过程和发展阶段(婴儿期、巩固期、成熟期)、地理位置和环境(中心城市与近郊城市或干旱城市与热带沿海城市)的差异，贫民窟存在的形式多种多样，因此不存在普遍的贫民窟模式。贫民窟的多样性和复杂性，为其基于高分辨率遥感的大范围识别带来较大挑战。

4.3.2 采用的遥感数据

一般的建筑物对象识别所需要的遥感传感器地面采样距离为2m，人行道为1~2m，而次要道路的识别5m就足够了。然而，精细的建筑对象信息的识别要求遥感影像的空间分辨率应优于0.5m，并且建筑物与其周围环境之间要有足够的对比度。此外，不同的城市环境对空间分辨率的要求可能有差别。例如，在建筑物高度聚集的亚洲城市，2m的空间分辨率难以提取屋顶对象。有研究表明，在一个10m×10m的居住区中，探测一个最小建筑单元至少需要遥感影像空间分辨率为0.5m。许多贫民窟的建筑面积远低于100m^2，因此需要更高空间分辨率的遥感影像。此外，建筑物屋顶的表面往往不是均质像元。例如，当使用甚高分辨率(VHR)的遥感影像时，大多数屋顶是由不同的材质、阴影、照明形成的混合像元。屋顶的高密度及表面的异质性使得屋顶对象的自动提取非常困难，通常需要进行人工解译和编辑的参与，以生成可靠的信息。目前为止，还没有研究针对遥感影像不同的空间分辨率和光谱分辨率对贫民窟中地物信息提取准确性的影响进行系统的分析。考虑到商业 VHR 影像昂贵的成本，以及需要大量的数据处理资源，大量研究选择空间范围较小的区域，如将影像、居住区或行政单元的一部分作为研究区，侧重于方法上的改进。然而，基于单景影像或较小区域开发的方法，往往不适用于其他影像。

贫民窟的物理特征非常复杂，需要研发先进的遥感传感器系统用于贫民窟的制图。1999 年 9 月 24 日，IKONOS-2 卫星的成功发射预示着城市遥感新时代的到来。IKONOS、QuickBird、WorldView 等传感器陆续成功发射，使得高分辨率(HR)和 VHR 影像的可获取性不断增加。HR 传感器的空间分辨率为 1～5m，VHR 传感器的空间分辨率为 1m 及以下，使更精细尺度的空间分析成为可能。这些数据为城市研究，特别是与贫民窟相关的研究提供了新的、丰富的数据源。除了商用 HR 图像外，Google Earth 自 2005 年以来提供了基于网络的 VHR 图像的通用访问，尽管没有提供原始光谱波段，但进一步拓展了高分遥感影像的应用。第一颗全色(PAN)分辨率 0.31m 和多光谱(MS)分辨率 1.24m 的商业卫星于 2014 年 8 月发射，并应用于贫民窟分析。虽然第一批 HR 传感器主要由发达国家发射，但近年来由发展中国家研制和发射的 HR 传感器数量正在不断增加。

2001 年发射的 QuickBird 卫星全色波段的空间分辨率为 0.61m，多光谱波段为 2.44 m，重访周期为 3 天，是用于贫民窟制图的最常用的传感器。IKONOS 也是常用的传感器之一，其全色和多光谱波段的空间分辨率分别为 1m 和 4m，重访周期与 QuickBird 相同。其次主要是 SPOT-5/6 卫星数据，重访周期为 5 天。此外，航空照片/图像也常被应用于与贫民窟相关的分析。航空影像的主要优点是通常具有覆盖长时间序列的存档数据，以及非常高的空间分辨率，可以达到厘米范围。除了 VHR 图像外，部分研究还使用 Landsat、Terra-ASTER 等中分辨率图像分析贫民窟的植被覆盖等环境状况。除光学传感器系统外，合成孔径雷达(SAR)系统在贫民窟信息提取方面正发挥着越来越重要的作用，特别是自 2006 年 PALSAR(空间分辨率为 7 m)、2007 年 Terra SAR-X(空间分辨率为 1 m)、2014 年 Sentinel-1(空间分辨率为 5 m)(V)HR 等传感器系统发射成功以来。

4.3.3 制图方法

大部分与贫民窟制图相关的研究目的是确定整个贫民窟区域，少数研究旨在提取贫民窟中的地物目标，如屋顶或道路。地物信息的提取在很大程度上取决于可用的数据源与研究区域形态特征之间的关系，当屋顶或道路等地物目标在图像中具有清晰可见的间距和对比度时，提取效果良好。利用遥感影像有效地绘制和监测贫民窟需要具备以下三方面特点：数据采集和处理的成本低；数据处理过程半自动化或自动化，可以快速可靠地获取处理结果；软件操作简便，对操作员技能的要求较低。目前大部分贫民窟制图研究使用的是相当昂贵的商业遥感影像，只有极少数研究使用免费数据源，如谷歌影像用于视觉图像解释、贫民窟可视化，或将谷歌影像与商业遥感影像结合使用。基于谷歌影像，Praptono 等（2013）采用 Gabor 滤波器和 GLCM 自动检测贫民窟，提取精度达到 74%。贫民窟制图方法通常使用商业软件解决方案，也有部分使用开源软件。然而，对于非遥感专家，以上两种方法都不容易掌握和应用。

面向对象的图像分析（object based image analysis, OBIA）方法是提取贫民窟区域和贫民窟地物的最常用方法。对于 OBIA，一个关键问题是规则和指标的可迁移性或稳健性，这是基于纹理或形态学方法的一个主要特点（Kohli et al., 2013）。分割参数的自适应性对于将规则从一幅图像迁移到另一幅图像至关重要。除 OBIA 外，还可以采用目视影像判读和基于像元的图像分类方法提取贫民窟信息。然而，基于像素的分类方法不太适合于具有较高光谱多样性、非常小且聚集的对象和不同形态特征的复杂城市环境的分析。因此，许多研究人员使用机器学习算法，如神经网络、随机森林或支持向量机等。机器学习算法是信息驱动的方法，使用大量丰富的训练数据进行重复学习。然而，这些方法主要是基于像元的方法，为进一步结合表征相邻像素空间的上下文语义信息，有必要利用多即时学习或马尔可夫随机场等方法。

近年来，卷积神经网络（CNN）等深度学习方法发展迅速。深度学习网络主要由执行三个操作的一系列处理层组成：①二维卷积；②单元非线性激活；③具有子采样的空间池化。以最小化分类误差作为约束，卷积运算的权重和偏差参数可以通过监督学习过程得到。标准的深度学习体系结构使用一系列卷积层来提取特征图，然后将特征图展平为一维（1-D）向量并反馈到完全连接的网络。卷积层负责学习空间特征，而完全连接层通过学习建立分类规则，然后应用于所提取的特征向量，以端到端的方式训练网络。因此，在单个框架中能够同时进行特征提取和分类。图像分割的目的是在像素级理解图像，即将语义类分配给图像的每个像素。基于深度学习的语义分割使用 CNN 来学习特征的先验知识，并从图像中提取对象，应用于贫民窟的提取和分类。

使用 CNN 进行贫民窟制图有以下优点：首先，其学习过程不需要人工干预。虽然网络的训练需要在计算机上进行数小时，但在完成网络训练后，每个图像的分类只需几秒钟。其次，分类过程是自动的。深度学习方法与传统视觉识别方法的区别在于，深度学习方法可以自主地从大量数据中学习图像特征，而不需要太多专业知识或预定义特征。在复杂的城市区域中，手动预定义的特征不可能包括所有土地覆盖类型。因此，从遥感图像中自动学习特征而不是手动定义特征具有重要的意义。此外，遥感图像深度学习的优势在于样本的重复性和适应性。训练样本可在 CNN 中重复使用，大大减少了样本选取需要的人力。更重要的是，对于大多数传统的遥感方法，高密度建筑物之间的边界分割非常困难，深度学习语义分割可能有效地解释这一问题。

  图像分割网络结构是基于深度学习的图像分割任务的核心，也是最基础的架构，对整个分割任务起着至关重要的作用。全卷积神经网络(fully convolutional network, FCN)构建了适合图像分割任务的全卷积网络结构，使得分割网络能够接收任意尺寸的输入图片，并且其使用的反卷积层可以对图像特征进行上采样操作映射回原始的尺寸，相比直接上采样具有更高的准确率。SegNet 采用了编码器-解码器(encoder-decoder)的全卷积结构，在上采样阶段通过最大池化的索引对图像特征图进行上采样，保留更多的空间位置信息。2015 年提出的 UNet 网络，具有与上述 SegNet 网络相似的结构，不同之处主要在于，其未使用池化上采样，而是将"U"形结构中对应的每一层的下采样特征和上采样特征进行通道上的拼接，作为下一层上采样层的输入特征。其独特的"U"形网络结构跳跃连接了深层特征和浅层特征，将图像低层纹理特征和高层语义特征相结合。这些图像分割网络结构中提出了各种适用于图像语义分割任务的优化策略，其中 UNet 是应用最广泛的网络结构之一(图 4.1)。

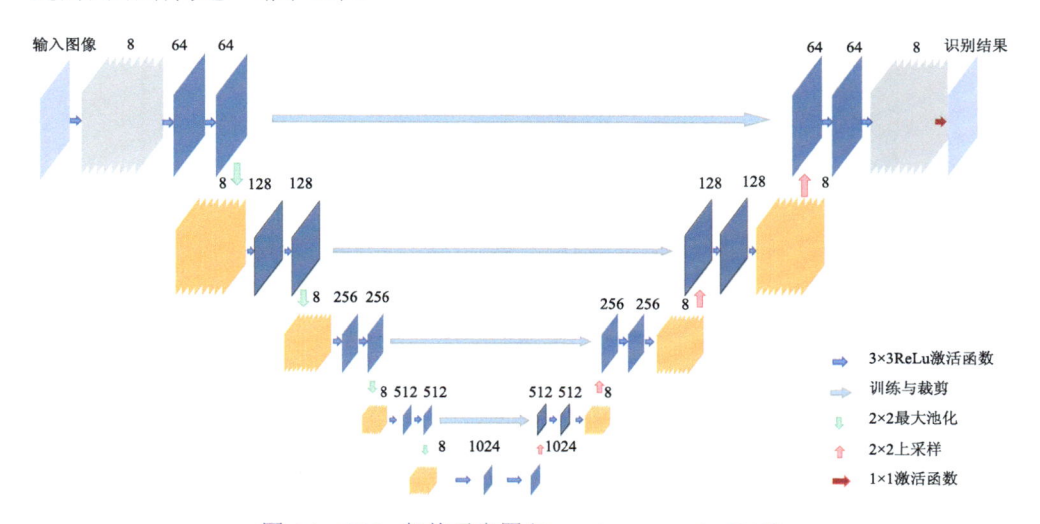

图 4.1 UNet 架构示意图(Ronneberger et al., 2015)

  图 4.2 展示了印度超大城市孟买应用 FCN 的贫民窟的语义分割结果，该结果具有较高的提取精度。试验结果证实了使用迁移学习和 FCN 从卫星图像中进行贫民窟制图的可行性。进一步的研究可以在大面积和不同地理区域之间开展实验。由于贫民窟的物理特征具有多种形态结构，今后贫民窟制图这项具有挑战性的研

究任务需要考虑不同文化区域中贫民窟形态的多样化。

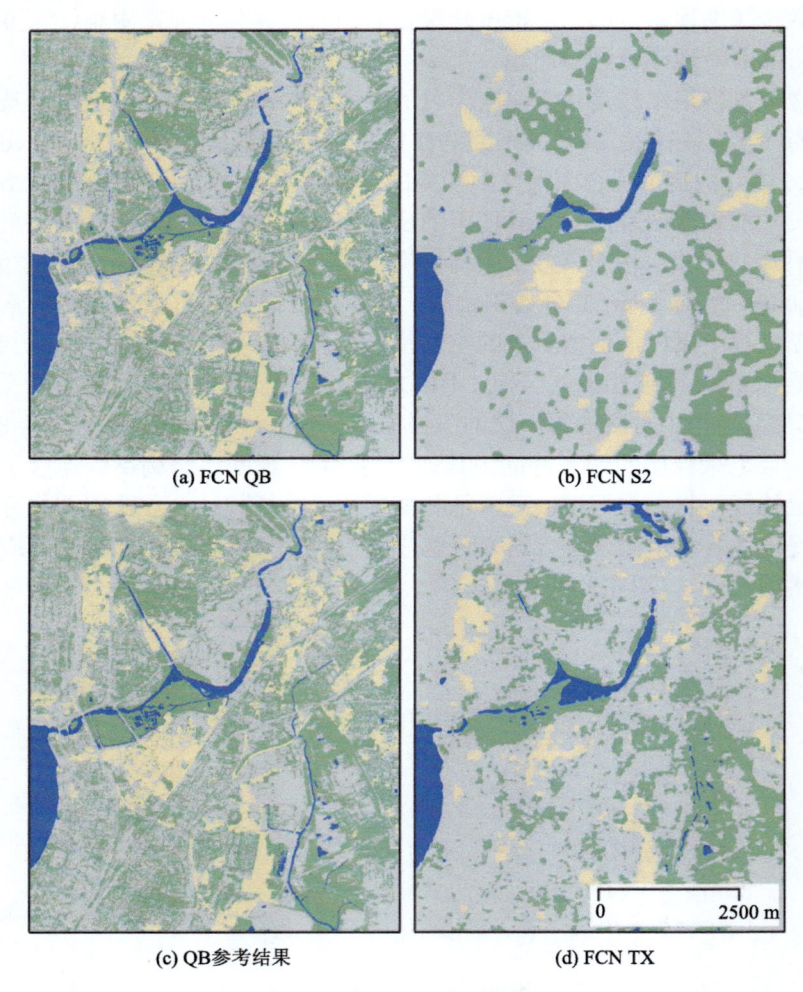

(a) FCN QB

(b) FCN S2

(c) QB参考结果

(d) FCN TX

图 4.2　贫民窟 FCN 深度学习网络语义分割结果（Wurm et al., 2019）
QB 代表 QuickBird；S2 代表 Sentinel-2；TX 代表 TerraSAR-X

4.4　小　　结

在城市化趋势的持续影响下，全世界城市人口不断增长，给城市地区带来了巨大的住房挑战。贫民窟和住房不足的持续扩散已经成为包括发达国家在内全球性的难题。在经济发展不足以及住房政策不完善的发展中国家，住房不足问题更加严峻。为了应对全世界的住房挑战，需要综合考虑发达国家和发展中国家面临的住房欠缺问题。SDG 11.1.1 指标通过量化城市地区贫民窟、非正规住区或住房不足的人口比例，使城市能够获得准确、及时的信息，以便制定适当的政策，改善住房不足和贫民窟问题。

随着遥感传感器的发展以及制图技术的不断进步，遥感数据在获得覆盖全球贫民窟的时空动态数据方面发挥了关键作用。高分辨率遥感数据能够为全球贫民窟的制图和监测提供位置、范围、密度和环境条件等不断更新的数据和信息，面向对象的图像分析、机器学习、深度学习方法的应用和改进提高了贫民窟信息提取的精度。然而，由于贫民窟具有较高的多样性和复杂性，基于遥感数据的全球范围内的贫民窟识别仍面临较大的挑战。

参 考 文 献

Duque J C, Patino J E, Ruiz L A, et al. 2015. Measuring intra-urban poverty using land cover and texture metrics derived from remote sensing data. Landscape and Urban Planning, 135: 11-21.

Engstrom R, Sandborn A, Yu Q, et al. 2015. Mapping slums using spatial features in Accra, Ghana. Lausanne: 2015 Joint Urban Remote Sensing Event（JURSE）.

Kohli D, Warwadekar P, Kerle N, et al. 2013. Transferability of object-oriented image analysis methods for slum identification. Remote Sensing, 5（9）: 4209-4228.

Kuffer M, Pfeffer K, Sliuzas R. 2016. Slums from space—15 years of slum mapping using remote sensing. Remote Sensing, 8（6）: 455.

Praptono N H, Sirait P, Fanany M I, et al. 2013. An automatic detection method for high density slums based on regularity pattern of housing using Gabor filter and GINI index. Bali: 2013 International Conference on Advanced Computer Science and Information Systems（ICACSIS）.

Ronneberger O, Fischer P, Brox T. 2015. U-Net: Convolutional networks for biomedical image segmentation. Munich: The Medical Image Computing and Computer-Assisted Intervention.

UN-Habitat. 2018. SDG Indicator 11.1.1 Training Module: Adequate Housing and Slum Upgrading. Nairobi: United Nations Human Settlement Programme（UN-Habitat）.

Wurm M, Stark T, Zhu X X, et al. 2019. Semantic segmentation of slums in satellite images using transfer learning on fully convolutional neural networks. ISPRS Journal of Photogrammetry and Remote Sensing, 150: 59-69.

第 5 章

SDG11.3.1 城市土地利用效率

5.1 引　言

在全球范围内，土地覆盖主要因农业、畜牧业、森林采伐和管理以及城市和郊区的建设等人类活动而发生改变。在很多城市，不合理的城市和区域规划以及土地投机等因素促使建设用地不断向外扩张，甚至远远超出了其划定的行政边界。不管是发达国家还是发展中国家，很多城市都存在资源消耗较高的郊区扩张模式。一项针对全球 120 个城市的研究表明，城市土地面积的平均增长率是人口增长率的三倍以上，一些国家尺度的研究显示，二者甚至相差 3~5 倍。为了有效监测城市土地使用率的增长，不仅需要掌握当前土地利用的现状信息，还需要动态地监测人口增长需求的变化和自然力对土地利用景观的影响。

2015 年，联合国在 2030 年可持续发展议程中提出了 17 项可持续发展目标（SDGs）和 169 项具体目标。其中，SDG11.3 提出"到 2030 年，在所有国家加强包容和可持续的城市建设，加强参与性、综合性、可持续的人类住区规划和管理能力"，其下设指标 11.3.1 "土地使用率与人口增长率之间的比率"，旨在通过监测城市用地扩张刻画土地使用与人口增长之间的关系，了解城市人口城镇化和土地城镇化的状况。该指标的监测对城市土地利用效率的评估和可持续发展具有指导作用。为了实现可持续发展，各国需要了解其城市用地增长的速度和方向。该指标的监测不仅有助于了解城市空间的增长趋势，有效解决居民对基本服务的需求，而且有利于制定政策，鼓励城市土地的优化利用，有效保护自然环境、农田等其他的土地用途。此外，要实现包容性和可持续的城市化，必须采用合理的资源利用方式，既能适应自然人口及移民带来的人口增长，又能保护环境敏感地区不受城市化发展的影响。因此，对 SDG11.3.1 进展情况进行监测的目的是向决策者和利益相关者提供必要和及时的信息，以促进在增强包容性和可持续城市化方面取得进展。

为了提高土地利用效率，城市的扩张需要有序地进行，为未来内部人口增长和移民导致的城市增长做出计划，同时还需要促进新的城市功能的发展和繁荣。然而，城市土地面积的物理增长经常与人口增长不成比例，导致土地资源使用效率较低。事实证明，低效率的城市空间增长不仅可能给环境带来负面影响，而且会造成空间不平等加剧、集聚经济减少等其他负面的社会和经济效应。因此，这种增长违反了城市地区可持续发展的原则。通过采取必要的行动或干预措施，发挥城市空间增长带来的优势，同时尽量减少与规划外城市化相关的各种挑战，能够使城市化带来的诸多利益最大化。主动规划是可持续城市化的主要先决条件，需要当地政府部门和其他相关行动者通过预测城市的增长方向，在增长发生之前提供所需的设施、服务以及政策和法律框架，来引导和影响这种增长，从而形成有计划和公平的增长，使得大多数城市居民都能获得基本服务、经济和社会机会，并保证环境可持续性占主导地位。因此，生成和发布关于城市和城市住区增长趋势的及时、准确的数据，是实现城市空间可持续增长的核心。

经验证据表明，紧凑型城市能够更有效地利用土地，并且以更低的成本为居民提供公共产品和基本服务。这类城市可以消耗更少的能源，更好地管理废弃物，并且更有可能最大限度地发挥集聚经济带来的效益(UN-Habitat，2018)。然而，蔓延型城市(非紧凑型城市)对流动性的需求增加，导致能源消耗增加，人均基本公共服务成本(如卫生、排水)及基础设施建设成本增加，集聚经济减少，城市生产力下降(UN-Habitat，2018)。通过衡量城市的土地使用率和人口增长率，城市政府部门和决策者可以预测居民对公共产品和服务的需求，确定新的增长区域，并主动积极地影响可持续城市发展(UN-Habitat，2018)。为城市增长区域提供足够的基础设施、服务和便利设施，以改善所有居民的生活条件。因此，生成和发布关于SDG11.3.1指标的数据不仅对于了解城市增长动态和制定合理的政策与指导方针至关重要，而且是促进可持续城市化的核心。

此外，SDG11.3.1指标与许多其他可持续发展目标指标密切关联，如11.7.1(公共空间)、11.a.1(区域发展计划)、15.1.2(森林面积)、8.1.1(人均城市产品)、8.2.1(人均就业增长率)、8.5.2(失业率)和11.6.1(固体废物收集)。该指标确保可持续发展目标充分整合空间、人口和土地更广泛的层面，并为实现其他目标提供了框架，如促进对贫困、健康、教育、能源、不平等和气候变化的干预。此外，该指标不仅与城市化模式的类型、形式有关，还与生产力和可持续性的其他因素有关，如经济因素(生产要素的接近程度)、环境因素(较低的人均资源使用率和温室气体排放量)和社会因素(减少旅行距离和花费的成本)。

5.2　SDG11.3.1 指标

5.2.1　SDG11.3.1 指标简介

SDG11.3.1 指标表征土地使用率与人口增长率之间的比率(ratio of land consumption rate to population growth rate, LCRPGR)，能够从人地关系平衡的角度评价城市的用地效率。及时准确地监测土地使用率与人口增长率之间的协调程度，并采取对应的土地利用调控政策，从而确保土地城镇化与人口城镇化进程的协调一致，对于实现城市可持续发展目标至关重要。SDG11.3.1 指标中的人口增长率(PGR)是指在一段时间内(通常为一年)某一特定地区(国家、城市等)的人口变化，以评估时期开始时的人口百分比表示。其反映了一段时间内的出生人数和死亡人数，以及迁入和迁出重点地区的人数。在 SDG 11.3.1 指标中，PGR 是在城市、城区的区域中计算的。土地使用被定义为城市化过程对土地的占用，通常涉及将土地从非城市功能转换为城市功能。土地使用率是城市化土地或城市、城区占用土地在一段时间(通常为一年)内的变化率，以该时间开始时城市、城区占用土地的百分比表示。

需要注意的是，LCRPGR 指标的解释存在以下一些局限性。首先，在每个人类住区单元中，都有许多因素在起作用，采用单一 LCRPGR 值可能难以全面地概括可持续城市化的影响。例如，虽然 SDG11.3.1 指标值小于 1 可能反映城市紧凑及相关效益良好，但城市内部分析的结果可能会显示存在高度拥挤和恶劣的生活环境，这违反了可持续发展原则。其次，SDG11.3.1 指标值为 1 可能并不意味着城市地区的空间增长与人口增长之间达到最佳平衡，因为它意味着每单位人口增长都会有新的建设用地增长。为了帮助解释指标值的含义，联合国又提出了两个二级指标：人均建设用地和建设用地面积总变化，它们使用与核心指标相同的数据进行计算。最后，该指标是零增长或负增长的报告值，如研究期间的人口减少或自然灾害导致建设用地的损失。如果不单独考虑土地使用率和人口增长率，就很难正确解释该指标及其含义。因此，为了解决这一问题，建议了解单个比率，并使用增加的二级指标来解释变化趋势。此外，将多个城市的指标值相聚合也可能会导致有争议性的解释结果。例如，如果两个城市都是一定范围内的记录值，或者一个城市的值大于 1，另一个城市的值小于 0，则两个城市所在国家的平均值可能介于 0~1。使用全国城市抽样方法，为每个国家产生一个代表性样本，将有助于解决这一问题。在某些情况下，很难通过相邻的两个或多个城市区域的合并来衡量城市扩张，应以哪个城市来评价城市增长以及如何将其作为一个衡量指标，往往难以选择。与此同时，该指标数据的统计并不总是与行政级别、边界和建成区一致，为了解决这一问题，建议采用协调统一的方法来界定城市区域。

地理信息数据无法获取的情况下，可能无法按照定义计算该指标，可以利用其他替代方法测算每年开发或使用的土地。一方面，可以通过衡量住区密度是否达到城市规划或国际要求的标准，来监测城市土地的有效利用；另一方面，在城市层面，可以将实现的建设用地密度与规划密度进行比较。然而，规划密度因国家而异，有时也因城市而异。在次区域或城市层面，可以比较当前的建设用地平均密度与最近的建设用地平均密度，一般建设用地密度越高，土地利用效率越高。

5.2.2 SDG11.3.1 估算方法

SDG11.3.1 指标的计算公式如式(5.1)所示：

$$\text{LCRPGR} = \frac{\text{LCR}}{\text{PGR}} = \frac{\ln(\text{Urb}_{t+n}/\text{Urb}_t)/n}{\ln(\text{Pop}_{t+n}/\text{Pop}_t)/n} \tag{5.1}$$

式中，Pop_t 为研究区第 t 年的人口数量；Pop_{t+n} 为研究区第 $t+n$ 年的人口数量；Urb_t 为研究区第 t 年的建设用地面积；Urb_{t+n} 为研究区第 $t+n$ 年的建设用地面积。

在现实复杂环境中，仅以 LCRPGR 值无法全面反映城市化状况。城市地区有填充、扩展、跳跃和吞并等不同模式的增长，理解不同的城市用地增长模式可以更好地促进城市管理和规划决策。因此，联合国建议收集两个二级指标数据，以了解城市扩张模式：人均土地消耗量(land consumption per capita, LCPC)和城市填充建设用地总变化(total change in urban infill, TCUI)。基于 LCPC，可以计算上述两项指标的变化百分比。LCPC 代表每个分析年份每人平均消耗的土地数量。城市填充建设用地总变化可以测算一个城市的建设用地是如何随着时间变密集的，即在 t_1 时间城市边界内在 t_1 至 t_2 时间有多少新增建设用地。根据式(5.2)和式(5.4)分别计算人均土地消耗量和城市填充建设用地变化百分比，根据式(5.3)计算人均土地消耗量变化百分比。

$$\text{LCPC}_{t_1} = \frac{\text{UrBu}_{t_1}}{\text{Pop}_{t_1}} \tag{5.2}$$

$$\text{LCPC}_{(t_1-t_2)} = \frac{\text{LCPC}_{t_1} - \text{LCPC}_{t_2}}{\text{LCPC}_{t_1}} \tag{5.3}$$

$$\text{TCUI} = \frac{\text{UrBu}_{t_{21}} - \text{UrBu}_{t_1}}{\text{UrBu}_{t_1}} \tag{5.4}$$

式中，LCPC_{t_1} 为 t_1 时间人均土地消耗量；LCPC_{t_2} 为 t_2 时间人均土地消耗量；UrBu_{t_1} 为 t_1 时间城市边界内的建设用地总面积；$\text{UrBu}_{t_{21}}$ 为 t_1 时间城市边界内 t_2 时间的建

设用地总面积；Pop_{t_1} 为 t_1 时间城市边界内总人口。由于这两个二级指标采用与核心指标相同的输入数据，其计算不会给国家统计局和参与指标计算的其他机构增加太多工作量。该指标评价结果对于增强对城市趋势的理解将非常重要。

在一些幅员辽阔、人口稀少的地区，统计数据的收集往往十分困难。同时，行政区划的变化也会导致统计数据的口径不一致。遥感与对地观测（earth observation, EO）技术可以使用相同的数据源和解译方法获得一致的数据，增强不同区域间指标的可比性。统计数据的更新需要较多的人力、物力和财力，而对地观测数据的更新通常成本较低。因此，采用对地观测数据能很好地解决 SDG11.3.1 指标所需的数据不足的问题。同时，对地观测还具有覆盖范围广、空间分辨率高、时效性强及采集周期短的优势。另外，研究和评价区域城市化发展过程中土地消耗率和人口增长率之间的关系时，需要区分什么是城市，城市的边界在哪。直接使用城市行政边界及相应的统计数据往往过于笼统，无法精确定位某一地区的城市区域及其城市化辐射范围。实际上，官方划定的城市行政边界往往要比实际的城市大得多。因此，我们不仅需要利用对地观测数据提取建设用地，还需要精确的人口格网数据。

联合国人居署建议采用统一的界定标准来确定城市功能边界。相较于直接使用行政边界及其统计数据，城市功能边界划分方法能够更真实地反映区域的城市化状况。目前，有多种基于对地观测数据划定城市功能边界的方法。联合国人居署推荐采用的城市功能边界划分流程如下：首先，基于遥感数据提取城市建设用地，统计每个尺寸为 1km×1km 像元内的建设用地密度，将密度大于 50%的定义为城市像元、25%～50% 的定义为郊区像元、小于 25%的定义为农村像元。将城市像元和郊区像元周围 100m 以内的区域定义为城市开放空间，合并城市、郊区和城市开放空间像元，形成城市功能区域的多边形；再将每一个多边形面积扩张 25%建立缓冲区，其中面积最大的缓冲区就是城市功能区，其边界就是城市功能边界。SDG11.3.1 指标基于该边界内的建设用地面积和人口数量进行估算，分别计算城市功能区内人口增长率（PGR）、土地使用率（LCR）以及土地利用效率，即土地使用率与人口增长率的比值（LCRPGR）。

SDGs 指标跨机构专家组（inter-agency expertgroup on SDG indicators，IAEG-SDGs）根据方法和数据的可用性将 SDGs 指标分为三个级别。SDG 11.3.1 被列为第二级（Tier 2），即具有明确的概念、公认的计算方法和评估标准，但国家不定期生产数据。自 2015 年以来，该指标迅速被各国采用，导致地方一级的数据量增加。联合国人居署及其合作伙伴在对地观测领域的活动有助于该指标基线数据的提供。使用全球人类住区图层（GHSL）、全球住区足迹（WSF）、世界网格人口第 4 版（GPW-V4）、WorldPop、高分辨率住区图层（HRSL）等全球数据集，可以帮助获得该指标的全球估计值。虽然其中一些数据集在跟踪城市一级趋势的应用方面存在局限性，但其广泛的覆盖范围为指标计算提供了有用的资源。在地球观测和地理空间信息领域的专业组织的支持下，各国持续不断地生成更高分辨率的数据。目前，来自 80 多个国家的 1500 多个城市拥有该指标计算所需的合适分辨率的数据。联合国建议每隔 5 年定期对该指标进行监测，这样，2015～2030 年，共有三个报告时间点。由于该指标考虑了城市地区的历史增长趋势，因此其分析可以回溯到数据可以获取的最早时期。如果每年都对该指标进行更新，可以每年在全球层面更新报告。

  许多研究使用来自不同传感器的卫星图像来帮助监测 SDG11 指标的进展。在这些研究中，包含数百万张图像的 Landsat 卫星存档数据是遥感数据的主要来源。Landsat 2/5/7/8 数据集已用于分析从局部到全球尺度的土地利用和景观变化。对于 SDG11.3.1 指标的评估，陆地卫星和 Sentinel、SPOT、GF 等具有更高空间分辨率的卫星图像的结合应用提供了更准确的分类结果。遥感图像和产品的融合也用于获得更高精度的城市土地覆盖分类结果。基于 GHSL 数据，Melchiorri 等（2019）计算了 1990～2015 年全球 10000 个城市中心土地利用效率，发现一些人口大量增长的地区（即撒哈拉以南非洲和东南亚）的土地利用效率介于 0～1，而在人口增长率较低甚至为负的国家（即东欧、日本和欧盟等一些国家和地区）经常出现土地利用效率为负的情况。同样基于 GHSL 数据，Estoque 等（2021）分析发现，尽管在全球范围内土地使用率和人口增长率呈显著正相关，但各地区的情况并非总是如此，在区域尺度土地使用并不总是与人口增长成正比。欧洲和北美洲是土地利用效率最低的地区，1975～2000 年和 2000～2015 年的 LCRPGR 值最高，东亚和东南亚地区正在不断加速。以下章节详细介绍了基于对地观测数据进行 SDG11.3.1 指标监测评估的案例。

5.3 超大城市群 SDG11.3.1 指标监测

5.3.1 研究区与数据集

  京津冀区域是我国北方最大的城市群之一，其城镇化协同健康发展对我国其他城市群的可持续发展具有指导和示范意义。在京津冀协同发展的促进下，该区域中心城市与周边城镇一体化水平越来越高，在一定程度上改善了城市的无序扩张和不平衡的发展状况。为了及时准确地获取京津冀地区城镇建设用地时空变化以及土地城镇化和人口城镇化的关系，本节基于长时序 Landsat 影像和谷歌地球引擎云平台，获取 2000~2020 年京津冀高精度建设用地数据集（BTH_BU）。基于京津冀城镇建设用地数据和 WorldPop 人口数据，本节分析该区域 SDG11.3.1 指标的动态变化，为京津冀城市群高质量发展提供数据支持和政策参考。研究所用数据集包括 Landsat 卫星影像、遥感土地覆盖产品、人口数据、地形数据和行政边界。其中，Landsat 影像数据直接从谷歌地球引擎云平台调用，该平台储存了近 40 年以来所有公开的全球遥感影像和各类遥感产品。本节使用了该平台提供的 2000 年、2005 年和 2010 年 Landsat 5 TM 以及 2015 年和 2020 年 Landsat 8 OLI 地表反射率数据，用于研究区建设用地提取。

此外，本研究使用了四种城市建设用地或土地覆盖产品，包括 GlobeLand30、GAIA、GHS-BUILT 和 GLC_FCS-2020。这些数据集的空间分辨率均为 30m，便于与本研究基于谷歌地球引擎云平台和 Landsat 数据的分类结果相融合。同时，它们覆盖全球陆地的大部分区域，且已面向公众公开发布，经验证明其具有较好的分类精度和可靠性。GlobeLand30 数据集是由国家基础地理信息中心研制的全球 30m 分辨率地表覆盖遥感制图产品。GAIA 数据是清华大学 2019 年发布的全球高空间分辨率（30m）人造地表逐年动态数据产品（1985~2018 年）。GHSL 以过去 40 年 Landsat 影像作为主要数据源进行建设用地信息分类提取，GHS-BUILT 是本书所使用的产品，包括水体、非建设用地和建设用地三种土地覆盖类型。GLC_FCS30-2020 数据是由中国科学院空天信息创新研究院发布的 2020 年全球 30 m 地表覆盖精细分类产品。

WorldPop 数据是一个开放共享的人口格网数据集[①]，本研究使用了 2000 年、2005 年、2010 年、2015 年和 2020 年的中国区域的 WorldPop 人口格网数据，其空间分辨率为 100m，投影为 WGS84 地理坐标系。该数据对不同国家的人口总数进行了调整，使之与联合国秘书处经济和社会事务部人口司的人口统计数据相一致。本研究采用的其他数据包括由美国国家航空航天局（NASA）和美国国家测绘局（The National Imagery and Mapping Agency, NIMA）发布的 30m 分辨率数字高程地形模型 SRTM DEM 数据[②]。研究区市辖区界线、省界线和市界线等行政边界数据从国家基础地理信息中心网站下载。

5.3.2 研究方法

数据处理过程主要包括京津冀城镇建设用地数据集生产、各城市功能边界提取和 SDG11.3.1 指标计算三个部分，数据处理整体流程如图 5.1 所示。

[①] https://www.worldpop.org/。

[②] https://lpdaac.usgs.gov/。

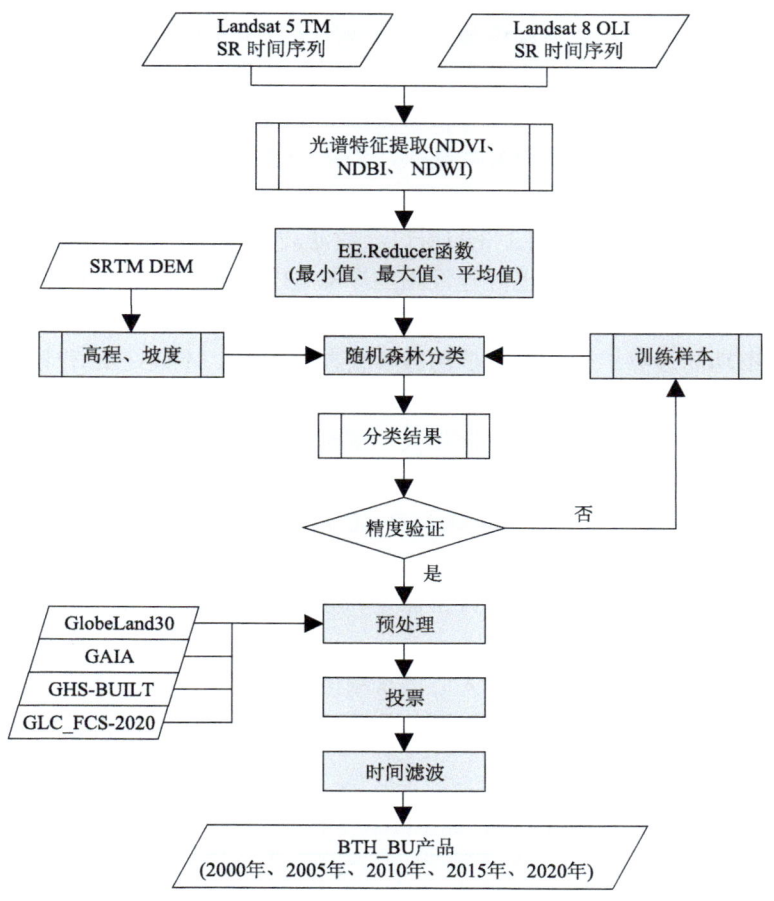

图 5.1　2000~2020 年京津冀建设用地数据处理流程(Zhou et al., 2021)
NDVI 表示归一化植被指数；NDBI 表示归一化建筑指数；NDWI 表示归一化水体指数

首先，基于长时序 Landsat 卫星影像，利用谷歌地球引擎云平台对研究区建设用地和非建设用地进行分类。为提高分类精度，计算影像的归一化植被指数(NDVI)、归一化建筑指数(NDBI)和归一化水体指数(NDWI)以及高程和坡度地形特征，作为分类器的输入特征。基于谷歌地球引擎云平台内置的 EE.Reducer 函数，计算各指数的最大值、最小值、平均值和中值，作为分类的辅助特征。地形特征在谷歌地球引擎云平台调用 SRTM DEM 计算得到。通过目视解译选取参考样本，其中 80%作为训练样本，20%作为验证样本，采用随机森林算法(Breiman, 2001)对图像进行分类。随机森林分类器中的分类树数量设置为 500，其余参数设置为默认值。采用不同的样本集迭代运行随机森林分类器，将分类结果满足总体精度(OA)大于 0.85 和 Kappa 系数大于 0.8 的结果进行输出(Foody, 2002; Wickham et al., 2017)，最后选择总体精度最高的分类结果作为最终分类结果。其次，使用投票法将分类结果和四种现有分类产品进行融合，进一步提高数据的精度和可靠性。投票法是一种常用的多分类器组合方法(Smits, 2002)，其工作原理是将得票最多的结果作为该像素的最终分类结果，当多个类别票数相同时则随机选择其中一个作为最终结果。最后，对融合后的分类结果采用时间滤波，保证结果中建设用地面积呈增长趋势，再采用3×3的窗口众数滤波去除孤立像元，得到2000～2020年每间隔5年一期的京津冀地区建设用地产品(BTH_BU)，空间分辨率为30m。

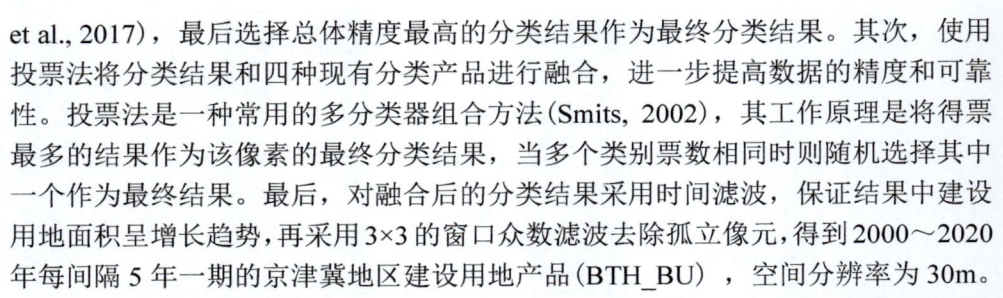

SDG11.3.1指标计算方法同5.2.2节相同，采用联合国人居署发布的界定标准来确定城市功能边界，评估城市群的城市化发展状况。不同之处在于，我们从不同尺度计算了指标数据，分别在京津冀城市群整体、各城市内部，以及不同人口规模的城市层面分析了土地城镇化和人口城镇化的关系。城市规模的划分规则如下：人口大于1000万的为特大城市，人口在500万～1000万的为大城市，人口在100万～500万的为中等城市，人口在50万～100万的为小城市，人口小于50万的为极小城市。其中，北京和天津属于特大城市，石家庄属于大城市，中等城市包括唐山、秦皇岛、邯郸、邢台、保定和张家口，沧州和廊坊属于小城市，承德和衡水属于极小城市。

理想情况下，土地使用率与人口增长率的比率应等于1，意味着城市建设用地扩张的速度与人口的增长速度相同。根据LCRPGR值，可以将城市分为5种类型，如表5.1所示。

表5.1 基于LCRPGR值的城市类型划分

LCRPGR值	含义
LCRPGR < −1	人口下降的速度大于建设用地扩张的速度
−1 < LCRPGR < 0	人口下降的速度小于建设用地扩张的速度
0 < LCRPGR < 1	人口增长的速度大于建设用地扩张的速度
1 < LCRPGR < 2	建设用地扩张速度是人口增长速度的1～2倍
LCRPGR > 2	建设用地扩张速度是人口增长速度的2倍以上

5.3.3 结果与讨论

1. 建设用地数据精度评价

基于验证样本，计算各研究期内不同建设用地产品的精度评价指标(表5.2)。精度评价结果表明，相较于已有的多种建设用地/地表覆盖产品，本研究生产的BTH_BU产品的平均OA和Kappa系数最高，平均漏分误差(omission error, OE)

和错分误差（commission error, CE）最低。

表 5.2 2000~2020 年京津冀建设用地产品精度评价

产品	年份	OA	Kappa	OE	CE
GAIA	2000	0.82	0.64	0.07	0.31
	2010	0.84	0.67	0.05	0.29
	2018	0.86	0.72	0.05	0.24
	平均值	0.84	0.67	0.06	0.28
GHS-BUILT	2000	0.87	0.75	0.04	0.22
GLC_FCS-2020	2020	0.88	0.77	0.05	0.29
GlobeLand30	2000	0.84	0.68	0.05	0.28
	2010	0.85	0.70	0.05	0.26
	2020	0.86	0.72	0.04	0.25
	平均值	0.85	0.70	0.05	0.26
BTH_BU	2000	0.91	0.83	0.05	0.13
	2005	0.91	0.83	0.04	0.14
	2010	0.94	0.87	0.05	0.08
	2015	0.93	0.86	0.04	0.10
	2020	0.94	0.89	0.04	0.07
	平均值	0.93	0.85	0.04	0.11

2. 京津冀城市群土地利用效率变化

通过计算 LCR、PGR 和 LCRPGR 值，分析京津冀城市群 2000~2020 年的城市化进程。2000~2020 年，该地区的 LCR、PGR 和 LCRPGR 变化如表 5.3 所示。城市群整体 LCRPGR 经历了先下降然后上升再下降的趋势。2000~2015 年，LCRPGR 的减少和增加与中国所有城市的变化趋势一致。由于 21 世纪早期的发展，京津冀城市群的城市用地持续向外扩张。2010 年之前，城市土地增长率低于或接近人口的城市化率。2008 年北京举办奥运会后，京津冀地区城市快速扩张。2010~2015 年，由于城市扩张和人口增长的加速，LCR 增加到 0.154，PGR 增加到 0.069，LCRPGR 增加到 2.232。土地城市化率是人口城市化率的 2.232 倍。

表 5.3 2000~2020 年京津冀地区 LCR、PGR 及 LCRPGR 变化

时间跨度	LCR	PGR	LCRPGR
2000~2005 年	0.045	0.039	1.142
2005~2010 年	0.027	0.028	0.946
2010~2015 年	0.154	0.069	2.232
2015~2020 年	0.048	0.031	1.538

2014 年，我国政府发布了《国家新型城镇化规划(2014-2020 年)》，提出了京津冀协同发展战略。作为中国城市化的指导方针，该规划强调了实现环境更加友好和可持续的城市化的重要性。2015~2020 年，城市土地和人口城市化增长速度放缓，LCR 降至 0.048，PGR 降至 0.031，LCRPGR 降至 1.538。

3. 各城市土地利用效率变化

通过计算分析京津冀地区各城市 LCR、PGR 和 LCRPGR 值的时间变化情况(图 5.2)可以发现，在北京和天津等经济较为发达的城市，人口增长和城市扩张比河北省大多数城市都要快。2000~2010 年以及 2015~2020 年，作为中国首都的北京 LCRPGR 值小于 1，由于北京吸引了大量的外来人口，其建成区的扩张率低于人口增长率。京津冀地区第二大城市天津的 LCRPGR 值较高，介于 1.0~2.5。2010~2015 年，京津冀地区所有城市的建成区迅速扩大，其 LCRPGR 值均大于 1.5。廊坊、沧州、保定、张家口和唐山的 LCRPGR 值自 2000 年以来一直在增加。到 2020 年，这些城市的 LCRPGR 值均大于 2，表明这些城市已进入无序的蔓延

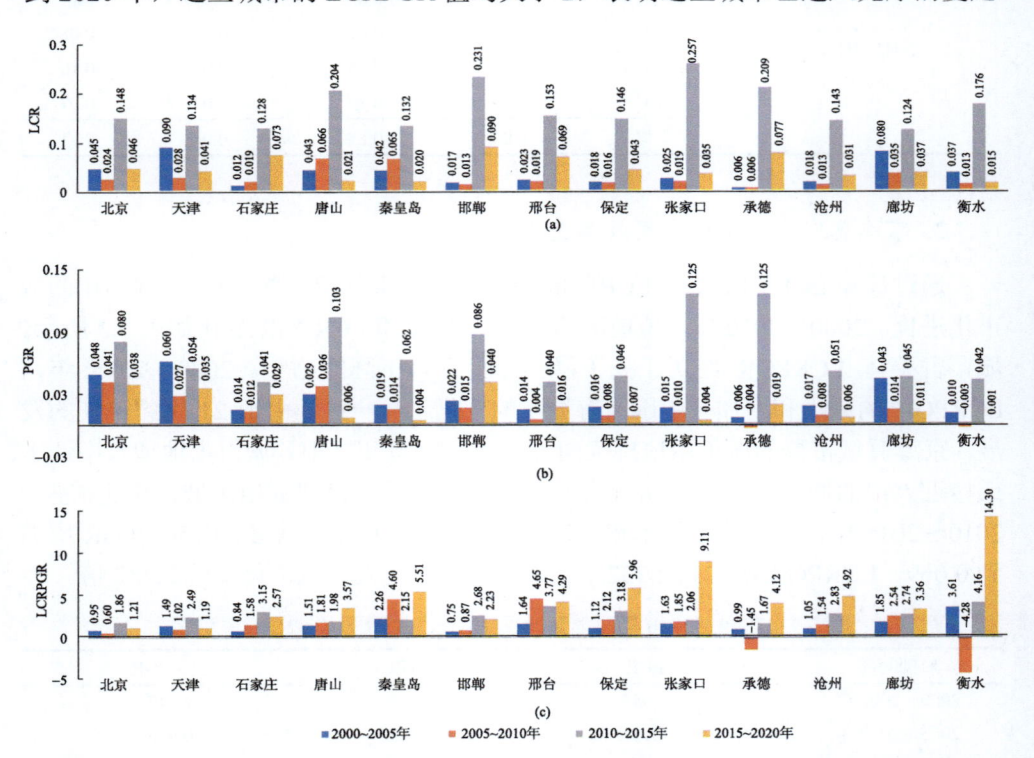

图 5.2 2000~2020 年京津冀地区各城市 LCR(a)、PGR(b)及 LCRPGR(c)随时间的变化

扩张阶段。在秦皇岛，2000~2020 年 LCRPGR 值大于 2。衡水的人口增长相对缓慢，2005~2010 年，其人口增长为负值，2000~2020 年，LCRPGR 的绝对值大于 3。这表明北京和天津的城市扩张率和人口增长率基本保持平衡，但河北的城市发展不平衡，其中大多数城市都经历了无序的蔓延扩张阶段。

4. 不同规模城市的土地利用效率

根据人口数量，本节将研究区 13 个城市分为五类：极小城市、小城市、中等城市、大城市和特大城市。不同规模城市的 LCRPGR 值及其随时间的变化如图 5.3 所示。研究期间，不同规模的城市经历了不同的城市化过程。2015~2020 年，特大城市和大城市的 LCRPGR 值低于 2015 年前，而中等城市、小城市和极小城市的 LCRPGR 值高于 2015 年前。自 2015 年以来，特大城市和大城市的蔓延发展放缓，可能是由于新型城镇化政策的颁布和实施。然而，2015 年后，中等城市、小城市和极小城市的土地利用效率仍然很低。该地区中小城市大规模无序发展的模式表明，这些城市的规划和管理政策忽视了土地资源的经济和高效利用。

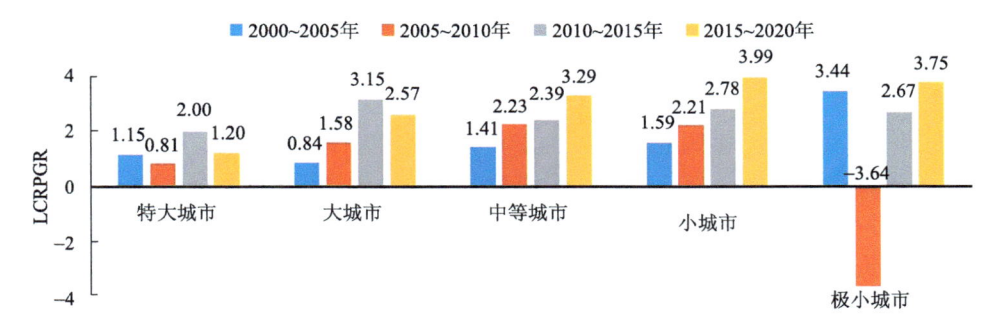

图 5.3 2000~2020 年京津冀地区不同规模城市 LCRPGR 随时间的变化

现有的多种建设用地或不透水地表产品在不同城市或地区的精度存在较大差异。城市建设用地制图的准确性取决于采用的遥感数据源、训练样本的选取及分类方法。本研究通过将多种土地覆盖产品进行融合，生成了 2000~2020 年以 5 年为一期的高精度京津冀地区城镇建设用地数据(BTH_BU)，基于该数据分析京津冀城市群土地利用效率变化。2000~2010 年，整个京津冀地区的 LCRPGR 值接近 1，但在 2010 年后上升到 2 或更高。研究区域内不同规模城市的 LCRPGR 值变化趋势不同。北京和天津两个特大城市的土地和人口城市化率相对平衡。除特大城市外，其他城市在 2010 年后 LCRPGR 值大于 2。2015 年后，小城市和极小城市的 LCRPGR 值最高，并且其中一些城市如承德和衡水在此期间经历了人口流失。为了减轻低密度蔓延对环境和土地资源的负面影响，地方决策者应加强国土空间开发的规划和管理，优化土地资源的利用，提高京津冀地区特别是中小城市的土地资源利用效率。作为中国的国家级城市群之一，京津冀地区不同规模城市的扩张过程和特征可以为其他城市群开展可持续发展进程的监测和研究提供借鉴。

5.4 基于情景模拟的 SDG11.3.1 指标预测

5.4.1 研究区与数据集

天津市是我国四大直辖市之一，位于 38°34′N～40°15′N、116°43′E～118°4′E，总面积 11966.45km²，地处华北平原东北部，海河流域下游，东临渤海，北依燕山，西靠首都北京，整体处于河北省环抱之中。其下设 16 个辖区，包括由和平区、河东区、河西区、南开区、河北区和红桥区组成的中心城区，由北辰区、西青区、东丽区和津南区组成的中心城区外围的环城区，边缘的蓟州区、宝坻区、武清区、宁河区和静海区组成的远郊区以及 2009 年成立的滨海新区。鉴于天津市向渤海扩张的趋势明显，本研究将天津市最东侧与海岸线交点的垂线和最南侧与海岸线交点的水平线相交，所包含的 1568.10km² 的海域也纳入研究范围。

天津市从北向南的地形构成分别为燕山山脉、燕山山脉山前-冲积扇平原、海河冲积平原和滨海平原。天津市整体地势平坦，高程小于 100m 的陆地面积占行政区域的 95%。作为中国北方最大的港口城市，其陆地海岸线长 153.2km，随着开发建设逐步向渤海内部延伸并缓慢增长。天津市的气候类型为温带季风气候，年均降水量在 360～970mm 且多集中于 7 月、8 月，导致水资源时空分布不平衡，人均淡水资源紧张。因此，天津市依托扇状海河水系修建大量水利工程(引滦入津、南水北调、减河等)，以平衡水资源分布从而达到治理旱涝灾害的目的。天津市也蕴藏着种类丰富且分布集中的自然资源，矿物资源集中分布于北部山脉，包含各类金属矿和非金属矿，其中锰、硼和水泥灰岩矿产是天津市的优势资源。燃料矿分布在平原区和渤海湾大陆架，石油、天然气和煤成气资源储量丰富，其中渤海和大港两大油田是国家重点开发的油气田。天津市渤海湾还分布着我国最大的盐场——长芦盐场，同时渤海还给天津带来了众多动植物资源。综上所述，天津市自然条件优越，资源丰富，生产生活的基础条件得天独厚。

根据第七次全国人口普查结果，2020 年天津市的常住人口为 13866009 人，同第六次全国人口普查的 12938224 人相比，十年共增加 927785 人，增长 7.17%，年平均增长率为 0.69%。其中，居住在城镇的人口为 11744440 人，占 84.70%；居住在乡村的人口为 2121569 人，占 15.30%。根据《2020 年天津市国民经济和社会发展统计公报》，天津市地区生产总值为 14083.73 亿元，同比增长 1.5%。其中，第一产业增加值为 210.18 亿元，同比下降 0.6%；第二产业增加值为 4804.08 亿元，同比增长 1.6%；第三产业增加值为 9069.47 亿元，同比增长 1.4%。三次产业结构比为 1.5∶34.1∶64.4。根据天津市交通运输委员会统计数据，2020 年天津市公路总里程 16411.02km，其中高速公路 1311.52km，占比 7.99%。2020 年，天津市铁路营运里程 1200km，其中高速铁路 317km，高铁密度全国第一。另外，天津市海空港建设发达，不仅建设了世界等级最高、中国最大的人工深水港——天津港，还建有 3 座民用机场。整体而言，天津市社会经济基础牢固，交通优势明显，发展稳定且潜力巨大。

研究选取覆盖研究区域的 18 幅条带号分别为 122/32、122/33、123/32 和 123/33 的 Landsat 卫星影像进行土地利用和土地覆盖分类，人工选择植被生长季且云覆盖率最低的影像，并且采用相邻的影像用于减少云覆盖的影响，对所有 Landsat 卫星影像进行辐射定标和大气校正。研究使用的其他辅助数据包括地形、路网和人口数据（表 5.4），坡度数据由数字高程模型（DEM）计算，所有使用的数据集投影都转换为 WGS_1984_UTM_Zone_50N 坐标系。为分析研究区域土地利用效率随时间的变化，生成 1990～2020 年土地利用图；之后，根据历年土地利用变化的驱动力分析，模拟和预测 2025 年和 2030 年研究区土地利用情况（Lu et al., 2022）。

表 5.4 研究使用的辅助数据集

数据类型	名称	年份	空间分辨率	来源
地形数据	ASTER GDEM V3	1999～2011	30 m	NASA
	坡度	1999～2011	30 m	DEM
路网数据	铁路	2015、2020	矢量	OpenStreetMap（2017）
	高速公路	2015、2020	矢量	OpenStreetMap（2017）
	公路	2015、2020	矢量	OpenStreetMap（2017）
人口数据	人口格网数据	2000～2020	100 m	WorldPop
		2025、2030	100 m	中山大学（Chen et al., 2020）

5.4.2 研究方法

1. 土地利用分类

参照土地利用分类标准，本节将研究区土地利用类型定为建设用地、耕地、林地、草地、裸地、河湖、海洋七类；基于预处理之后的 Landsat 影像提取相应的影像特征，采用随机森林分类方法，制作研究区 1990 年、1995 年、2000 年、2005 年、2010 年、2015 年和 2020 年土地利用覆盖图；采用分层次随机采样策略选择样本,保证每种土地利用类型每景影像的样本选择不少于 50 个(Finegold et al.,2016)。结合影像不同波段组合和谷歌地球(Google Earth)历史高分辨率影像,判断样本的土地利用类型。最终,将 70%的样本用于训练随机森林分类器,30%用于验证土地利用分类结果。土地利用分类结果精度评价采用的指标包括总体精度和 Kappa 系数(表 5.5)。

表 5.5 所用分类特征及计算方法

特征类型	特征名称	缩写	计算方法和描述
光谱特征	波段	band	可见光和红外波段
光谱指数	归一化植被指数	NDVI	(NIR−RED)/(NIR+RED)
	归一化水体指数	NDWI	(GREEN−NIR)/(GREEN+NIR)
	归一化建筑指数	NDBI	(SWIR−NIR)/(SWIR+NIR)
地形	高程	DEM	ASTER GDEM V2 数据集
	坡度	slope	ASTER GDEM V2 数据集

注:NIR 近红外波段,RED 红光波段,GREEN 为绿光波段,SWIR 为短波红外波段。

2. 城市空间格局变化分析

本研究将城市空间格局划分为主要核心区、次级核心区、边缘郊区、零散聚集地(农村)、城市开放空间和非城市地区,分析研究区城市空间格局变化的动态过程(Sahana et al.,2018)。城市空间格局具体划分规则如表 5.6 所示。

表 5.6 城市空间格局具体划分规则

城市空间格局	划分规则
主要核心区	由 1km² 内建设用地面积≥50%且位于最大的城市多边形(核心区、郊区和开放空间组成)中的像元组成
次级核心区	由非主要核心区且 1km² 内建设用地面积≥50%的建设用地像元组成
边缘郊区	由 1km² 内建设用地面积在 25%~50%的建设用地像元组成
零散聚集地(农村)	由 1km² 内建设用地面积小于 25%的建设用地像元组成
城市开放空间	由城市和郊区周围 100m 区域的非建设用地像元组成
非城市地区	由不属于城市开放空间的非建设用地像元组成

图 5.4(A)展示了选取的 4 个城市空间格局的样本分布。图 5.4(a)为主要核心区样本,目标像元周围 1km² 范围内建设用地占比为 87%,且位于最大的建设用地多边形中;图 5.4(b)为次级核心区样本,目标像元周围 1km² 范围内建设用地占比为 88%,且不属于主要核心区;图 5.4(c)为边缘郊区样本,目标像元周围 1km²

范围内建设用地占比为36%；图5.4(d)为零散聚集区(农村)样本，目标像元周围 1km² 范围内建设用地占比为16%。

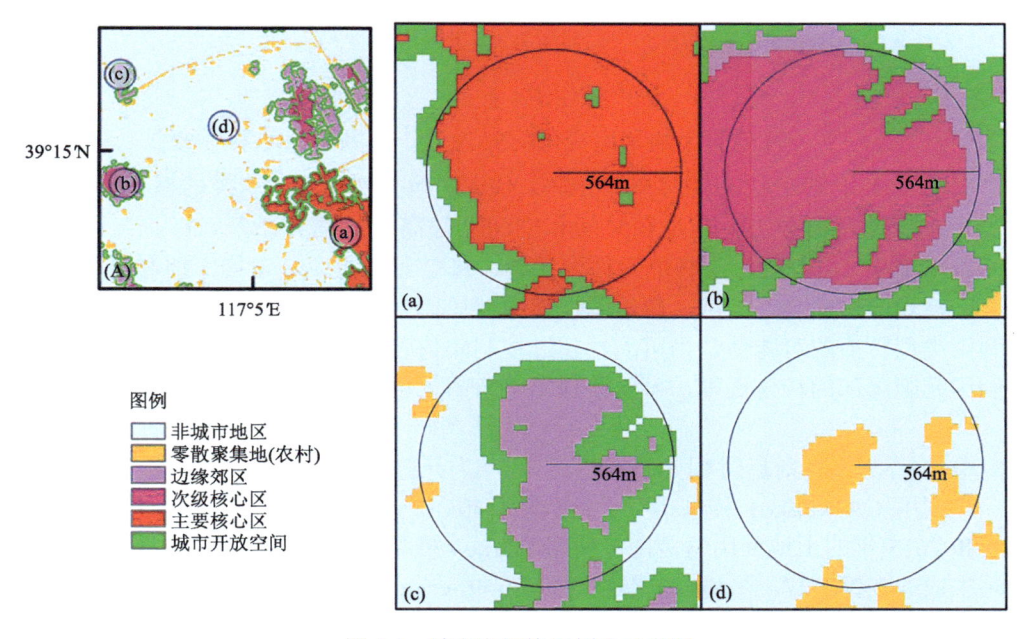

图 5.4 城市空间格局划分示意图

3. 土地利用预测

土地利用/土地覆盖(LULC)变化的模拟和预测主要通过考虑历史 LULC 变化模式、区域人文和自然因素等来确定将来可能发生的变化。通过土地利用/土地覆盖模拟可以明确未来潜在的变化情况，为国土空间规划的编制提供重要支撑。目前土地利用预测模型种类繁多，马尔可夫(Markov)模型由于其简洁出色的趋势预测和描述能力而被广泛应用于生态模型中。元胞自动机(CA)模型则处理了空间位置的变化和分配问题，在模拟城市问题中有很多优势(Berberoğlu et al., 2016; Santé et al., 2010)。CA-Markov 模型将二者结合，兼顾数量模拟和空间模拟的优势，能够有效地对土地利用结构、数量及空间分布进行预测(Firozjaei et al., 2018)。因此，本研究采用 CA-Markov 模型来模拟未来 10 年间研究区土地利用变化情况。

CA-Markov 模型是一种耦合模型，其中 Markov 模型是基于"无后效性"的特殊随机过程的经典数量预测模型，即下一时刻的土地利用状态仅取决于上一时刻的土地利用状态。其变化模拟过程可由式(5.5)表示：

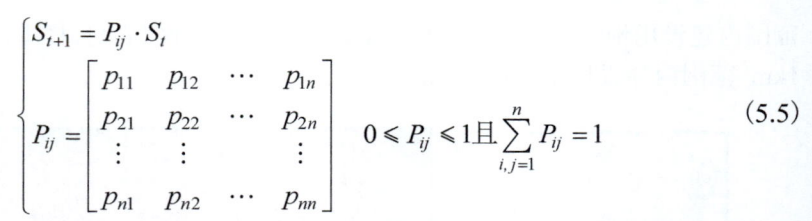

$$\begin{cases} S_{t+1} = P_{ij} \cdot S_t \\ P_{ij} = \begin{bmatrix} p_{11} & p_{12} & \cdots & p_{1n} \\ p_{21} & p_{22} & \cdots & p_{2n} \\ \vdots & \vdots & & \vdots \\ p_{n1} & p_{n2} & \cdots & p_{nn} \end{bmatrix} \quad 0 \leqslant P_{ij} \leqslant 1 \text{且} \sum_{i,j=1}^{n} P_{ij} = 1 \end{cases} \quad (5.5)$$

式中，S_{t+1} 为下一时刻的土地利用变化；S_t 为上一时刻的土地利用变化；P_{ij} 为两个时刻的土地利用状态转移概率矩阵，代表 i 地类转移为 j 地类的概率。CA 则是一种空间预测模型，其是在时间和空间上都离散的动力系统。将研究区划分为若干个单元(栅格)，这些单元称为元胞，每个元胞对应一定的土地利用类型。其转换规则由社会、经济、政治及自然条件等因素构成，规则决定每个元胞土地利用类型转换的可能性，当可能性超过控制阈值时，土地利用类型将发生转化。利用元胞局部的转化规则，可以模拟出复杂的土地利用变化过程，其表达式为

$$S_{t+1} = f(S_t, N) \quad (5.6)$$

式中，S_t、S_{t+1} 为前后时刻元胞状态集合；f 为元胞转换规则；N 为元胞邻域。

利用 CA-Markov 模型进行土地利用模拟，具体包括以下步骤：①根据 2010 年和 2015 年的土地利用覆盖图，利用 Markov 模型计算转移概率和面积矩阵，同时生成适宜性图集；②利用多准则评价(multi-criteria evaluation, MCE)方法，制作符合研究区实际发展趋势的建设用地适宜性图集；③预测 2020 年的土地利用图并进行精度评价；④利用满足精度要求的 CA-Markov 模型模拟研究区 2025 年和 2030 年的土地利用情况。

适宜性图集表示某一像元根据驱动因子变换到新的类别或在发展过程中保持不变的能力，以此来决定土地利用类型状态的变更与否。本研究应用地理信息系统(GIS)空间分析、模糊隶属函数、层次分析法(analytic hierarchy process, AHP)和 MCE 方法制作建设用地土地变化的适宜性图集，整体分析研究区历史发展情况，并参考类似研究和相关城市规划。本研究采用的土地利用/土地覆盖变化的驱动因子包括七类影响性因子和一类限制性因子。针对每一种影响因子采用缓冲区分析等空间统计分析，对比其在不同距离或像素值上对建设用地产生概率的影响，再结合相应政策规定选用合适的模糊隶属函数("S"形、"J"形和"L"形)，将影响因子的作用统一量化为[0,1]的适宜性概率。然后使用层次分析法进行两两比较，基于研究区发展历史和专家知识确定驱动因素的权重。

数据处理的一致性检验结果表明，本研究的一致性比率为 0.02，远小于规定阈值 0.1，处理过程合理。表 5.7 显示了每个驱动因素的模糊处理方法和权重。另外，根据天津市规划和自然资源局 2020 年公布的《天津市生态用地保护红线划定方案》，将水体作为限制性因素，禁止一切非保护性建设活动。

表 5.7 驱动因素权重

驱动因素	模糊函数	控制点/m	权重
距铁路的距离	S-MD	c=0,d=30000	0.0971
距高速公路的距离	S-S	a=50,b=2000,c=3000, d=30000	0.0971
距公路的距离	J-MD	c=100,d=3000	0.2045
距水体的距离	L-S	a=50,b=500,c=1000, d=20000	0.1526
距建成区的距离	L-D	c=0,d=3000	0.3527
高程	J-MD	c=15,d=150	0.0393
坡度	S-MD	c=15,d=25	0.0568

最后利用 MCE 方法，通过式(5.7)将各影响性因素与其权重进行线性组合得到建设用地适宜性分布图。

$$P = \sum_{i=1}^{m} y_i w_i \times \prod_{j=1}^{n} x_j \tag{5.7}$$

式中，P 为某一地类适宜性概率图；y_i、w_i 分别为第 i 个影响因子的适宜性概率图和权重；x_j 为第 j 个限制性因子；m、n 分别为影响性因子和限制性因子的数量，最终得到适宜性概率图(图 5.5)。

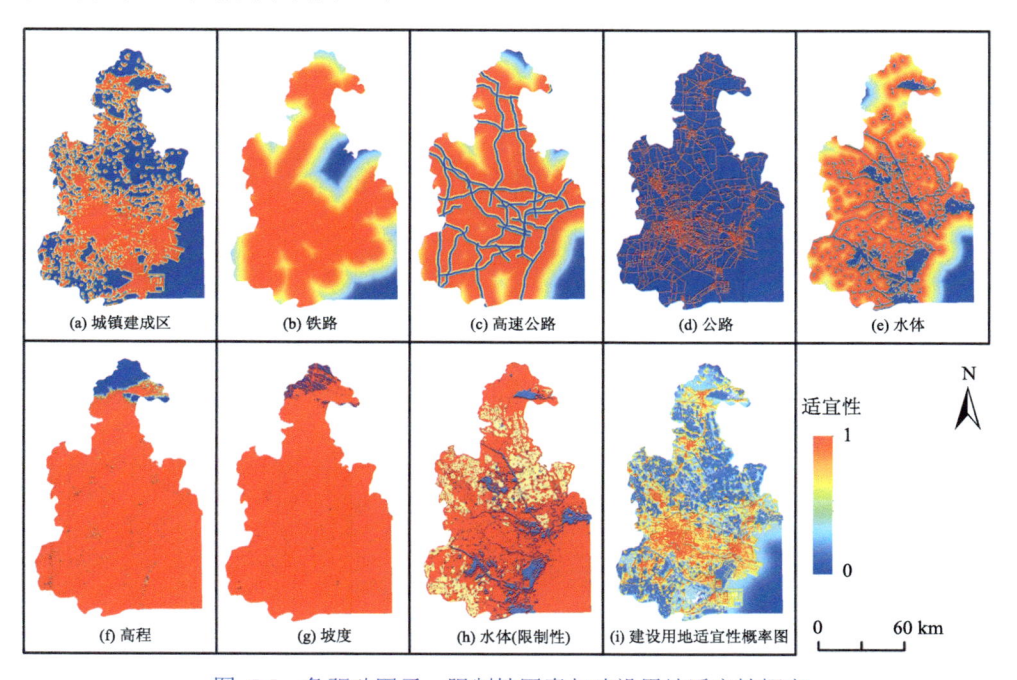

图 5.5 各驱动因子、限制性因素与建设用地适宜性概率

5.4.3 结果与讨论

1. 土地利用变化

基于 Landsat 影像分类,得到研究区七期土地利用覆盖图;基于验证样本,计算各期 Landsat 影像分类总体精度(OA)和 Kappa 系数。分类结果表明,天津市建设用地面积由 1990 年的 1523.13km^2 增长到 2020 年的 3045.90km^2,面积占比从 11.1%增加到 22.1%,主要分布在天津市中心城区、环城区和滨海新区(图 5.6)。耕地分布最广但其面积变化整体呈减少趋势,占比从 1990 年的 53.8%减少到 2020 年的 44.3%。耕地主要是转化为建设用地,这也是该阶段中国城市发展的主要特点。草地主要分布在燕山山脉及各水库和居民地周边,受建设用地扩张和耕地开发的影响,其总量略有减少。林地集中分布在北部燕山山脉中,受城市化影响小,在森林保护政策影响下总量略有增长。天津市水系发达,但由于气候和地形其水

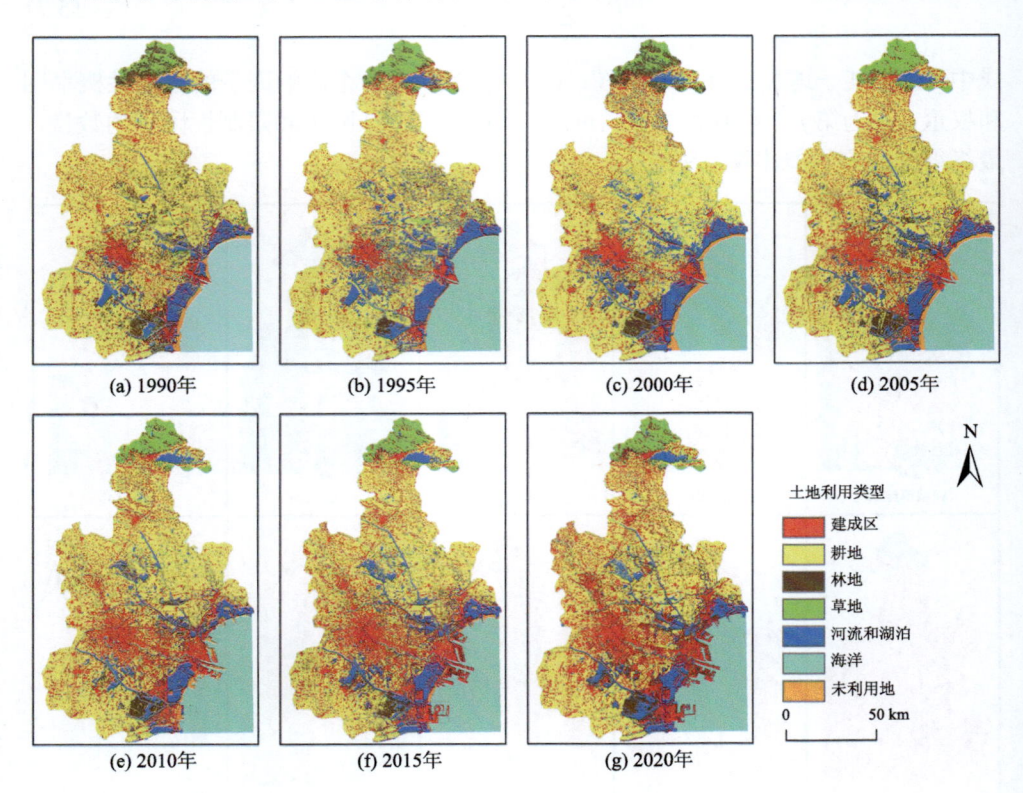

图 5.6 研究区 1990～2020 年土地利用/土地覆盖

资源在时间和空间上分布不均。为解决洪涝和供水问题，天津市共修建各型水库28座，这是天津市水体面积的主要组成部分。受降水量和政府调水规划等因素影响，天津市水体面积不断波动。研究区未利用地面积极少且几乎不变，主要分布在北部山脉中，主体为裸露的山体岩石。受围填海造陆工程的影响，沿海地区不断向海洋扩张。

图 5.7 展示了 1990～2020 年研究区其他土地利用类型向建设用地转换的空间格局。研究区耕地转为建设用地 1268.31km^2，占新增用地的 63.95%以上。其次是草地、河流湖泊、海洋、未利用地和林地。城市建设用地扩张主要集中在中心城区和滨海新区。此外，中心城区倾向于向外围辐射。远郊地区建设用地的增加主要表现为原建设用地向外持续的扩张。

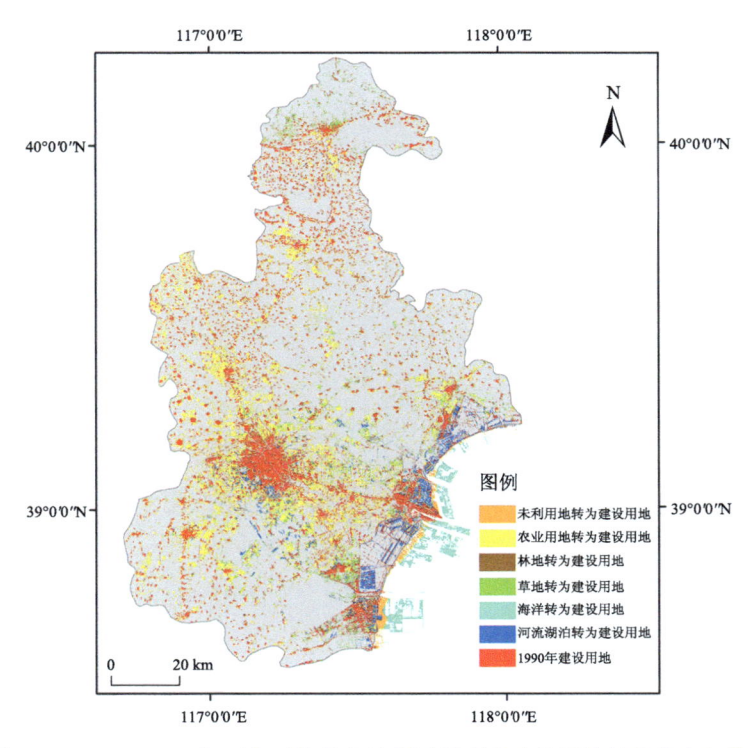

图 5.7　1990～2020 年研究区其他土地利用类型向建设用地转换的空间格局

2. 城市空间格局变化

根据土地覆盖制图结果，本节将研究区分为不同的类型（图 5.8）。天津主要核心区从 177.13km^2 增加到 1232.21km^2。2005～2020 年，城市功能区的扩张模式基本上保持不变，表现为从中心城区向周边的径向扩张和滨海新区沿海岸带的扩张。天津次级核心区的面积由 1990 年的 303.93 km² 增加到 2020 年的 470.97 km²，主要分布在围绕主要核心区的环带和外围郊区。1990～2020 年，边缘郊区和城市开放空间的面积也随着城市核心区域的扩张而增加。1995～2020 年，零散聚集地（农村）地区的面积呈下降趋势。

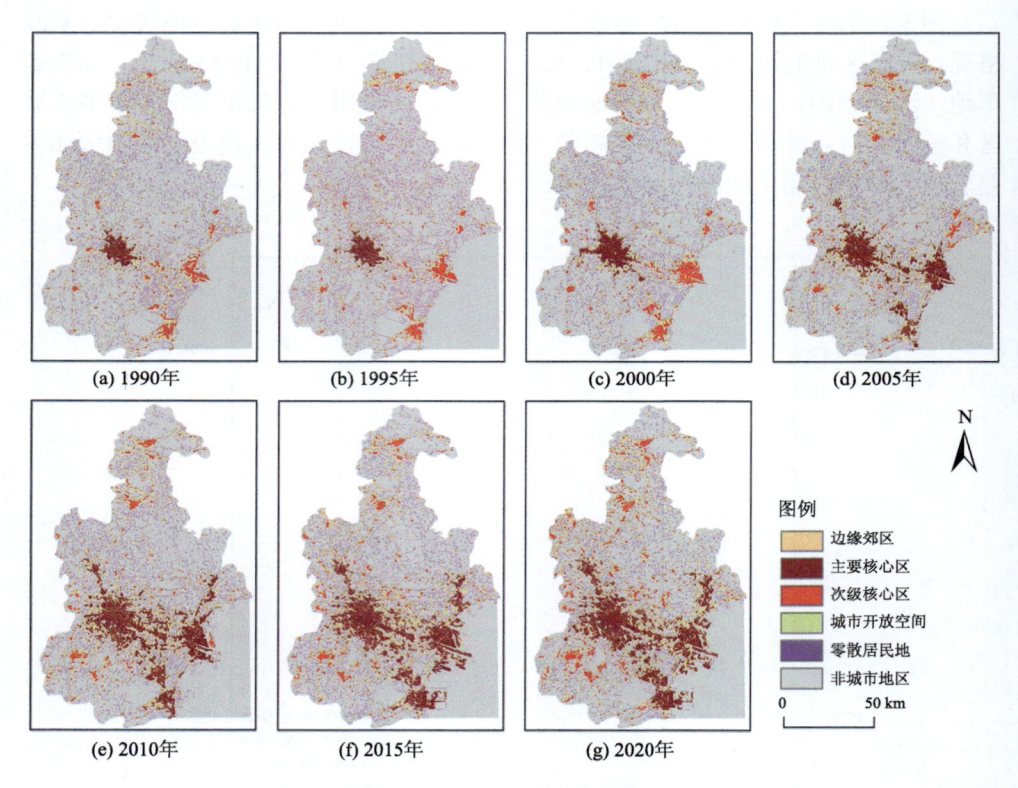

图 5.8　1990～2020 年研究区城市空间格局变化

3. 土地利用变化预测

基于天津市 2010 年和 2015 年土地利用覆盖图，采用 Markov 模型生成 2010～2015 年以 5 年为周期的转移概率矩阵、面积矩阵以及 Markov 适宜性图集，以此模拟研究区 2020 年土地利用类型。自然发展情景下模拟结果的 Kappa 系数为 78.97%，Cramer's V 相关系数为 0.69；考虑政策导向下生态优先情景模拟结果的 Kappa 系数为 84.67%，Cramer's V 相关系数为 0.74，可信度较好。政策驱动下的模拟结果对城乡建设用地空间和数量的预测更加贴合实际。自然发展情景下，耕地被占用和水体保护区被侵占的情况在政策约束下得到改善，永久基本农田被完整保留，河湖生态保护区完整性得到保护且呈现增长的趋势。

在模型精度验证满足要求后，采用同样的方法制作 2015~2020 年以 5 年、10 年周期的转移概率矩阵和面积矩阵以及 Markov 适宜性图集，预测研究区 2025 年、2030 年的土地利用状况。在政策导向下，2020~2030 年天津市整体土地利用结构保持不变，仍以耕地为主，占比逐渐稳定在 38%左右。林地面积不断回升，草地主要补充耕地、建设用地和水体，水体在政策保护下稳定增长且空间连续性提高。城乡建设用地扩张速度减缓，在原有基础上向外辐射扩张，分布更为集中紧凑。滨海地区建设用地增幅较大，2020~2030 年填海造陆面积预计达到以往 30 年总和。自 2004 年以来，天津港造陆面积急剧增加，填海土地利用方式由盐田开发和水产养殖转变为港口扩建、临港工业区建设和滨海旅游等。尽管填海造陆能够有效缓解沿海地带的人地矛盾，但可能造成近海动植物栖息地丧失、海岸带生境退化、生物多样性减少等负面影响。因此，为实现天津市海岸带地区的可持续发展，减轻填海造陆工程的不利影响，应加强对滨海地区人类开发活动的规划和管理。

本研究提出的 CA-Markov 模型是模拟研究区环境保护情景下土地利用的可靠方法。预测结果显示，2020 年后城市建设用地增长将放缓，同时预计沿海土地复垦将显著增加。这表明在管理和保护沿海环境的背景下，对大范围或区域尺度沿海环境空间和时间变化的监测和分析十分重要。本研究提出的土地利用变化建模方法仍存在一些局限性。模拟中没有考虑乡村振兴战略、三孩政策等难以量化的政策因素，可能会影响模拟结果的准确性，所以进行模拟或预测时，还需要更全面地考虑到其他影响因素。此外，可以通过采用更复杂的模型或耦合模型或者模型参数的调整优化，进一步提高现有土地利用模拟的精度。

4. SDG11.3.1 指标变化

基于建设用地分布提取研究区 1990~2030 年的城市功能区，统计功能区内各期建设用地面积，利用 WorldPop 公开的 2000~2020 年的人口格网数据及 2025 年、2030 年的人口预测数据统计城市功能区人口数量（表 5.8），再据此计算天津市城市功能区土地使用率（LCR）、人口增长率（PGR）及二者比率（LCRPGR）。

表 5.8　1990~2030 城市功能区内建设用地面积和人口变化及预测

年份	建设用地面积/km²	人口/万人
1990	220.253	—
1995	231.636	—
2000	371.790	464.889

续表

年份	建设用地面积/km²	人口/万人
2005	922.568	731.421
2010	1373.845	920.508
2015	1555.956	1054.656
2020	1601.864	1192.409
2025	1831.602	1279.881
2030	1913.125	1348.914

研究区 LCR 在 1990～2005 年持续增长，在 2000～2005 年达到最高的 0.182，之后增长逐渐放缓，在 2015～2020 年达到最低的 0.006（图 5.9）。PGR 在 2000～2020 年整体也持续降低，2010～2015 年和 2015～2020 年增长率几乎持平，分别为 0.027 和 0.025。这种情形也和我国地区、人口等发展政策相呼应。由于城市功能区 LCR 减少幅度较大，LCRPGR 在 2000～2020 年逐年递减。在 2000～2005 年和 2005～2010 年分别为 2 和 1.7，即 LCR 是 PGR 的 1～2 倍；2010～2015 年和 2015～2020 年 LCRPGR 分别为 0.91 和 0.24，即 PGR 大于 LCR。

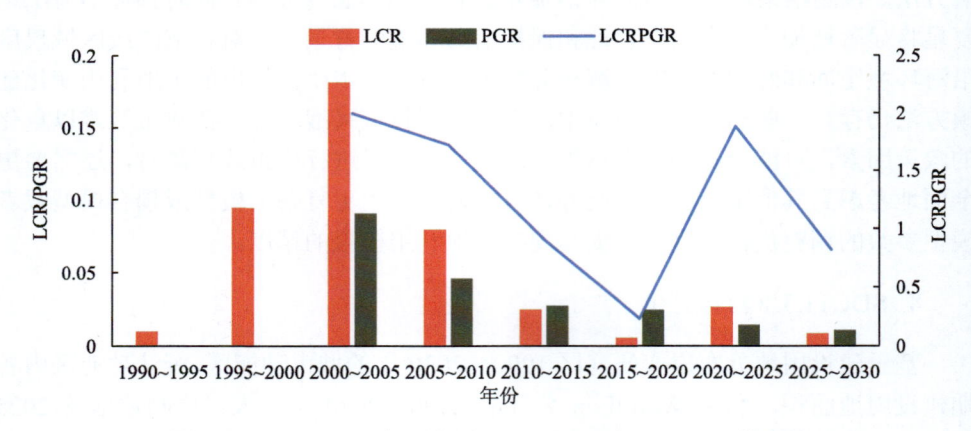

图 5.9 1990～2030 年研究区 LCR、PGR 和 LCRPGR 的变化

土地利用变化模拟是海岸带综合管理（integrated coastal zone management，ICZM）中可持续土地规划框架的重要组成部分（Fiduccia et al.，2020）。本研究预测了未来情景下的土地变化趋势，能够为不同区域沿海地区的决策提供信息。SLEUTH 土地利用变化模拟模型与景观分析工具相结合，被用于欧洲从可持续性和战略规划的角度支持社会和环境决策（Fiduccia et al.，2020）。土地消耗模拟结果表明，现有的低密度城市蔓延趋势将导致西班牙地中海沿岸地区的资源需求和

环境影响大幅度增长(García-Ayllón，2018)。自然发展情景、自然保护区保护情景、休闲旅游区增长情景三种动态情景下的土地利用变化预测表明，泰国沿海旅游城市扩大旅游业的同时，确定保护边界以保护雨林和红树林，防止其转变为城市建设用地和休闲区(Waiyasusri and Chotpantarat，2022)。在本研究中，预计2020～2030年，天津将沿海岸线进行大规模的城市扩张和土地复垦。遥感图像解译结果表明，2003～2018年，随着渤海湾水产养殖和自然海岸线的减少，港口和建成陆地海岸线从14.6%增加到83.7%(Zhang and Niu，2021)。大规模的土地开垦可能会对天然沿海湿地和当地生物多样性造成破坏。因此，有必要划定保护边界并实施生态保护措施，以减少土地复垦对研究区域沿海湿地的负面影响。

此外，天津沿岸是一个典型的淤泥质海岸带，与基岩和沙质海岸相比，其对海平面上升的影响更为敏感(Rangel-Buitrago，2020)。为了保护海岸线免受洪水的侵蚀，自21世纪初以来，天津已修建了海堤、丁坝、抛石和堤坝等结构工程。平均海拔约4.5m的人工海堤设计用于抵御百年一遇的风暴潮(Wang et al.，2019)。预计的土地复垦将改变沿海地区的局部潮流场和水动力学，从而影响地形和泥沙侵蚀动力学(Xu et al.，2016)。通过使用不同尺度的风险和脆弱性指标，将土地利用变化模拟结果与海岸线的社会经济、生态和文化特征相结合，可以绘制和评估海岸侵蚀风险(Rangel-Buitrago et al.，2020b)。此外，沿海地区还面临着极端气候引起的各种危害(Torresan et al.，2008)。人口的集中以及工业用地、机场和公共设施等建设用地的增加加剧了沿海定居点对自然灾害的暴露度和脆弱性(Rangel-Buitrago et al.，2020a；Tessler et al.，2015)。过去20年来由于过度开采地下水，天津沿海地区的平均沉降率为20～30mm/a，一些地区的沉降率甚至超过了50mm/a(Wang et al.，2019)。本研究预测的土地利用图可与评估框架相结合，以评估不同情景下的沿海风险和气候变化危害脆弱性(Rangel-Buitrago et al.，2020a；Torresan et al.，2012)。通过识别脆弱单元和建立热点脆弱区，可以积极主动地提出管理建议，如加强现有保护项目，并将计划开发项目迁移到低风险地区，以减少各种危险的不利影响并支持ICZM战略。

本研究分析了中国沿海特大城市天津过去30年的土地利用/土地覆盖变化的空间格局，并预测了2025年和2030年的土地利用状况，根据土地利用制图和预测结果，利用城市土地利用效率指标对城市化可持续性的变化进行了评价。1990～2020年，受建设用地增加影响最大的土地利用类型是农业用地。天津市建设用地扩张的特点是围绕中心城区呈放射状分布，滨海新区沿海岸线呈带状分布。在严格执行现有生态保护法规的情况下，预计未来十年天津市土地利用转化量将放缓，城市增长特征将逐步由粗放型向高效型转变，人口和土地的城市化将更加协调。然而，根据这项研究的结果，预计海岸沿线的土地复垦量将显著增加，可能会增加生态风险，并对海洋生态系统造成压力。因此，应实施严格的保护和管理政策与措施，以促进沿海地区的可持续利用。本节所述的土地利用变化监测和预测方法可应用于其他沿海城市的土地扩张和可持续性研究，以促进城市可持续发展和环境规划。

5.5 小 结

SDG 11.3.1 指标具有明确的概念、公认的计算方法和评估标准，能够从人地关系平衡的角度评价城市的土地利用效率。本章主要介绍了如何利用遥感大数据计算 SDG11.3.1 指标，并以此来监测城市扩张并刻画土地使用率与人口增长率之间的关系，了解城市人口城镇化和土地城镇化的状况，同时基于土地利用变化情景模拟，进行 SDG11.3.1 指标的预测。以上体现出地球大数据在全球、区域、国家和局地不同尺度监测和预测城市土地利用效率的优势。

尽管利用地球大数据进行土地利用效率监测和预测取得了部分进展，但可以在以下方面进行深入研究和改进。首先，进行城市土地利用效率监测和预测时，需要获取高精度的土地利用/土地覆盖产品，提升结果的可靠性。随着遥感数据性能和处理方法的改进，城市土地利用分类产品的精度和时空分辨率仍然有较大的提升空间。其次，因为缺乏协调统一的评估体系，不同地区、数据源或方法所得到的评估结果可能存在较大的差异。最后，基于土地利用模拟预测未来的发展可能需要考虑更多的影响因素，才能得到更为符合实际的预测结果，以更有效地支撑城市土地资源的可持续利用和规划。

参 考 文 献

Berberoğlu S, Akın A, Clarke K C. 2016. Cellular automata modeling approaches to forecast urban growth for adana, Turkey: A comparative approach. Landscape and Urban Planning, 153: 11-27.

Breiman L. 2001. Random forests. Machine Learning, 45(1): 5-32.

Chen Y, Li X, Huang K, et al. 2020. High-resolution gridded population projections for China under the shared socioeconomic pathways. Earth's Future, 8: e2020EF001491.

Estoque R C, Ooba M, Togawa T, et al. 2021. Monitoring global land-use efficiency in the context of the UN 2030 agenda for sustainable development. Habitat International, 115: 102403.

Fiduccia A, Cattozzo L, Filesi L, et al. 2020. A framework for sustainable land planning in ICZM: Cellular automata simulation and landscape ecology metrics. International Conference on Computational Science and Its Applications: 378-393.

Finegold Y, Ortmann A, Lindquist E, et al. 2016. Map accuracy assessment and area estimation: A practical guide. Rome: Food and Agriculture Organization of the United Nations.

Firozjaei M K, Kiavarz M, Alavipanah S K, et al. 2018. Monitoring and forecasting heat island intensity through multi-temporal image analysis and cellular automata-Markov chain modelling: A case of Babol city, Iran. Ecological Indicators, 91: 155-170.

Foody G M. 2002. Status of land cover classification accuracy assessment. Remote Sensing of Environment, 80(1): 185-201.

García-Ayllón S. 2018. Retro-diagnosis methodology for land consumption analysis towards sustainable future scenarios: Application to a mediterranean coastal area. Journal of Cleaner Production, 195: 1408-1421.

Lu L L, Qureshi S, Li Q T, et al. 2022. Monitoring and projecting sustainable transitions in urban land use using remote sensing and scenario-based modelling in a coastal megacity. Ocean & Coastal Management, 224: 106201.

Melchiorri M, Pesaresi M, Florczyk A J, et al. 2019. Principles and applications of the global human settlement layer as baseline for the land use efficiency indicator—SDG 11.3.1. ISPRS International Journal of Geo-Information, 8(2):96.

Rangel-Buitrago N, Neal W J, Bonetti J, et al. 2020a. Vulnerability assessments as a tool for the coastal and marine hazards management: An overview. Ocean Coast Manag, 189: 105134.

Rangel-Buitrago N, Neal W J, de Jonge V N. 2020b. Risk assessment as tool for coastal erosion management. Ocean & Coastal Management, 186: 105099.

Rangel-Buitrago N. 2020. Are we managing in the right way the coastal erosion along the Caribbean Coast of Colombia? Journal of Coastal Research, 95:930-934.

Sahana M, Hong H, Sajjad H. 2018. Analyzing urban spatial patterns and trend of urban growth using urban sprawl matrix: A study on Kolkata urban agglomeration, India. Science of the Total Environment, 628: 1557-1566.

Santé I, García A M, Miranda D, et al. 2010. Cellular automata models for the simulation of real-world urban processes: A review and analysis. Landscape and Urban Planning, 96(2): 108-122.

Smits P C. 2002. Multiple classifier systems for supervised remote sensing image classification based on dynamic classifier selection. IEEE Transactions on Geoscience and Remote Sensing, 40(4): 801-813.

Tessler Z D, Vorosmarty C J, Grossberg M, et al. 2015. Profiling risk and sustainability in coastal deltas of the world. Science, 349:638-643.

Torresan S, Critto A, Dalla V M, et al. 2008. Assessing coastal vulnerability to climate change: Comparing segmentation at global and regional scales. Sustainability Science, 3(1): 45-65.

Torresan S, Critto A, Rizzi J, et al. 2012. Assessment of coastal vulnerability to climate change hazards at the regional scale: The case study of the North Adriatic Sea. Natural Hazards and Earth System Sciences, 12(7): 2347-2368.

UN-Habitat. 2018. SDG 11 Synthesis Report 2018: Tracking Progress towards Inclusive, Safe, Resilient and Sustainable Cities and Human Settlements. Nairobi: United Nations Human Settlements Programme.

Waiyasusri K, Chotpantarat S. 2022. Spatial evolution of coastal tourist city using the Dyna-CLUE model in Koh chang of Thailand during 1990-2050. ISPRS International Journal of Geo-Information, 11(1): 49.

Wang F, Li J, Shi P, et al. 2019. The impact of sea-level rise on the coast of Tianjin-Hebei, China. China Geology, 2(1): 26-39.

Wickham J, Stehman S V, Gass L, et al. 2017. Thematic accuracy assessment of the 2011 national land cover database (NLCD). Remote Sensing of Environment, 191: 328-341.

Xu X, Li X, Chen M, et al. 2016. Land-ocean-human interactions in intensively developing coastal zone: Demonstration of case studies. Ocean & Coastal Management, 133:28-36.

Zhang T, Niu X, 2021. Analysis on the utilization and carrying capacity of coastal tidal flat in bays around the Bohai Sea. Ocean & Coastal Management, 203: 105449.

Zhou M L, Lu L L, Guo H D, et al. 2021. Urban sprawl and changes in land-use efficiency in the Beijing-Tianjin-Hebei region, China from 2000 to 2020: A spatiotemporal analysis using earth observation data. Remote Sensing, 13(15): 2850.

第 6 章

SDG11.4 保护和捍卫世界文化和自然遗产

6.1 引　　言

1972 年，联合国教育、科学及文化组织（以下简称联合国教科文组织）（United Nations Educational, Scientific and Cultural Organization，UNESCO）在巴黎总部举行的第十七届大会上通过了《保护世界文化和自然遗产公约》（以下简称公约）（UNESCO, 1972）。公约旨在确认、保护、保存、展示具有突出普遍价值的文化和自然遗产，并将其代代相传，对促进世界遗产突出的普遍价值和保护其真实性与完整性具有重要意义。目前，195 个国家和地区是该公约的缔约方。自 1972 年通过公约以来，国际社会完全接受了"可持续发展"的概念。保护、保存自然和文化遗产是对可持续发展的巨大贡献（Wang et al., 2018）。世界遗产处在不同国家或地区、不同文化背景和发展水平之下，其所处地理环境和背景的复杂性，使得世界遗产可持续发展状况的评价指标成为当今世界关注的焦点之一。

SDG11 "建设包容、安全、有抵御灾害能力和可持续的城市和人类住区"中提出 SDG11.4 指标："进一步努力保护和捍卫世界文化和自然遗产"，首次将世界遗产的保护以"可持续发展目标"的形式确定下来，这对于世界遗产的保护与可持续发展具有极其重要的意义。联合国给出了 SDG11.4.1 指标［保存、保护和养护所有文化和自然遗产的人均支出总额，按资金来源（公共、私人），遗产类型（文化、自然）和政府级别（国家、区域和地方/市）分列］的计算方法（United Nations, 2015）。该指标目前属于层级（tier）Ⅱ，有较为明确的方法，无可用数据。然而，该指标计算方法仅限政府对文化遗产地保护的财政资助，仅能反映国家对文化遗产的资金投入和保护力度，缺乏基于地理空间信息对文化遗产可持续发展进行定量评估的具体指标。

原真性与完整性一直是遗产保护的两个核心原则（Alberts and Hazen, 2010）。

围绕维持遗产地的完整性和原始状态的主要目标,在理论研究日益丰富的基础上,国内外学者对丰富遗产地监测指标体系、构建科学合理的评估框架及测算和分析方法方面开展了诸多尝试。Simon 等(2016)认为应分别设定文化遗产和自然遗产的评价指标,针对文化遗产需要增加具有影响性和可操作性的指标,而自然遗产则需要涵盖有关生物多样性的指标。通过对哥德堡地区进行研究,Hansson 等(2019)认为 SDG11.4.1 需要与 SDG11.7.1 等其他指标相互结合,才能成为强有力的监测工具。文物保护部门迫切需要有关部门提供文物灾害的研究结果,识别和量化文物所遭受的风险,以便能够指导文物的防灾减灾能力评估。但近年来对文化遗产可持续发展的研究以偏重于理论和方法层面为主,涉及文化遗产保护/再生与可持续发展之间关系的指标研究较少。侯妙乐等(2019)提出基于地理空间信息进行文化遗产可持续发展的指标建设,在文化遗产 SDG11.4 指标建设中综合考虑 SDG11.5 防灾减灾相关因素,并新增指标为世界遗产的保护与管理提供依据。基于 Landsat 遥感数据,王普等(2022)提取了我国典型自然遗产的人工设施、耕地等人为干预要素数据,分析了人类活动对遗产地的干预状况。

6.2 SDG11.4.1 指标

6.2.1 SDG11.4.1 指标简介

SDG11.4.1 指标表征政府(国家、地区、地方)、私人来源(家庭、企业和赞助商以及国际来源)在特定年份人均文化与自然遗产的保存、保护和养护方面的总资金,结果应以不变美元的购买力平价(purchasing power parity, PPP)表示(UNESCO, 2021)。该指标衡量了长期以来在文化和自然遗产的保存、保护和养护方面的人均支出(公共和私人),以监测国家保存、保护和养护文化和自然遗产工作的变化。这一指标说明了地方、国家和国际各级公共政府,单独或与民间社会组织和私营部门合作,为保护和捍卫世界文化与自然遗产而做出的财政努力或行动,能够对提高城市和人类住区的可持续性产生直接影响。这意味着文化资源和资产得到保护,以持续吸引人们(居民、工人、游客等)和财政投资,最终提高支出总额。这一指标将有助于了解各国是否正在为加强保护其文化和自然遗产做出努力,并有利于确定出于政策目的而需要得到更多关注的领域。以购买力平价表示的指标可以进行国家间的比较,在进行时间序列的分析时,需要使用常量值(消除通货膨胀的影响)来评估真实的资源随时间变化的程度。

文化遗产包括文物、纪念碑、建筑和遗址群、博物馆,这些遗产具有符号、历史、艺术、美学、民族学或人类学、科学和社会意义等多种价值。其包括有形的遗产(动产、不动产和水下遗产)、嵌入文化的非物质遗产以及文物、遗址或纪念碑等自然遗址。该定义不包括与节日、庆典等其他文化领域相关的非物质文化遗产，它涵盖了工业遗产和洞穴绘画。自然遗产是指构成濒危动植物物种栖息地的自然特征、地质和地貌形态以及划定的区域和从科学、保护或自然美景的角度来看有价值的自然遗址。其包括私人和公共保护的自然区域、动物园、水族馆、植物园、自然栖息地、海洋生态系统、保护区、水库等。混合遗产指包含自然和文化两个重要元素的遗址。《世界遗产名录》指列入联合国教科文组织世界遗产清单上的遗产地，包括遗址或财产，并承认了这些遗址或财产的普遍价值。

文化遗产保存(conservation)是指为延长文化遗产的寿命，同时加强其重要遗产信息和价值的传播而采取的措施。在文化财产领域，保存的目的是保持文物的物理和文化特征，以确保其价值不被削弱，并使其寿命超过有限的时间跨度。自然遗产保护是指保护、照料、管理和维护自然环境内外的生态系统、栖息地、野生动植物物种和种群，并保护自然条件，使其长期存在。养护(preservation)的目的是避免可能由环境或意外因素造成的损害，这些因素对要保存物体的周围环境构成威胁。因此，预防方法和措施通常不是直接应用的，而是旨在控制环境的小气候条件，以消除可能对遗产退化产生暂时或永久影响的有害因素或元素。保护(protection)是指采取措施的行为或过程，旨在通过保护财产免受恶化、损失或攻击，或保护财产免遭危险或伤害，从而影响财产的实际状况。就建筑物和构筑物而言，保护措施通常是临时性的，并预计未来的历史保护处理。对于考古遗址，保护措施可以是临时性的，也可以是永久性的。

公共遗产支出是指用于遗产支出的公共资金。公共资金是国家、地区和地方政府机构原则上不包括与文化和自然遗产没有直接关系的支出。保存、保护和养护国家文化和/或自然遗产的公共支出包括直接支出、转移和间接公共支出，包括税收优惠。直接公共支出包括补贴、赠款和奖励。直接公共支出包括补贴、赠款和奖励，通常为运营支出和资本支出的形式，用于人员、商品和服务、资本投资和其他遗产活动。间接公共支出包括税收激励——减少因纳税人产生的若干遗产费用而产生的应纳税收入。遗产公共支出总额是国家、地区、州、省和地方政府对遗产的综合支出。私人遗产支出是指私人资助的用于国家文化和自然遗产的保存、保护和养护，包括但不限于实物捐赠、私人非营利部门和赞助。私人资金包括个人和法人实体的捐款、官方援助等双边和多边基金的捐款、向个人和法人团体提供或出售服务和商品的收入以及公司赞助。

遗产支出总额是指公共和私人在遗产保护和保存方面的支出，包括自然和文化遗产的公共和私人支出，具体包括图书馆和档案活动、博物馆活动、历史遗址和建筑运营的支出(公共和私人)，以及投资于植物园、动物园和自然保护区活动的资源。遗产公共支出数据的可用性因国家而异，遗产私人支出数据的可用性明显较低。

6.2.2 SDG11.4.1 估算方法

用于保存、保护和养护所有文化和自然遗产的人均支出总额(公共和私人)必须根据可持续发展目标指标机构间专家组的报告(IAEG-SDGs, 2018)进行计算。一个国家的人均支出总额至少与以下因素有关：①该国所有文化和自然遗产的数量；②对每项文化和自然遗产的投资金额；③全国人口数量。所以该指标应考虑以下方面：①"人均支出总额"是否反映国家努力加强保护和捍卫世界文化和自然遗产，虽然按时间序列计算，人均支出呈上升趋势，但要进行各国之间的横向比较并不容易；②需要细化各遗产的投入；③要根据不同国家的当地情况，对不同类型的支出进行分配和权衡，这也体现了国别方案；④衡量资本投入或支出也可以从保护区的角度进行计算，通过资本除以保护区来表示。

该指标的计算方法是将政府(国家、地区、地方)提供的遗产公共资金总额与家庭、其他私人来源(如捐赠、赞助或国际来源)提供的私人资金总额相加除以居民人数并乘以PPP$转换系数。

$$人均HCExp = \frac{\sum Exp_{pu} + Exp_{pr}}{居民人数} \times PPPf \tag{6.1}$$

式中，人均 HCExp 为按固定购买力平价计算的居民人均遗产支出；Exp_{pu} 为各级政府保护、保存文化或自然遗产的公共支出总额；Exp_{pr} 为保护、保存文化或自然遗产的所有类型的私人支出总和。

该指标可以按照联合国教科文组织世界遗产中心(World Heritage Centre)划分的遗产类型分类(文化、自然、混合遗产)，如按营业支出或投资支出类型分类，按私人资金类型(实物捐赠、私人非营利部门、赞助商)分列。将遗产相关支出与各国人均国内生产总值进行比较，可以作为衡量一个国家能力和发展水平的补充(UNESCO, 2021)。

该指标计算的数据来源：对于公共支出，在国家一级，财政部或文化部、环境财务管理系统是政府文化支出的来源。下级政府的支出数据可以集中或直接从地方政府收集。家庭文化支出可以通过一般消费支出调查或专门的文化参与和消费调查收集。对于私人支出，很少能够系统地收集其他私人遗产资金来源的数据(如企业赞助、慈善事业和私人捐款)，通常需要通过大量的分析、筹备和宣传工作进行额外的调查。当国际资金记录在预算中时，可以通过政府金融系统获得，而预算外的国际资金有时可以通过政府援助管理系统获得，但很少需要进行分类

（如仅针对遗产）。国际资金的数据来源可以作为补充，如经济合作与发展组织发展援助组织数据库中的官方发展援助数据，但往往与其他来源的数据（如政府记录）存在兼容性的问题。

UNESCO 统计局发布了 2017 年世界文化和自然遗产元数据调查总结报告。本调查的目的是了解国家一级的数据可用程度，并在世界范围内与该指标提出的概念达成一致，以制定 SDG11.4.1 指标。该调查还收集了国家层面其他文化和自然遗产数据可用性的信息。基于 59 个国家的数据收集结果表明，许多国家都有公共支出数据，但可用于制定 SDG11.4.1 指标的详细数据量差异很大。私人遗产支出数据的可用性更为有限。在所有参与调查的国家中，71%的国家有一种及以上公共遗产支出数据来源，而只有 29%的国家有一种及以上私人遗产支出数据来源。

6.3 世界文化遗产地城市化发展综合评估

联合国 2030 年可持续发展议程中提到，世界自然与文化遗产在全球可持续发展中承担着重要的角色与功能。SDG11.4 中提出"进一步努力保护和捍卫世界文化和自然遗产"，并给出 SDG11.4.1 指标的计算方法（United Nations, 2015）。列入《世界遗产名录》的文化遗产中有 70%以上位于城市中，联合国教科文组织指出迫切需要制定战略和指南，以便更好地将世界遗产地管理计划纳入城市发展计划和进程。

不同环境、规模、类型的文化遗产地所需的保护力度和方案并不相同，因此应尽可能考虑遗产地的属性特性，合理分配资源、制定世界文化遗产地的保护方案。通过对世界遗产面临的自然和人为风险进行全面综合的分析，从整体上对世界遗产保护需求做到科学认识，才能实现有区别、有针对性地开展世界遗产的保护指导与实施（Hadjimitsis et al., 2013；Luo et al., 2019）。然而，传统的遗产地监测手段主要局限于实地调查、采样监测等，往往需要耗费巨大的人力和物力。遥感技术具有观测范围广、时效性强、全天时全天候观测的特点，不仅可以节约监测和评估的成本，而且能够提升监测与评估的时效性和科学性（Levin et al., 2019）。因此，使用地球大数据与遥感技术，探究适用于世界遗产地保护的空间化的监测指标，对保存、养护世界遗产和可持续发展具有重要意义。

6.3.1 研究区与数据集

在"一带一路"共建国家及其周边国家中，世界文化遗产及混合遗产数量占全球的 84.4%，具有重要的研究价值（Guo, 2018）。近几十年，遗产地所在区域的城市化进程与文化遗产保护之间的矛盾逐渐显现。一方面，城市化以前所未有的规模进行，大规模的新建建筑和道路扩建等破坏了历史街区、建筑群、古民宅等城市文化遗产的原真性和整体性，可能会导致世界遗产地的破碎和退化（杨丽霞和喻学才，2004）。另一方面，城市化带来的局地环境与气候变化也会对文化遗产造成威胁，加剧了位于城镇地区的文化遗产地面临的压力与风险（Sesana et al.，2021）。

基于世界文化遗产的时空分布特征，综合考虑由城市化给文化遗产地造成的潜在的自然与人为风险，提出空间化的城市发展综合指数（comprehensive urban development index, CUDI），作为监测文化遗产地周边城市发展及环境、气候动态的新指标（Lu et al., 2019; Barrientos et al., 2021）。利用该指标监测遗产地周边城市发展过程中 6 类与遗产地保护相关的人为和自然因素的强度及其空间分布和时间变化特征，定量刻画和评估"一带一路"共建国家及其周边国家文化遗产地可能面临的风险。评估结果能够为文化遗产保护的对策和措施提出建议，从宏观层面为联合国教科文组织以及相关国家和地区实现"进一步努力保护和捍卫世界文化和自然遗产"这一可持续发展目标提供科学参考。

研究所用数据包括：①2010 年、2015 年、2020 年全球人口格网数据，来源于 WorldPop 发布的 2000~2020 年逐年人口格网数据，空间分辨率为 1000m；②2010 年、2015 年、2020 年全球建设用地数据，来源于由 Landsat 5 TM、Landsat 8 OLI 卫星遥感影像获取的全球建设用地数据产品，空间分辨率为 30m，总体分类精度优于 90%；③2012 年、2015 年、2020 年全球夜间灯光数据，来源于美国国家海洋和大气管理局地球观测小组（NOAA EOG）发布的全球逐年可见光红外成像辐射仪（VIIRS）夜间灯光数据，空间分辨率为 500m；④2010 年、2015 年、2020 年全球 NO_2 柱浓度数据，采用对流层排放监测网（Tropospheric emission monitoring Internet service, TEMIS）提供的臭氧监测仪（Ozone monitoring instrument, OMI）月均对流层 NO_2 柱浓度数据，空间分辨率在赤道地区为 0.125°；⑤2010 年、2015 年、2020 年全球地表温度数据，采用 MODIS 全球 8 天合成地表温度数据，空间分辨率为 1000m；⑥2010 年、2015 年、2020 年全球降水数据，采用 ERA5-Land 再分析数据集中的全球月总降水量数据，空间分辨率为 0.1°；⑦城市文化遗产地矢量数据，采用 2020 年 30m 分辨率全球城市边界（global urban boundary, GUB）数据集，对"一带一路"共建国家及其周边国家的城市文化遗产地进行提取得到。

6.3.2 研究方法

综合考虑遗产地面临的人为和自然风险，选择六类地球大数据产品（人口密度、建设用地、夜间灯光、NO_2 柱浓度、地表温度和降水）来衡量遗产地周边区域城市发展情况。其中，人口密度、建设用地、夜间灯光数据主要表征基础设施开发建设和人类活动等人为风险，NO_2 柱浓度、地表温度和降水反映城市化带来的气候环境方面的自然风险。基于 2010 年、2015 年和 2020 年地球大数据产品，进行标准化处理和空间分析，以遗产地为中心建立 1000m、3000m 和 5000m 的缓冲区，计算各区域子指标的值，得到遗产地子指标在时间和空间上的变化情况；基于标准化子指标均值，得到遗产地周边区域 CUDI（Lu et al.,2019），计算公式如式(6.2)所示：

$$\text{CUDI} = \frac{1}{N} \sum_{K=1}^{N} \frac{X_K - \min_K}{\max_K - \min_K} \quad (6.2)$$

式中，N 为子指标总数；X_K 为某一遗产地缓冲区第 K 个子指标的均值；$\min_K$ 和 $\max_K$ 分别为遗产地中第 K 个指标的最小值和最大值。

基于 2020 年全球城市边界数据集，本研究选择了 286 处位于"一带一路"共建国家和周边国家城市与城镇居民点附近的文化遗产地，计算其周边区域 2010 年、2015 年和 2020 年的 CUDI，并计算各子指标值的变化率。最后，分析相关指标在时间和空间上的变化情况，识别出变化最大的遗产地，并结合遗产地实际情况提出加强保护的决策和建议。

6.3.3 结果与讨论

2010 年、2015 年和 2020 年"一带一路"共建国家及其周边国家世界文化遗产的各子指标和综合指标整体变化如图 6.1 所示。CUDI 均值从 2010 年的 0.2763 上升到 2015 年的 0.3007，2020 年为 0.2995，略有下降，说明该 283 个文化遗产地周边的城市发展活动的强度经历了由上升到稳定的过程。人口、夜间灯光、地表温度和建设用地四个指标的均值不断增长，说明整体上文化遗产地周边的城市化程度在不断提高。同时，表征大气污染指标的 NO_2 柱浓度持续下降，表明文化遗产地周边城市空气质量有所改善，这得益于各国政府对工业污染排放的管控及环境保护的重视。

2010~2020 年"一带一路"共建国家和周边国家文化遗产地 CUDI 值的分布和变化如图 6.2 所示。所选文化遗产地中 CUDI 值变化率为高速增长（变化率≥20%）地区共 53 个，4 个分布在亚太地区，49 个分布在欧洲，夜光灯光和建设用地为主要增长点。CUDI 值变化率在 0%~10% 的地区有 99 个，10%~20% 的有

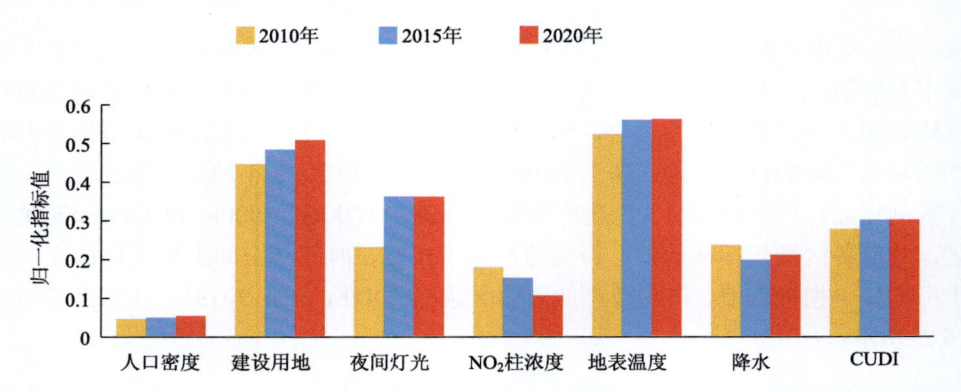

图 6.1 2010 年、2015 年和 2020 年"一带一路"共建国家及其周边国家世界文化遗产的各子指标和综合指标整体变化

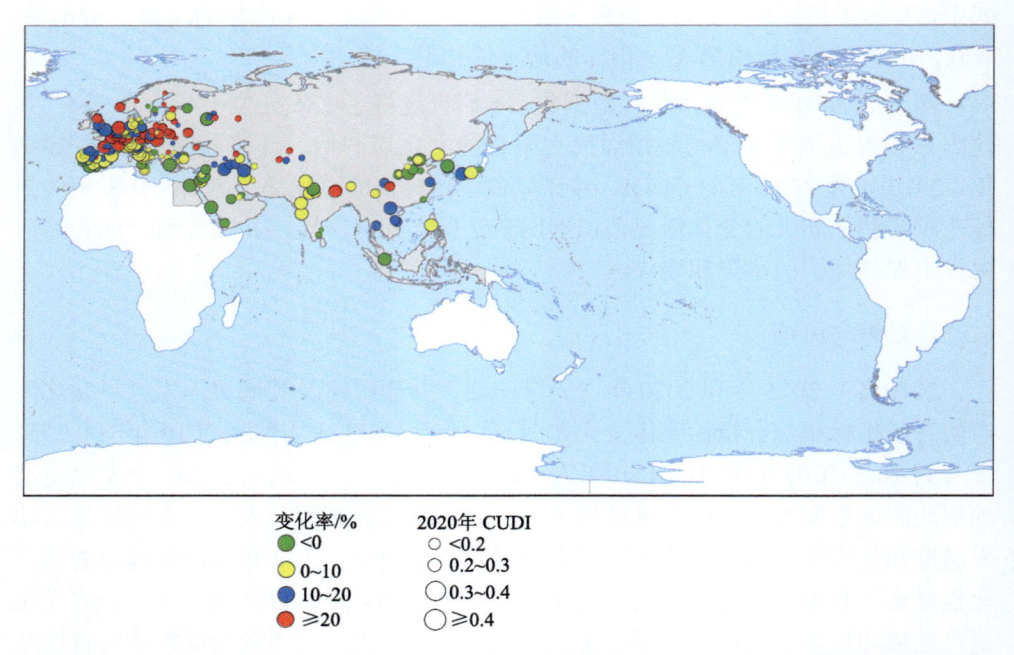

图 6.2 2010~2020 年"一带一路"共建国家和周边国家文化遗产地 CUDI 值的分布及变化

78 个。CUDI 值的变化率<0%的地区共 55 个，21 个分布在亚太地区，8 个分布在阿拉伯地区，26 个分布在欧洲。2010 年和 2020 年 CUDI 值处于低值(0~0.3)的地区有 153 个，处于高值(0.3~0.6)的有 101 个，2010 年处于低值 2020 年转化为高值的区域有 29 个。其中，加德满都谷地变化最为显著，CUDI 值由 2010 年的 0.390 增加到 0.581。加德满都地处尼泊尔中部，是尼泊尔政治、经济、文化的

第 6 章 SDG11.4 保护和捍卫世界文化和自然遗产

中心，受经济不发达、技术力量缺乏与城市无序扩张以及现代建筑材料滥用的影响，遗产地状况持续恶化，这也是现存文化遗产保护区共同存在和面临的问题与挑战。CUDI 值增长率为第二、第三的文化遗产地为挪威的布吕根和瑞典的格默尔斯达德教堂村。CUDI 值在 2010 年和 2020 年都大于 0.5 的地区是埃及的开罗古城和伊朗的戈勒斯坦宫。CUDI 值保持高速增长的文化遗产地所面对的风险应被重视，尽早提出相应的保护措施，以避免城市化对文化遗产地造成负面影响。

图 6.3 展示了 2010～2020 年"一带一路"共建国家和周边国家文化遗产地各子指标变化率最大的 6 个遗产地。各子指标变化最大的为夜间灯光，其次是人口和地表温度。法国斯特拉斯堡区域的夜间灯光指标由 2010 年的 0.003 增加到 2020 年的 0.654。尼泊尔加德满都谷地附近的人口指标由 2010 年的 0.190 增加到 2020 年的 0.793，且其周边 CUDI 值变化率也为最大。瑞典格默尔斯达德教堂村周边的地表温度由 2010 年的 0.035 增加到 2020 年的 0.135。伊朗的谢赫萨菲·丁陵 N_2O 柱浓度显著降低，由 2010 年的 0.994 减少为 2020 年的 0.416。挪威的布吕根则降水增加较为显著。

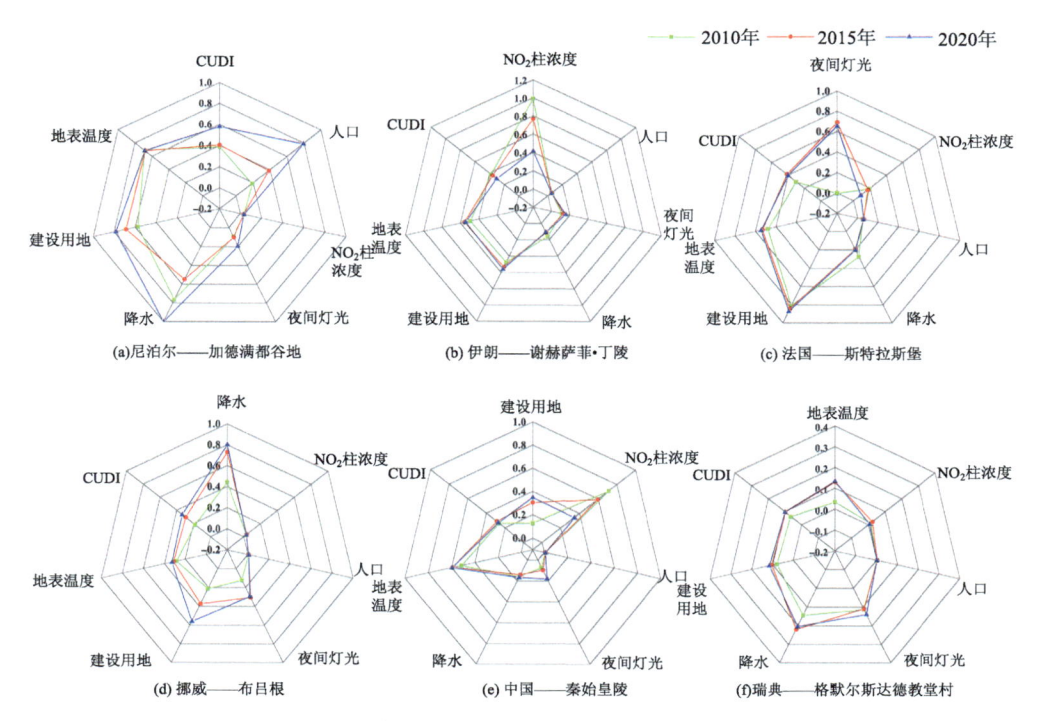

图 6.3 2010～2020 年"一带一路"共建国家和周边国家文化遗产地各子指标变化率

"一带一路"共建国家和周边国家文化遗产地的城市 CUDI 值大多数介于 0.2~0.4，指标值逐渐增加但增速减缓，主要增长点是人口、建设用地和地表温度，空气质量逐步改善，子指标的增长可能对文化遗产地保护带来更多挑战。随着国际组织的倡导和相关遗产地数据的发布，国家和当地政府的管控力度和要求不断提高，整体上世界遗产地周边的不利因素在逐渐消除，但在文化遗产地保护上依然存在不平衡、不充分的问题（Hadjimitsis et al., 2013）。政治稳定、经济发达的地区具有明显的优势，能快速制定落实相应保护政策，而部分欠发达地区要面对更多的问题，如何在保持发展的同时保护世界文化遗产是亟待解决的难题。世界遗产地的保护应综合考虑城市发展过程中人为建设、生产活动、自然环境及气候变化的影响（Liao and Jiang, 2020）。选择多种地球大数据获取 CUDI，动态监测世界文化遗产地周边城镇发展状况，及时发现和预防可能对遗产地造成破坏的因素，为相关机构和组织制定与加强世界遗产地管理和保护政策提供依据，助力文化遗产地的可持续发展。

随着高分辨率卫星影像数据和其他地球大数据产品的出现，更高分辨率和质量的空间数据的应用可以进一步提高 CUDI 评估的精度（Agapiou et al., 2015）。结合地面观测、社会经济统计数据等，可以在典型遗产地验证地球大数据城市发展指数的评估结果并应用于政府决策。今后可将该指标在全球尺度进行应用，为 SDG11.4.1 指标的评估提供有力补充。此外，未来研究中可以不断丰富监测要素和子指标，使 CUDI 更全面地反映遗产地面临的周边城市化的影响。

6.4 小　　结

世界自然和文化遗产在全球可持续发展中承担着重要的角色与功能，但目前面临着发展与保护失衡、过度开发、自然灾害、人类活动干扰、生态环境恶化等一系列问题，破坏了其原真性和整体性。联合国 SDG11.4 指标强调了世界各国应增加资本投入以保护和捍卫遗产，本章介绍了 SDG11.4.1 指标的定义和估算方法。针对世界遗产保护面临的问题和挑战，各国要积极采取行动，长期动态地监测可持续发展指标实施进展，及时发现问题并采取相应的措施，确保遗产地的管理、保护和利用走上可持续发展的道路。

遥感等地球大数据具有宏观、动态、客观等特点，在遗产地的保护中能够发挥重要作用。遥感和地理信息系统已广泛应用于遗产地的监测和管理。针对城市化给文化遗产地造成的潜在的自然与人为风险，本章提出了空间化的城市发展综合指数，作为监测文化遗产地周边城市发展及环境、气候动态的新指标。今后研究中可以进一步挖掘地球大数据的潜力,推动可持续遗产保护技术的变革和创新,以建立更加全面、完善和科学合理的世界遗产可持续发展监测评估框架和指标体系。

参 考 文 献

侯妙乐,刘晓琴,陈军,等.2019.基于地理空间信息的文化遗产可持续发展指标建设.地理信息世界,26(2):1-6.

王普,杨瑞霞,梁勇奇,等.2022.基于多源数据的中国 UNESCO 名录遗产地可持续发展目标监测.中国科学院大学学报,39(6):754-763.

杨丽霞,喻学才.2004.中国文化遗产保护利用研究综述.旅游学刊,(4):85-91.

Agapiou A, Alexakis D D, Lysandrou V, et al. 2015. Impact of urban sprawl to cultural heritage monuments: The case study of Paphos area in Cyprus. Journal of Cultural Heritage, 16: 671-680.

Alberts H C, Hazen H D. 2010. Maintaining authenticity and integrity at cultural world heritage sites.Geographical Review, 100(1):56-73.

Barrientos F, Martin J, De Luca C, et al. 2021. Computational methods and rural cultural & natural heritage: A review. Journal of Cultural Heritage, 49: 250-259.

Guo H D. 2018. Steps to the digital Silk Road. Nature, 554:5-27.

Hadjimitsis D, Agapiou A, Alexakis D, et al. 2013. Exploring natural and anthropogenic risk for cultural heritage in Cyprus using remote sensing and GIS. International Journal of Digital Earth, 6: 115-142.

Hansson S, Arfvidsson H, Simon D. 2019. Governance for sustainable urban development: The double function of SDG indicators. Area Development and Policy, 4: 217-235.

IAEG-SDGs. 2018. Tier classification for global SDG indicators. https://unstats.un.org/sdgs/files/Tier%20Classification%20of%20SDG%20Indicators_15%20October%202018_web.pdf.

Levin N, Ali S, Crandall D, et al. 2019. World heritage in danger: Big data and remote sensing can help protect sites in conflict zones. Global Environmental Change, 55: 97-104.

Liao W, Jiang W. 2020. Evaluation of the spatiotemporal variations in the eco-environmental quality in China based on the remote sensing ecological index. Remote Sensing, 12(15):2462.

Lu L, Weng Q, Guo H, et al. 2019. Assessment of urban environmental change using multi-source remote sensing time series (2000–2016): A comparative analysis in selected megacities in Eurasia. Science of The Total Environment, 684: 567-577.

Luo L, Wang X, Guo H, et al. 2019. Airborne and spaceborne remote sensing for archaeological and cultural heritage applications: A review of the century (1907–2017). Remote Sensing of Environment, 232: 111280.

Sesana E, Gagnon A S, Ciantelli C, et al. 2021. Climate change impacts on cultural heritage: A literature review. WIREs Climate Change, 12: e710.

Simon D, Arfvidsson H, Anand G, et al. 2016. Developing and testing the urban sustainable development goal's targets and indicators: A five-city study. Environment and Urbanization, 28(1): 49-63.

UNESCO. 1972. Convention concerning the protection of the world cultural and natural heritage. https://whc.unesco.org/en/conventiontext/.

UNESCO. 2021. SDG indicator metadata. http://uis.unesco.org/en/topic/sustainable-development-goal-11-4.

United Nations. 2015. Transforming our world: The 2030 agenda for sustainable development. https://sustainabledevelopment.un.org/post2015/transformingourworld.

Wang X, Ren H, Wang P, et al. 2018. A preliminary study on target 11.4 for UN sustainable development goals. International Journal of Geoheritage and Parks, 6: 18-24.

第 7 章

SDG11.6 减少负面环境影响

7.1 引 言

城市化意味着人们由农村地区向城市地区流动。随着城市化的发展，城市中的人口和工业数量可能会增加，直接或间接影响生态系统。无序发展的城市给环境带来诸如土壤污染、水质恶化、空气污染、噪声污染和固体废弃物污染等一系列问题，导致城市环境质量的退化。城镇化带来人口及产业的集中，相关人为排放的增加对空气质量产生最直接的影响。此外，改变风速、温度、大气稳定度等气象要素，对污染物二次反应及大气自净能力产生影响。空气污染影响到全球所有地区，且污染水平存在着较大的区域差异。世界卫生组织（WHO）于 2005 年发布了基于健康风险评估的全球空气质量指导值（AQG2005），为各国政府制定空气质量标准提供依据。根据 AQG2005，2019 年全球约 90%的人口生活在超过安全水平的地区。2013 年第一季度，中国经历了极其严重和持续的雾霾污染，影响了分布在全国约 130 万 km^2 的 8 亿人口。74 个主要城市的测量结果表明，当年 1 月有 69%的时间 $PM_{2.5}$ 的日均浓度超过了中国 75μg/m^3 的污染标准（约为美国国家环境保护局 35μg/m^3 标准的两倍），$PM_{2.5}$ 日均浓度最高达到 772μg/m^3。这种重污染天气不仅导致能见度和空气质量变差，还会引发支气管哮喘、慢性阻塞性肺疾病、心脑血管疾病等慢性疾病的发作或病情加重等不良后果。

城市土地利用的空间组成、构型和密度等形态特征将随着全球城市化趋势的不断发展持续演变，目前在实证和理论方面已有大量关于城市形态对空气质量影响的研究。虽然有证据记录了人造地表区域的面积和密度与空气污染有正相关关系，但城市景观破碎度对空气质量的影响仍存在争议。从理论上讲，紧凑型城市增加了混合多种土地用途的高密度居住区，从而减少了对汽车的依赖，并增加了步行和公共交通的使用。紧凑型城市的发展已被证明能有效缓解一些城市的空气污染。对全球 83 个城市地区进行调查发现,高度毗邻的建成区排放的 NO_2 更少。松散的城市形态则可以分散工业污染源,提高燃料效率,减少交通拥堵,缓解街道峡谷效应。多中心和松散的城市分散污染源,从而比紧凑和单中心城市更好地降低污染物排放的浓度。此外,松散的城市中存在更多的开放空间,有助于空气污染物的扩散。相比之下,紧凑型城市通常与更强的城市热岛效应相关,热岛效应影响一次污染物和二次污染物的流动。由于城市形态与空气污染之间的相互作用十分复杂,不同城市化水平和不同时期的城市之间可能存在不一致的关系。全球城市化的趋势将不断持续,应针对城市化对环境造成的损害采取有效的预防措施,确保城市化走上正确和可持续发展的道路。针对以上问题,SDG11.6 提出"到 2030 年,减少城市的人均负面环境影响,包括特别关注空气质量,以及城市废物管理等"。

7.2　SDG11.6 具体目标

SDG11.6 下设 11.6.1 "由管控部门所收集和管理的城市固体废物占城市废物总产量的比例,按城市分列"和 11.6.2 "城市细颗粒物(如 $PM_{2.5}$ 和 PM_{10})年度均值(按人口权重计算)"两个指标。本节对 SDG11.6 下设指标的定义和计算方法进行详细介绍。

7.2.1　SDG11.6.1 指标简介

城市家庭和企业产生大量固体废物,必须定期收集、回收或妥善处理和处置,以保持健康和卫生的生活条件。由于快速城市化、缺乏技术和财政能力或政策优先性低,许多城市面临固体废物管理挑战。随着城市化和人口增长的持续,预计到 2025 年,城市固体废物产生量将翻一番。此外,城市收入水平越高,产生的固体废物量越大。因此,未来几十年发展中国家和新兴国家的经济增长将对地方政府的固体废物管理提出更大的挑战。城市中未收集的固体废物能够对环境产生显著的影响。未收集的固体废物最终可能会进入排水沟,导致排水系统堵塞,并造成不卫生状况,直接影响居民的健康。露天焚烧未收集的固体废物会产生对当地甚至全球造成严重破坏的污染物。蚊子等媒介通常在堵塞的排水沟中繁殖,且堵塞的排水管道容易导致洪水的发生。2015 年,《全球废弃物管理展望》报告估计,至少有 20 亿人无法定期收集废物,这种情况在非正规住区尤其严重。2010 年,联合国人居署发布的《世界城市固体废物管理报告》估计,棚户区只有 5% 的废弃物被定期收集。

即使收集了固体废物,回收和处理设施或填埋场也常以危害环境的方式运行,特别是在缺乏污染控制系统的情况下。在缺乏技术和财政能力的发展中国家，露天倾倒或不受控制的填埋是常见的废弃物处置方式，倾倒场产生的渗滤液污染地表水和地下水。积聚废物内的高温频繁引起的火灾和爆炸成为空气污染的一个重要来源。缺乏污染控制系统的堆肥和回收设施以及焚烧厂是最大的污染源之一。露天垃圾场则是城市环境中温室气体(GHG)排放的主要来源。如果露天垃圾场温室气体排放的增长与快速城市化保持一致，到2025年，垃圾场的温室气体排放将占全球人为温室气体排放的 8%～10%。废物管理不当加速了贫困和社会排斥问题。在露天垃圾场，拾荒者在没有任何保护措施的情况下定期收集可回收物，露天垃圾场频繁的爆炸或滑坡往往会导致垃圾拾荒者伤亡，他们面临着极端的健康风险的威胁。据估计，这些拾荒者中有20%是失学儿童。

SDG11.6.1 指标指定期收集并经过适当处理和处置的城市固体废物在产生的城市固体废物总量中所占的比例。该指标的目标是定期收集城市中得到适当处理的固体废弃物占城市产生的所有垃圾总量比例的数据，从而可以有效解决废物流从产生到处置的关键问题。城市固体废物管理通常是国家或地方政府的任务，分为四个阶段：废物产生，废物收集和运输，回收和处理，以及处置。在这四个阶段，对环境无害的管理和运作方式对于减少废物对城市的不利影响至关重要。此外，对固体废物的无害环境管理有助于非正规部门的正规化，并能够在许多情况下改善拾荒者的生活。例如，通过将露天倾倒场升级为卫生填埋场来改善固体废物处理作业，可在废物分离或填埋场作业中创造就业机会，为目前在极端条件下工作的拾荒者提供帮助。

SDG11.6.1 指标还将促进固体废物综合管理。固体废物综合管理系统与城市环境健康、环境和资源管理三个方面密切相关。此外，定期固体废物管理战略是评价市政管理有效性的明确指标。包容性、财政可持续性和基于健全机构的完善是21世纪的主要挑战之一，也是城市政府的主要职责之一。许多发展中国家、转型期国家和城市都有活跃的非正规部门和微小型企业参与废弃物的回收、再利用和修复，有助于其实现比西方更高的回收率，同时节省城市的废物管理预算。对于城市来说，可以通过建立和加强现有的回收系统，减少一些不可持续的做法，以保护和发展人们的生计，并进一步降低城市管理剩余废物的成本或支出。正规部门和非正规部门需要共同努力，实现双方的利益。促进这一指标也有助于非正规部门的正规化，以增加"充分排放的固体废物"的比例。

SDG11.6.1 指标与其他可持续发展目标指标有很强的联系，如 6.3 安全处理家庭和工业的废水比例、12.4.2 人均生成的危险废物与处理的危险废物比例，按处理类型分类、12.5 国家回收利用率、物资回收吨数。更重要的是，利用协同作用，管理指标内部和之间的潜在冲突或进行权衡。这将需要各机构之间的协作，而这些机构传统上是以特定部门为重点的单一结构，需要采用新的合作方式，利用非正式或正式机制建立伙伴关系，以促进合作，从而使负有不同责任的决策者、管理人员和专家能够正确利用目标和指标之间的协同作用，这将是落实2030年可持续发展议程的重大挑战。

为计算城市产生的所有固体废物中定期收集并进行适当处理和处置的城市固体废物的比例，需要明确以下几个概念。

(1) 城市固体废物包括家庭产生的废物，以及商业机构、工业部门、农业场所、学校和医院等机构、公园和街道等公共空间以及建筑工地产生的类似性质的废物。一般来说，其是由食物垃圾、花园垃圾、纸张和纸板、木材、纺织品、尿布（一次性尿布）、橡胶和皮革、塑料、金属、玻璃和垃圾（如灰尘）组成的非危险废物。污水污泥和粪便污泥也属于城市固体废物，但不包括废水。这些将是指标监测固体废物的范围。

(2) 定期收集的城市固体废物是指定期从特定地址或指定收集点收集的城市垃圾。废物收集由市政当局或由市政当局授权、委托的私人承包商直接进行，并定期安排收集日期和时间。在某些情况下，私营废物收集公司单独与客户签订合同，提供收集服务。

(3) 未收集的城市固体废物是指在城市中产生但由于缺乏收集服务而未收集的废物。在许多城市，非正规住区无法获得收集固体废物的基本服务。未收集的废物量可通过人均城市固体废物产生量乘以无法获得固体废物收集服务的人口来进行估算。

(4) 城市产生的城市固体废物总量为城市产生的固体废物之和，或定期收集的城市固体废物和未收集的城市固体废物之和。

(5) 经过适当最终处理和处置的城市固体废物是指确定应用达到中等及以上控制水平的设施处理或处置的城市固体垃圾总量，可使用定性标准评估特定设施的适当性水平，包括：①废物接收和一般现场管理的控制程度；②废物处理和处置的控制程度；③环境控制的监测和验证程度。每项标准的得分至少为10分，被视为"适当的最终处理和处置"所需的阈值。

该指标的分子为"定期收集并进行适当的最终处理和处置的城市固体废物"，分母为"城市产生的固体废物总量"。人均城市固体废物产生量与城市人口的乘积可以估算城市产生的固体废物总量。如果无法获得人均城市固体废物产生量，则应进行调查，收集家庭和其他场所（如餐厅、酒店、医院、学校等）每天产生的固体废物数据。由于废物产生量可能因季节而异，因此每年应至少进行两次调查，以合理估算人均城市固体废物产生量。通过定性判断城市垃圾收集和运输设施的环境控制程度，对定期收集的城市固体废物进行适当的最终处理和处置，同时需要注意从处理设施中扣除残留量,以避免重复计算。根据相应的标准对接收城市固体废物的所有处理和处置设施进行检查并打分。所有标准得分在 10 分以上的设施被视为能够提供"充分处理和处置"的设施。因此,有能力提供"适当处理和处置"的设施接收的城市固体废物量被视为定期收集并进行适当最终处理和处置的城市固体废物量。已经有数据的国家和城市可以通过问卷调查收集数据;没有数据的国家和城市,应在不同季节每年进行至少两次家庭调查,以确定每天产生的废物量。家庭调查中,可以向每个被调查家庭分发垃圾袋,并要求户主放置 7 天产生的废物,然后收集并对垃圾袋称重。应根据收入水平确定要调查的家庭,还应对来自市场、餐厅、酒店、学校等其他来源的城市废物进行测量。

现有的全球废物数据收集系统包括联合国统计司/联合国环境规划署环境统计调查问卷(废物统计)、经济合作与发展组织/欧盟统计局(Eurostate)废物统计调查问卷和联合国人居署城市繁荣指数。现有的数据收集系统为计算这一指标提供了大量必要的统计数据。然而,要提供指标所需的所有基本统计数据,还需要做进一步的工作。联合国统计司/联合国环境规划署环境统计调查问卷涵盖非经济合作与发展组织/欧盟统计局国家,经济合作与发展组织/欧盟统计局调查问卷涵盖其余国家。它们都包括国家一级产生的废物、国家一级收集和处理的城市废物、城市废物的组成以及危险废物的产生和处理的统计数据。此外,联合国统计司/联合国环境规划署环境统计调查问卷包括城市一级收集和处理的城市废物,目前有 168 个城市的数据。联合国人居署和联合国环境规划署正在城市一级收集一些废物数据,并在报告中公布,如联合国人居署的《世界城市固体废物管理现状》(2010 年)和联合国环境规划署的《全球废物管理展望》(2015 年)。这些报告包括固体废物数据,如废物产生总量、收集覆盖率和按处理与处置类型分类的废物百分比,这类数据已在 39 个城市收集。该指标的监测结果可根据上述数据来源每年或每两年更新一次。

该指标数据的收集是可行的,但是需要加强培训和提高能力。尽管数据的精度仍存在争议,但关于城市固体废物产生总量的数据是全球可用的。一般而言,发达国家有固体废物数据收集系统,但大多数中低收入国家没有数据收集系统,在这些国家和城市,可以进行住户调查和其他补充调查,以估算人均城市固体废物产生量。然而,中低收入国家在数据准确性方面仍面临一个关键挑战,即在其管辖范围内缺乏准确的人口数据,特别是在有贫民窟存在的区域,那里通常没有废物收集服务。此外,收集适当处理和处置的废物量等数据对许多国家和地方政府来说是一项挑战。判断城市中所有废物管理设施(包括堆肥、回收和焚烧设施)的处理和处置是否充分,需要高水平的技术能力和大量的人力资源投入。考虑到不同国家废物数据可用性水平的不同,最好有针对性地采用不同的方法从各国收集数据。对于已经有数据的经济合作与发展组织或发达国家，向环境部或城市发展部等负责部委的国家官员分发和收集问卷就足以收集有效数据。对于没有有效数据的中低收入国家，有必要开展废物管理专业人员的基线调查以及提高监测能力。

7.2.2　SDG11.6.2 指标简介

空气污染物包括 SO$_2$、氮氧化物、O$_3$ 等气体污染物和可吸入颗粒物。大气细颗粒物(fine particulate matter，PM$_{2.5}$)是指空气动力学直径等于或小于 2.5μm 的细悬浮颗粒，其半径小，能长时间停留在大气中，对大气空气质量造成严重威胁。PM$_{2.5}$ 的年平均浓度是衡量空气污染的常用指标，由悬浮在空气中的有机物和无机物形成的固体颗粒和液滴组成。其主要来源是人类在工业、交通和发电等活动中燃烧化石燃料，也包括用于家庭取暖、烹饪和照明活动的家用燃料(如生物质、煤炭)。在某些地区，非人为来源(如火灾)也是其重要来源之一。研究表明，PM$_{2.5}$极易吸附大量有毒物质，通过毛细血管等器官进入人体内部，增加呼吸道感染、肺癌和某些心血管疾病的人口死亡率，对人体健康构成长期威胁。

大气颗粒物浓度是衡量空气污染的公认指标。从健康角度来看，了解人群中大气颗粒物暴露分布的程度对于评估其对人类健康的影响至关重要。SDG11.6.2 指标中城市地区大气细颗粒物(如 PM$_{2.5}$ 和 PM$_{10}$)日浓度的年平均值，指一个国家城市人口的加权平均值。例如，如果几个城市测量 PM$_{2.5}$，则国家平均值是将其与相应的城市人口数量加权，并以 μg/m^3 表示。迄今为止，相对于 PM$_{2.5}$，较多测量的是直径等于或小于 10μm(PM$_{10}$)的颗粒物(WHO，2016a)。若将 PM$_{10}$ 测量值转换为 PM$_{2.5}$，通常可以使用 0.3~0.8 的转换系数(WHO，2014)。WHO 按照下述方法为每个国家的所有城市地区建立了该指标的计算模型(Shaddick et al., 2016；WHO，2016b)。

该指标的数据主要使用地基城市空气质量监测网络(WHO，2016a)收集。没有监测数据的区域，则使用如卫星反演气溶胶光学厚度、化学传输模型、地形等其他数据进行估算(Shaddick et al., 2016)。数据来源包括相关部委(通常是环境部门)的官方报告，以及区域和国际网络，如欧洲环境署和亚洲清洁空气中心、联合国机构、发展机构、同行评审期刊的文章以及在全球疾病负担项目框架内汇编的地面测量数据。监测数据覆盖率仍有差距的地方，主要采用卫星影像估算这一指标。

尽管在全世界分布着数千个站点用于定期收集 PM$_{10}$ 和 PM$_{2.5}$ 的测量值，但位于不同地理区域的监测设备数量不同，一些地区的监测设备较少或几乎没有(WHO，2016a)。存在地面监测数据的区域，使用统计模型和其他来源的数据校准测量值，包括从遥感卫星获得的 PM$_{2.5}$ 估计值、化学传输模式，以及沙尘和地形等其他数据。所有这些数据都以 0.1°网格单元的分辨率获取。然后，统计模型可用于预测每个网格单元的测量值以及相关的不确定性测量值。在监测数据较少或没有的地区，其校准模型可能不稳定，或过于烦琐导致无法建模。因此，如果没有足够的信息来为特定区域生成准确的校准方程，可以使用层次建模方法，从更广泛的地理区域获取信息(Shaddick et al.，2016；WHO，2016b)，最终生成一个嵌套的校准和预测模型，用于预测 140 万个覆盖全球的每一个网格单元的 PM$_{2.5}$ 浓度。该数据可用于评估每个国家的大气细颗粒物暴露分布，并通过将大气细颗粒物暴露分布与每个网格单元的人口估计[由世界网格人口(GPW)数据提供]联系起来，得出预期人口暴露分布。

以下公式用于获得每个国家的大气细颗粒物暴露总平均值：

$$大气细颗粒物年平均水平 = \frac{\sum C_n \times P_n}{\sum P_n}$$

式中，对于存在地面测量数据的国家，C_n 为城市 n 的细颗粒物年平均估计值；对于没有地面测量数据的国家，C_n 对应于 WHO 对该城市网格的模型模拟值；P_n 为城市 n 的人口。通过对每个国家包括的所有网格单元进行求和，使用相同的公式得出国家层面的估计值(农村和城市)。目前，该数据在全球和国家尺度的估算结果之间仍存在一些差异。指标的一部分估算结果是基于建模获取，而另一部分是基于地面测量获得。该指标适用于全球尺度，空间分辨率 0.1°×0.1°，对应于赤道分辨率大约为 11km×11km。每个网格的数据可以在国家、城市或农村层面进一步聚合。

SDG11.6.2 指标的数据来源包括全世界 3000 个城市和地区监测网络的地面测量数据、卫星遥感数据、人口估计和地形数据、地方监测网络的信息以及空气污染具体贡献者的测量结果。高收入国家的城市/农村人口数据质量总体良好，一些中低收入地区的数据质量可能相对较差。此外，城市/农村的定义可能因国家而异。该指标适用于 178 个国家，数据缺失的国家主要包括西太平洋以及拉丁美洲和加勒比地区的小岛屿国家。

2021 年，WHO 成立了 SDG11.6.2 工作组，认识到联合国不同机构之间的合作对于有效监测和报告 SDG11.6.2 的进展以及解决 2030 年后的空气污染轨迹至关重要，该工作组由参与空气污染问题的联合国机构和 WHO 全球空气污染与健康技术咨询小组(GAPH-TAG)的专家合作建立，旨在讨论与指标报告相关的具体问题，并支持制定该指标的计算工具和指导文件。该工作组的主要任务包括：就设定 SDG11.6.2 的基准年、目标和轨迹提出建议，同时考虑将新的全球空气质量指导值纳入 2030 年后的目标；开发一种空气质量管理工具(如检查表、调查问卷)，以监测各国当地空气污染数据收集的进展情况，这些数据可纳入 SDG11.6.2 报告；确定可整合到存储库中以补充 SDG11.6.2 工具的联合国指导文件；支持关于 2030 年后空气污染指标概念化的讨论。该工作组成员包括世界气象组织、联合国环境规划署、世界银行、联合国人居署、联合国欧洲经济委员会等。

7.2.3 基于遥感数据的 PM$_{2.5}$ 浓度估算

目前，监测大气中 PM$_{2.5}$ 的方法主要包括地基监测、大气空气质量模式预报和卫星遥感监测。地基监测通过布设污染监测站点的方法监测大气污染状况，其结果精度高，但受成本所限，站点数量有限且分布不均，地基监测区域的大气污染分布存在一定的局限性。大气空气质量模式预报在空间上具有连续覆盖性，但分辨率较低、精度较差，对小尺度范围细节变化描述较差。卫星遥感监测具有空间覆盖的连续性，且覆盖区域较广。基于卫星遥感监测近地面 PM$_{2.5}$ 的分布情况，能够客观地反映大范围细颗粒物的空间分布规律及变化趋势，克服地基监测的局限性，具有广泛的应用前景。

气溶胶光学厚度(AOD)是衡量气溶胶阻止光穿透大气层程度的物理量，用于描述气溶胶对光的削减作用。在可见光和近红外波段反演的 AOD 对粒径大小在 0.1～2μm(接近 PM$_{2.5}$ 的粒径)的颗粒最敏感。根据 PM$_{2.5}$ 浓度与 AOD、吸湿增长因子、密度、半径、消光效率因子及行星边界层高度等因素的转换关系，建立 AOD-PM$_{2.5}$ 关系模型，提高 AOD 的时空分辨率，通过加入多个变量提高模型模拟的精度，可应用于 PM$_{2.5}$ 浓度的精确估算。用于 AOD 反演的近地轨道(LEO)卫星传感器包括先进甚高分辨率辐射仪(AVHRR)、臭氧检测仪(OMI)、中分辨率成像光谱仪(MODIS)、多角度成像光谱仪(MISR)、地球反射偏振测量仪(POLDER)、云-气溶胶正交极化激光雷达(CALIOP)、可见光红外成像辐射仪(VIIRS)和电荷耦合器件成像仪等。地球同步轨道卫星(GEO)传感器有地球同步轨道海洋水色成像仪(GOCI)、先进葵花成像仪(AHI)、多通道扫描成像辐射计(AGRI)、旋转增强可见光红外成像仪(SEVIRI)、可见红外自旋扫描辐射计(VISSR)和先进基线成像仪(ABI)等。LEO 卫星提供的 AOD 产品具有广阔的空间覆盖和高空间分辨率，但只能每日或几日获取一次全球气溶胶观测数据。因此，利用 LEO 卫星反演的 AOD 产品可以估算近地面 PM$_{2.5}$ 的日、月、年浓度，但每小时 PM$_{2.5}$ 浓度的估算受到输入数据的限制。此外，由于 LEO 是极轨卫星，不能对某星下点连续观测，所以 LEO 卫星无法同时产生具有更高时间分辨率和更精细空间分辨率的图像。GEO 卫星空间观测范围局限于特定区域，但有助于监测 AOD 的动态变化，并可提供白天地球固定位置的高频观测，为按小时反演 AOD 提供了可能。

搭载在美国国家航空航天局 Terra(当地过境时间 10:30)和 Aqua(当地过境时间 13:30)卫星上运行的 MODIS 传感器,是全球气溶胶反演使用最广泛的传感器(陈辉等,2014)。搭载在 Terra 卫星上的 MISR 传感器通过多个倾斜角度和多通道对大气进行观测,具有强大的气溶胶反演算法功能,空间分辨率为 17.6km(22版)。2011 年发射的搭载在 Suomi-NPP 卫星上的 VIIRS 传感器是 MODIS 的后续设备,其提供两种类型的 AOD 产品,包括中间产品(IP)AOD 和环境数据记录(EDR)AOD,空间分辨率分别为 0.75 km 和 6 km。2017 年 10 月,Sentinel-5P 卫星发射成功,搭载其上的 TROPOMI 传感器继承 OMI 卫星波段设计,星下点空间分辨率提高到 3.5 km×7 km,经过调整 2019 年 8 月后分辨率提高到 3.5 km×5.5 km,有研究尝试将 OMI 的官方算法移植到 TROPOMI 上,实现 AOD 的反演(李丁等,2022)。

基于 AOD 的 $PM_{2.5}$ 估算方法通常可以分为四类(沈焕锋和李同文,2019;王子峰等,2019):①模式比例因子法。利用大气化学传输模型模拟 AOD 与大气 $PM_{2.5}$ 的比例因子,由遥感 AOD 数据估算地面大气 $PM_{2.5}$ 浓度。其优势在于不依赖地面站点大气 $PM_{2.5}$ 数据,直接由卫星观测值反演大气 $PM_{2.5}$ 浓度,然而其模型结构与模拟过程十分复杂,并且污染物排放清单常常存在较大的不确定性,往往导致大气 $PM_{2.5}$ 反演精度有限。②基于物理机理的半经验法。基于物理机理,建立卫星 AOD 与地面大气 $PM_{2.5}$ 的物理关系方程,其优势在于具备严密的理论推导,然而参数通常需要利用经验统计关系拟合求解。③统计模型与机器学习方法。构建卫星 AOD 与站点大气 $PM_{2.5}$ 之间的定量关系,并将此关系扩展至大面积的大气 $PM_{2.5}$ 反演。该类方法易于实现且精度较高,是目前大气 $PM_{2.5}$ 遥感反演最为流行的手段。④组合模型方法。为减少单个模型估算带来的偏差,许多研究将上述方法混合使用,校准 AOD-$PM_{2.5}$ 与其他辅助变量之间的时空关系。例如,首先通过大气模式模拟或其与遥感 AOD 结合(即第①类方法)得到初始大气 $PM_{2.5}$ 数据,之后将该初始大气 $PM_{2.5}$ 数据作为统计模型与机器学习建模的输入变量。

7.3 城市环境质量变化综合评估

7.3.1 研究区与数据集

联合国将人口超过 1000 万的城市定义为超大城市(megacity)。目前全球分布有 30 多个超大城市,这些城市人口极为密集。随着人口增长和建设用地的扩张,城市化导致当地环境急剧变化,如土地利用和土地覆盖变化、生物地球化学循环的改变以及当地气候的改变等。这些快速急剧的变化导致一系列严重的环境问题,如空气污染物的增加、优质土壤的减少、城市热岛效应的增强和植被覆盖率的下降等。城市环境质量的恶化不仅对生态系统功能产生负面影响,也给城市居民的健康带来威胁。

在未来几十年中,世界人口的大部分增长将发生在中低收入国家的城市地区。研究表明,这些国家的城市快速扩张通常以剧烈和无计划的城市发展为特征,对当地的生态环境造成了破坏,并对居民的健康带来了严重的不利影响(Montgomery et al., 2013)。因此,本研究将位于亚欧大陆中低收入国家的超大城市作为研究对象,建立环境综合评价指标,利用遥感数据分析和比较这些城市环境质量的年际变化和趋势。研究区共包括 17 个超大城市(图 7.1),分别为班加罗尔、北京、钦奈、重庆、德里、达卡、广州、伊斯坦布尔、雅加达、卡拉奇、加尔各答、马尼拉、莫斯科、孟买、上海、深圳和天津。

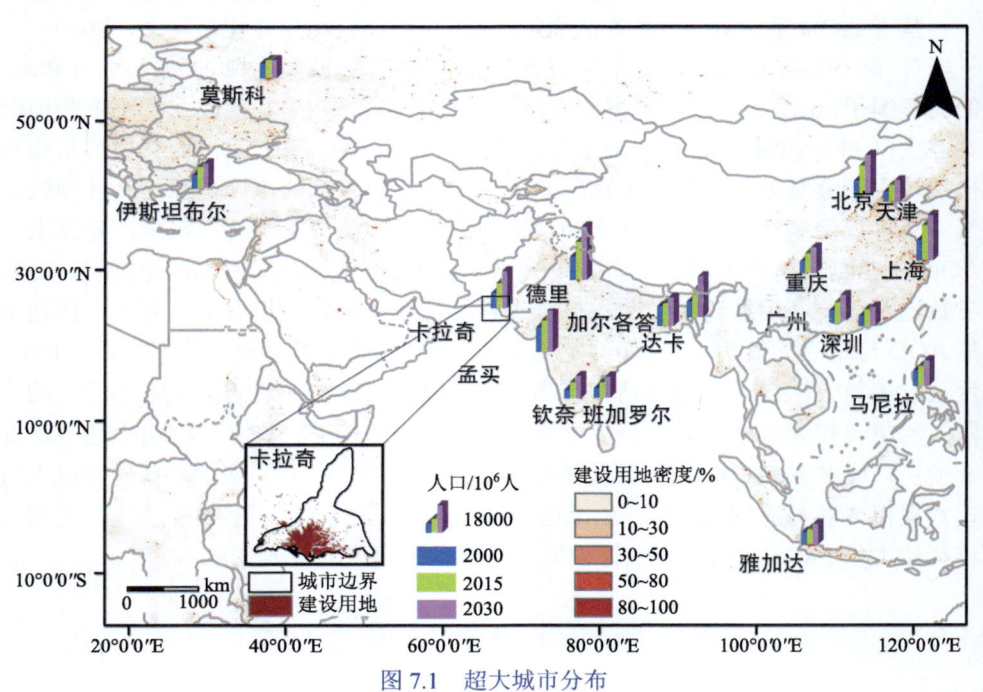

图 7.1 超大城市分布

针对超大城市存在的环境问题,本研究选择细颗粒物($PM_{2.5}$)浓度、地表温度(LST)和植被覆盖率(VC)三种遥感数据产品作为城市环境质量评估的主要数据源。

(1) 全球地面细颗粒物($PM_{2.5}$)浓度数据产品来自达尔豪斯大学大气成分分析小组(van Donkelaar et al., 2016)。该数据集的 $PM_{2.5}$ 年平均浓度是将多种卫星产品(MODIS、MISR 和 SeaWIFS)的气溶胶光学厚度(AOD)与全球大气化学传输模型

GEOS-Chem 相结合，之后通过地理加权回归(GWR)将数据集校准到全球的 PM$_{2.5}$ 浓度地面观测数据，其空间分辨率为 1km。为了减少异常值带来的不确定性，该研究计算原始数据的三年平均值，作为 PM$_{2.5}$ 的年平均浓度。

(2) 地表温度数据采用 MODIS 全球地表温度/发射率 8 天合成产品(MOD11A2)，空间分辨率为 1km，来自美国国家航空航天局(NASA)的数据存档和分发系统(Wan, 2014)。一般而言，城市热岛强度通常存在昼夜循环，并在夜间达到最大。高热岛强度可能出现在一天中的不同时段，但最近研究发现，在大多数亚洲城市中，城市热岛强度最大值出现在傍晚、夜间或凌晨。因此，本研究使用夜间地表温度数据来分析超大城市的热环境变化。MOD11A2 产品提供了每个像元所对应 8 天内所有地表温度的日平均值。基于地表温度时间序列数据，得出 2000~2016 年每个像元的年平均地表温度，将高于 50℃和低于−50℃的温度值视为异常值去除。

(3) 植被覆盖率数据由分辨率为 1km 的 MODIS NDVI(MOD13A3)产品计算得到。该数据下载自美国地质调查局(USGS)土地过程分布式活动档案中心，年平均 NDVI 值由月度综合数据的时间序列生成(Huete et al., 2002)。

7.3.2 研究方法

1. 指标计算

为了综合评估超大城市环境变化，本研究对城市地区细颗粒物(PM$_{2.5}$)浓度、地表温度(LST)和植被覆盖率(VC)求几何平均，得到一个综合评价指数(comprehensive evaluation index, CEI)。CEI 使用式(7.1)计算(He et al., 2017; Lu et al., 2019)：

$$\text{CEI}_i^K = \sqrt[3]{\left(\Delta \text{PM}_i^K + 1\right)\left(\Delta \text{LST}_i^K + 1\right)\left(\Delta \text{VC}_i^K + 1\right)} \quad (7.1)$$

式中，CEI_i^K 为第 K 年(K=2001，2002，2003，…，2016)像元 i 处的环境变化，CEI 值越高，表明环境退化越严重；ΔPM_i^K、ΔLST_i^K 和 ΔVC_i^K 分别为从 2000 年到 K 年像元 i 处标准化 PM$_{2.5}$ 浓度、LST 和 VC 值的变化。ΔPM_i^K 和 ΔLST_i^K 根据式(7.2)计算：

$$\Delta V_i^K = \frac{\left(V_i^K - V_i^{2000}\right) - \min_V}{\max_V - \min_V} \times 100 \quad (7.2)$$

式中，ΔV_i^K 为 2000 年至第 K 年 PM$_{2.5}$ 浓度和 LST 标准化值的变化；V_i^{2000} 和 V_i^K (K=2001，2002，2003，…，2016)分别为 2000 年和 K 年中像元 i 处的 PM$_{2.5}$ 浓度值和 LST 值；$\min_V$ 和 $\max_V$ 为 2000~2016 年 PM$_{2.5}$ 浓度和 LST 的最小值和最大值。ΔVC_i^K 由式(7.3)得到：

$$\Delta \text{VC}_i^K = \frac{\max_{\text{VC}} - \left(\text{VC}_i^K - \text{VC}_i^{2000}\right)}{\max_{\text{VC}} - \min_{\text{VC}}} \times 100 \tag{7.3}$$

式中，VC_i^{2000} 和 VC_i^K 分别为 2000 年和 K 年（K=2001、2002、2003、2016）像元 i 处的 VC 值；$\min_{\text{VC}}$ 和 $\max_{\text{VC}}$ 分别为 2001～2016 年 VC 的最小值和最大值。

平均 CEI（$\overline{\text{CEI}}$）和 CEI 可变性（VCEI）用于表征超大城市环境变化的空间格局。$\overline{\text{CEI}}$ 计为 2001～2016 年 CEI 时间序列的平均值。VCEI 是为了进一步描述研究期间 CEI 在不同年份间的变化，即

$$\text{VCEI}_i = \frac{1}{n}\sum_{K=1}^{n} \left| \frac{\left(\text{CEI}_i^K - \overline{\text{CEI}_i}\right) \div 100}{\overline{\text{CEI}_i}} \right| \tag{7.4}$$

式中，CEI_i^K 为第 K 年像元 i 处的 CEI 值；$\overline{\text{CEI}_i}$ 为像元 i 处的平均 CEI；n 为总年数。根据 2001～2016 年 CEI 值的平均值和标准偏差，每个像元处的城市环境条件可分为五类：增加、中度增加、不变、中度减少和减少。基于逐像元环境变化分析结果，计算 2001～2016 年各超大城市区域环境变化类型的面积百分比。

2. 趋势分析

本节研究中，使用了两种方法探究城市环境变化的趋势。一方面，利用线性拟合分析，计算 2000～2016 年 17 个超大城市 $PM_{2.5}$ 浓度、LST、VC 和 CEI 的变化趋势，采用双尾 t 检验（two-tailed Student's t-test）评估其显著性。另一方面，使用曼-肯德尔（Mann-Kendall）趋势分析方法，进一步评估城市环境变化趋势的显著性。Mann-Kendall 趋势检验适用于分析持续增长或下降趋势（单调趋势）的时间序列数据。它是一个非参数检验方法，适用于所有的分布，即数据不需要满足正态分布的假设，但数据应没有序列相关性。原假设 H_0 为时间序列数列不存在单调变化趋势。2001～2016 年的 16 年间，将每个像元的 CEI 值视为时间序列的数据点，统计量 Z_s 和 β 作为每个像元的 CEI 趋势指数。

3. 回归分析

使用回归模型拟合自变量组合数据集，可用于量化城市环境因素之间可能存在的关系。本研究使用多元线性回归方法（multiple linear regression, MLR）拟合环境因素之间的关系，评价自变量对作为因变量的另一个环境因素的影响（Singh et al., 2019）。基于先验知识，假设城市中植被覆盖的变化主要受人类活动的影响，而不受 $PM_{2.5}$ 浓度和 LST 的影响。因此，本研究拟合了两种回归模型：①$PM_{2.5}$ 浓度的变化作为因变量，VC 和 LST 的变化作为自变量；②以 LST 变化为因变量，

PM$_{2.5}$ 浓度和 VC 变化为自变量。

7.3.3 结果与讨论

1. PM$_{2.5}$、LST 和 VC 的年际变化

图 7.2 展示了 17 个超大城市 PM$_{2.5}$ 浓度、LST 和 VC 的年际变化。根据中国自 2016 年起实施的环境空气质量标准，2 级 PM$_{2.5}$ 浓度标准设定为 35μg/m³，这与世界卫生组织过渡期的第一阶段的标准一致。分析显示，2000~2016 年，德里的 PM$_{2.5}$ 年均浓度保持在 110.69μg/m³ 的高水平，天津、北京、达卡、上海和卡拉奇的 PM$_{2.5}$ 年均浓度分别为 76.09μg/m³、69.65μg/m³、64.21μg/m³、55.37μg/m³ 和 53.41μg/m³，意味着在过去 17 年里这些城市遭受了严重的 PM$_{2.5}$ 污染。此外，9 个城市的 PM$_{2.5}$ 浓度在以 1%的增速快速上升，4 个城市的 PM$_{2.5}$ 浓度以 5%的增速显著上升。加尔各答、上海、天津、达卡和北京五个城市的年平均增长率均超过 1μg/m³。

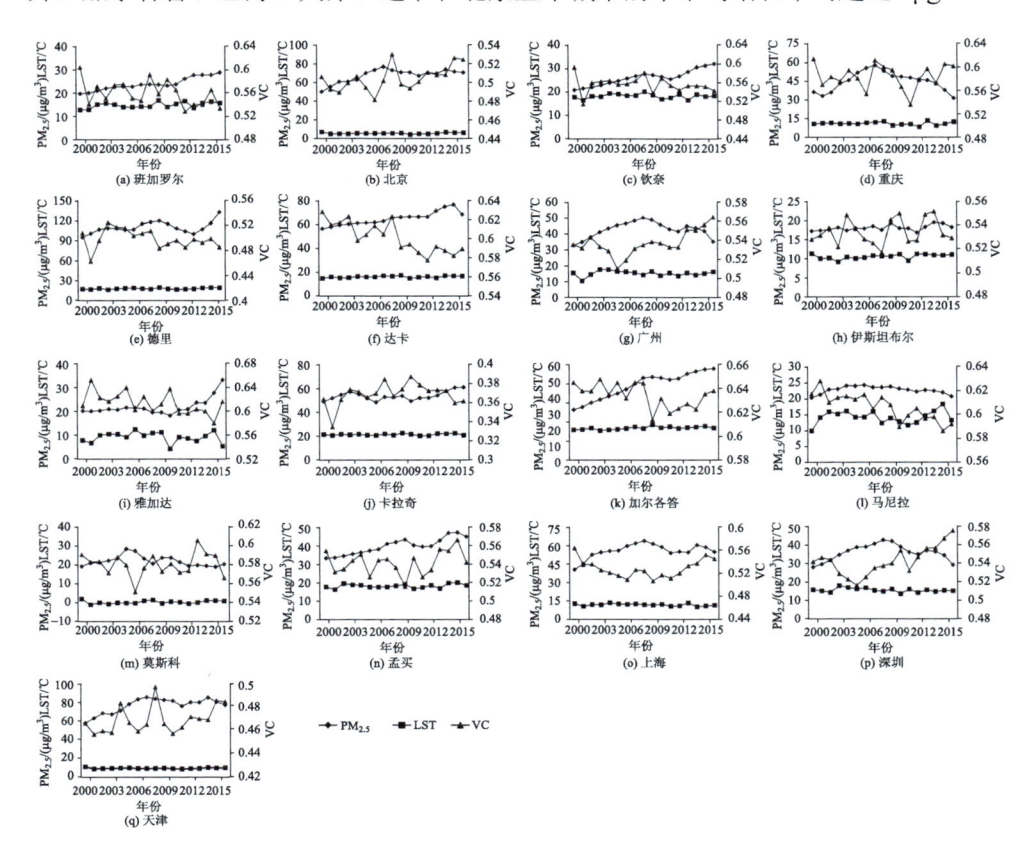

图 7.2 2000~2016 年亚欧大陆超大城市 PM$_{2.5}$ 浓度、LST 和 VC 的年际变化

根据显著性水平分析(表 7.1)，班加罗尔和加尔各答的 LST 年均变化显著，分别为 0.14℃和 0.1℃。加尔各答、雅加达、马尼拉和达卡的 VC 较高(VC>0.6)，而卡拉奇、天津和德里的 VC 较低(VC<0.5)。达卡、雅加达、马尼拉和加尔各答的 VC 以 5%的速度显著下降，表明这些城市的 VC 不断降低。而北京、广州和深圳的 VC 显著水平达到 5%，表明这些城市的 VC 有所提高。

表 7.1 2000～2016 年亚欧大陆超大城市 $PM_{2.5}$ 浓度、LST 和 VC 的变化趋势

城市	PM$_{2.5}$ 变化趋势/[μg/(m³·a)]	R^2	LST 变化趋势/(℃/a)	R^2	VC 变化趋势/10a	R^2
班加罗尔	0.53**	0.91	0.14**	0.31	−0.02	0.20
北京	1.03**	0.51	0.03	0.04	0.01*	0.31
钦奈	0.62**	0.90	0.01	0.00	−0.01	0.05
重庆	0.04	0.00	−0.02	0.01	0.00	0.00
德里	0.93*	0.28	0.09	0.18	−0.01	0.07
达卡	1.05**	0.86	0.07	0.19	−0.03**	0.68
广州	0.26	0.07	0.00	0.00	0.02**	0.39
伊斯坦布尔	0.08*	0.27	0.05	0.17	0.01	0.04
雅加达	0.44**	039	−0.05	0.01	−0.02*	0.32
卡拉奇	0.38*	0.27	0.03	0.04	0.01	0.09
加尔各答	1.35**	0.93	0.10*	036	−0.01*	0.27
马尼拉	−0.02	0.01	0.07	0.03	−0.02**	0.74
莫斯科	−0.17	0.10	0.05	0.07	0.00	0.00
孟买	0.80**	0.85	0.06	0.06	0.01	0.05
上海	0.61*	0.27	−0.07	0.13	0.00	0.00
深圳	0.17**	0.04	−0.07	0.11	0.02**	0.43
天津	1.17**	0.50	0.00	0.00	0.01	0.19

*通过 5%显著性水平；**通过 1%显著性水平。

2. CEI 年度变化

本研究通过线性拟合分析估计了超大城市年均 CEI 的变化趋势(表 7.2)。在班加罗尔、钦奈、达卡、加尔各答、孟买和天津，CEI 以 1%的水平快速增长，北京的 CEI 以 5%的速度显著增长，表明在 2001～2016 年这些城市的环境质量有所下降。

第7章 SDG11.6 减少负面环境影响

表 7.2　2001～2016 年超大城市年均 CEI 变化趋势

城市	CEI 变化趋势	R^2
班加罗尔	0.41**	0.55
北京	0.31*	0.27
钦奈	0.32**	0.41
重庆	−0.25	0.05
德里	0.28	0.10
达卡	0.62**	0.80
广州	−0.22	0.08
伊斯坦布尔	0.05	0.11
雅加达	0.13	0.02
卡拉奇	0.09	0.03
加尔各答	0.75**	0.79
马尼拉	−0.08	0.09
莫斯科	−0.16	0.12
孟买	0.43**	0.64
上海	−0.02	0.00
深圳	−0.28	0.16
天津	0.43**	0.39

*通过 5% 显著性水平；**通过 1% 显著性水平。

本研究进一步计算并比较了各超大城市 2001～2016 年的年均 CEI 统计数据（图 7.3）。CEI 的中位数在达卡、加尔各答和天津最高，伊斯坦布尔和莫斯科最低。德里和达卡的 CEI 最大值为最高，反映了两地的环境条件极端恶化。重庆、广州、加尔各答和深圳的四分位间距最宽，表明研究期间这些城市环境条件的变化较大。

2001～2016 年，17 个超大城市年均 CEI 的空间格局如图 7.4 所示。年均 CEI 的空间格局被分为四种类型。年均 CEI 高值广泛分布在德里、达卡、加尔各答、马尼拉、上海和天津的大都市地区，表明这些城市的大多数地区都经历了环境恶化。班加罗尔、北京、重庆、广州、孟买和深圳郊区的年均 CEI 为中高，表明与 2000 年相比，围绕城市核心区的新开发城市区域经历了环境恶化。中低 CEI 主要出现在钦奈、雅加达和卡拉奇。伊斯坦布尔和莫斯科的 CEI 较低，反映出 2001～2016 年这两个城市的环境状况有所改善。

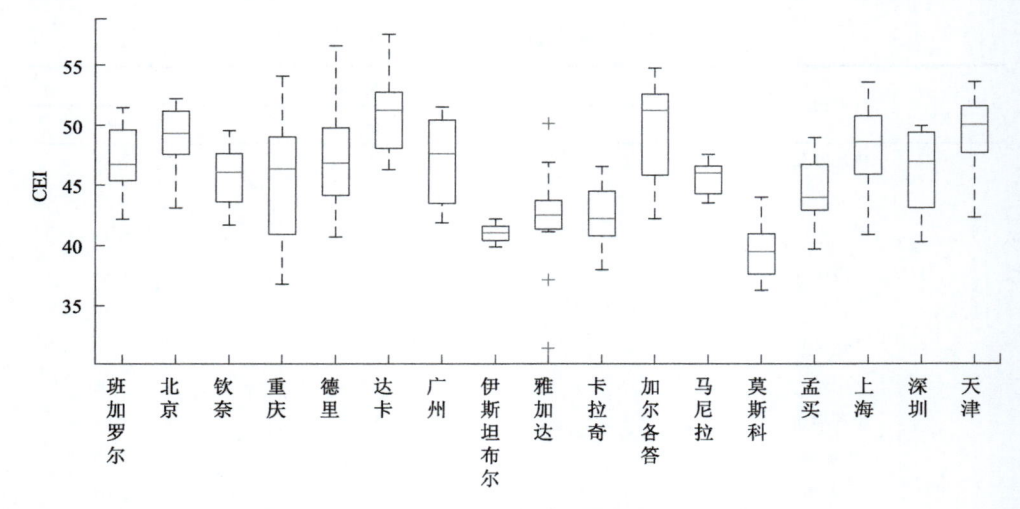

图7.3 2001～2016年超大城市的年均CEI箱线图

2001～2016年超大城市CEI的变异性如图7.5所示。钦奈和重庆有明显的高变异性，可能是由不同的气候条件引起的。德里、达卡、广州、雅加达、加尔各答、孟买和深圳的CEI变异性较大。低变异性主要分布在伊斯坦布尔、马尼拉和莫斯科，表明这些城市的环境条件相对稳定。

基于CEI变化的分类结果，此处分析了2001～2016年17个超大城市在不同环境条件下城市面积百分比的年际变化（图7.6）。经历中度环境恶化及环境恶化的城市地区的面积百分比从2001年的0.62%上升到2009年的65.96%。环境恶化的城市土地面积在2007～2009年扩张到最大程度，之后略有减少。

根据17人超大城市不同环境条件下城市面积百分比的年际变化（图7.7）可以发现，自2001年以来，班加罗尔、钦奈、德里、加尔各答、孟买和达卡等城市的市区环境日益恶化。中国的超大城市，如北京、重庆、广州、上海、深圳和天津，其在不同环境条件下的城市面积百分比随时间演变呈现"U"形，2005～2009年，这些城市市区的环境恶化最为严重，此后逐渐改善。雅加达和卡拉奇几乎没有出现环境恶化。在17个超大城市中，伊斯坦布尔和莫斯科的环境状况自2000年以来有所改善。

基于Mann-Kendall趋势分析，可以得到各超大城市的CEI呈显著上升趋势的城市面积百分比（图7.8）。结果表明，重庆、广州、上海、深圳、马尼拉和莫斯科小于1%的城市面积CEI呈显著增长趋势，在加尔各答、达卡、孟买、班加罗尔和伊斯坦布尔，具有显著增长趋势的城市面积百分比最高。

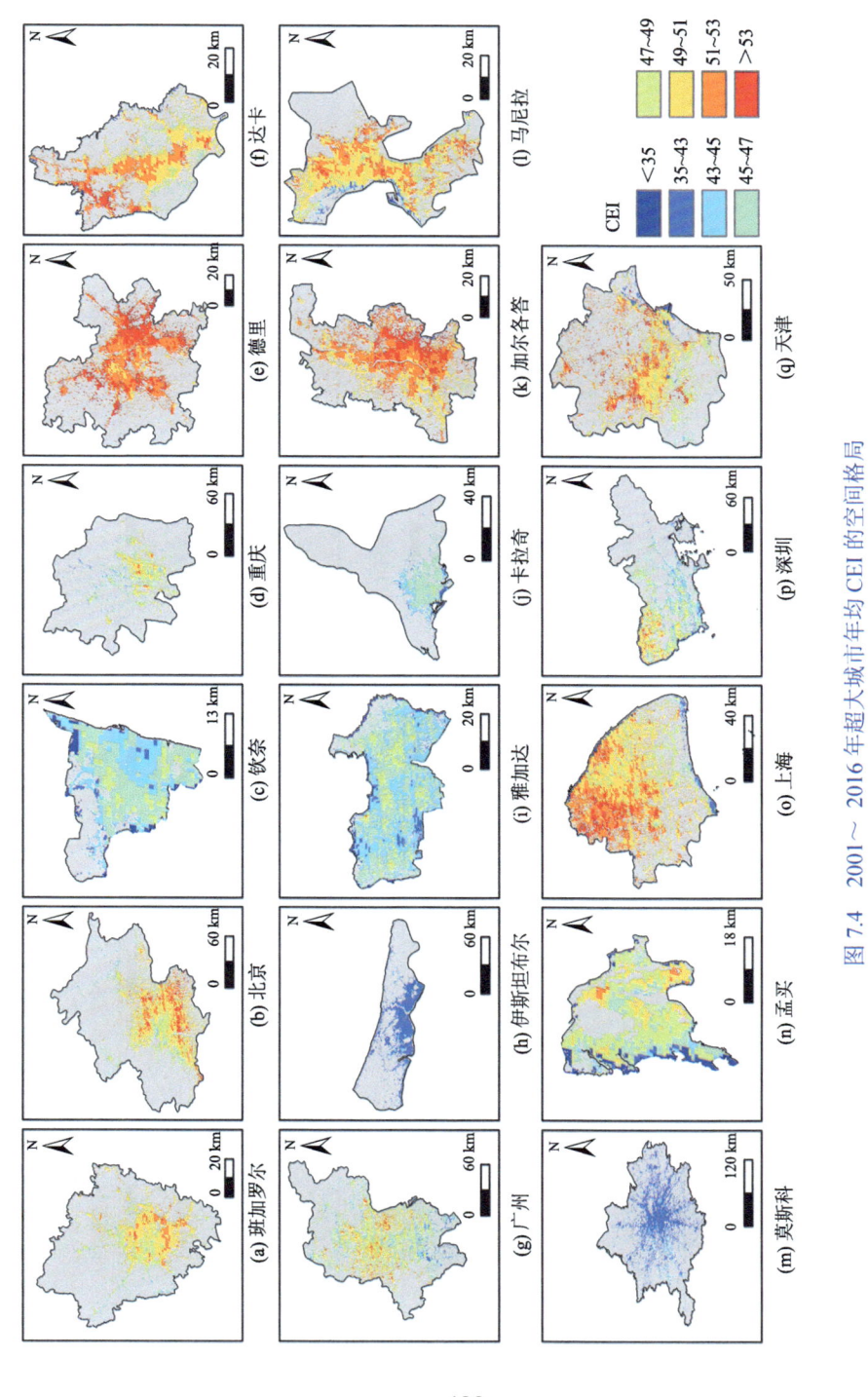

图 7.4 2001~2016 年超大城市年均 CEI 的空间格局

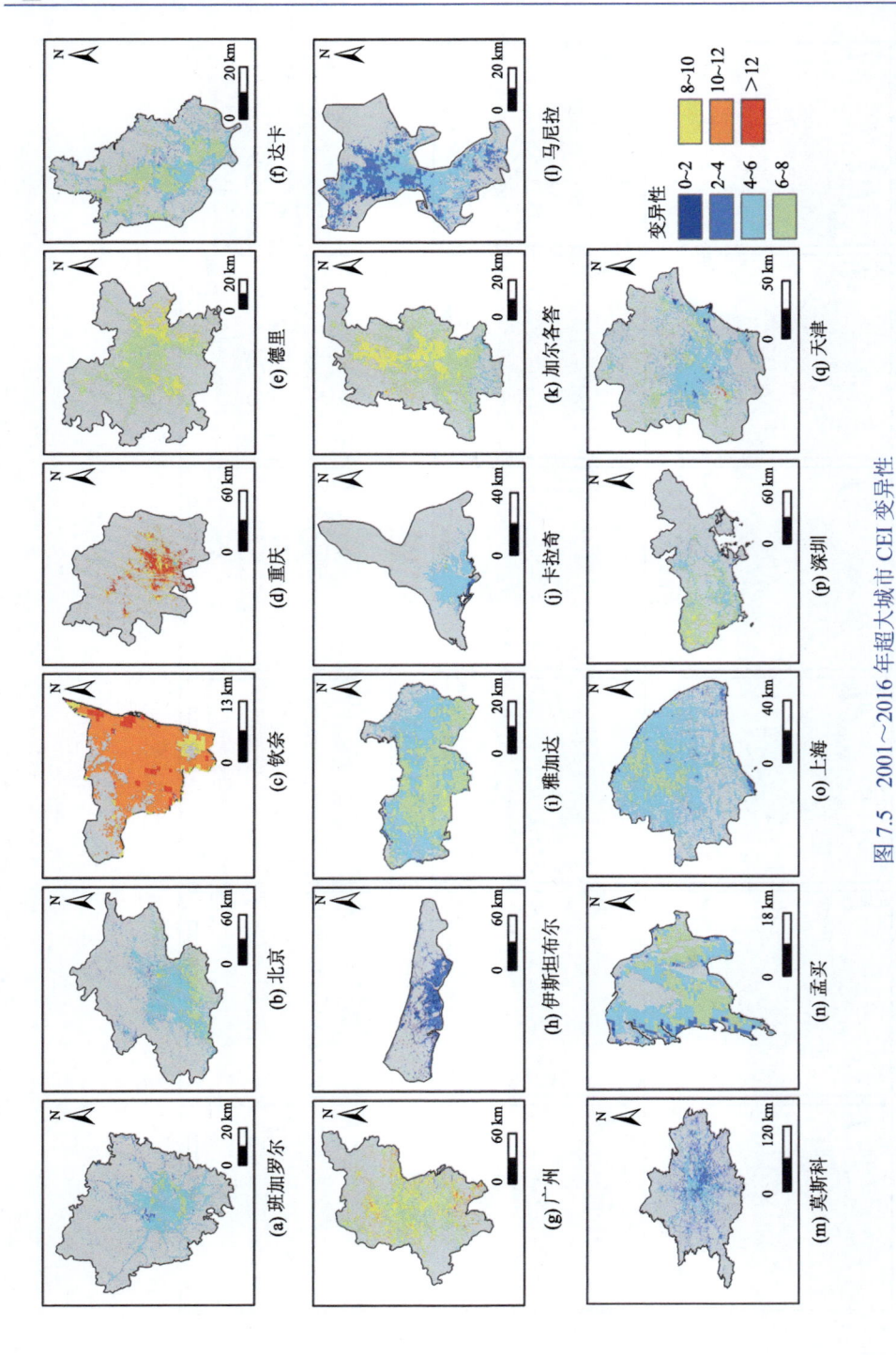

图 7.5 2001~2016 年超大城市 CEI 变异性

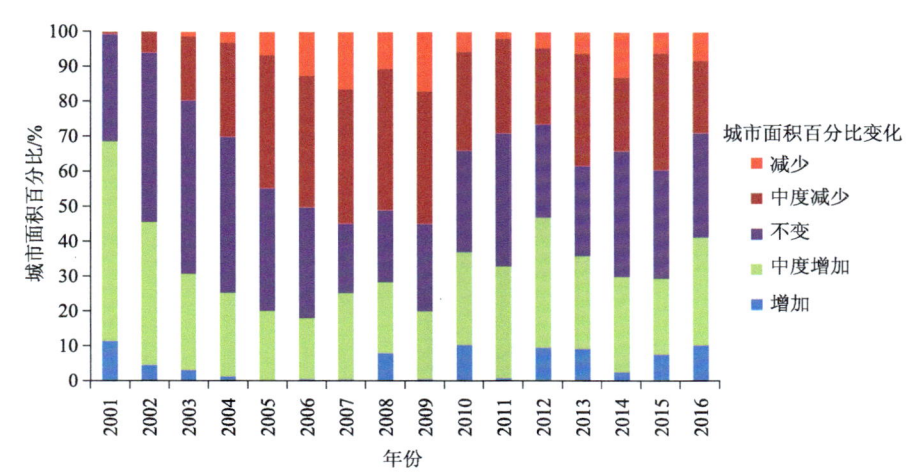

第 7 章 SDG11.6 减少负面环境影响

图 7.6 2001～2016 年超大城市在不同环境条件下的城市面积百分比变化

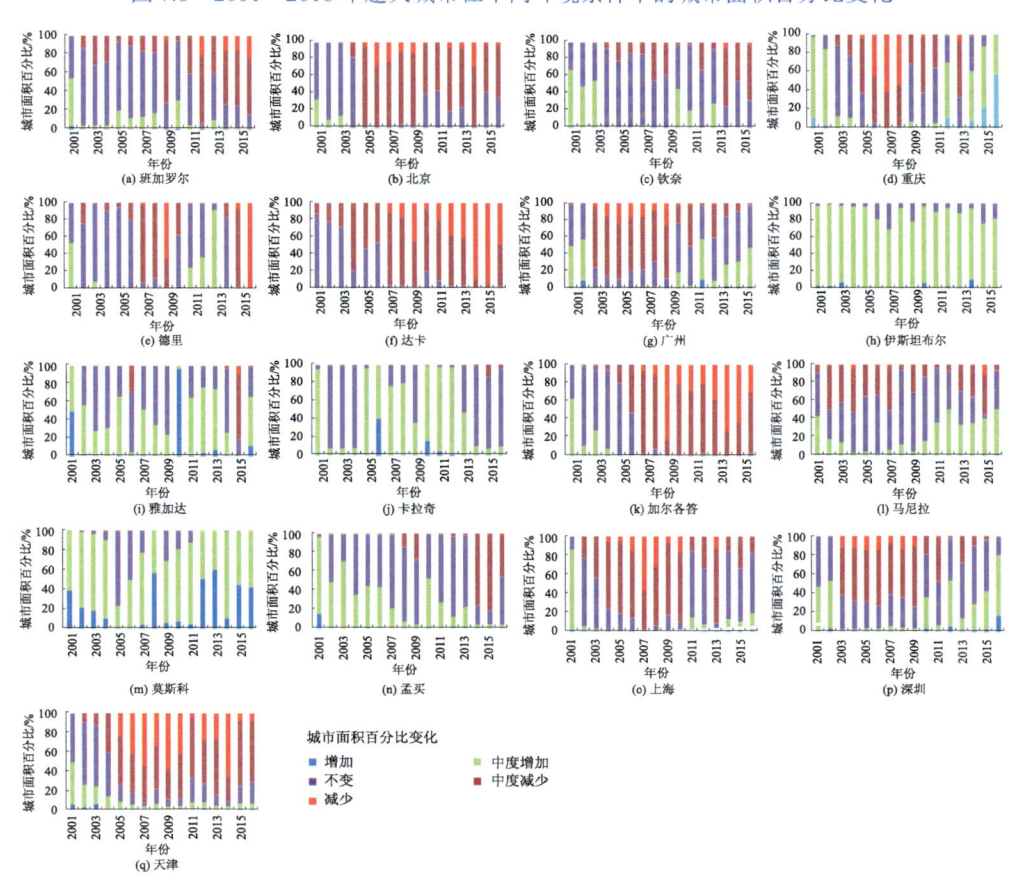

图 7.7 2001～2016 年 17 个超大城市在不同环境条件下城市面积百分比年际变化

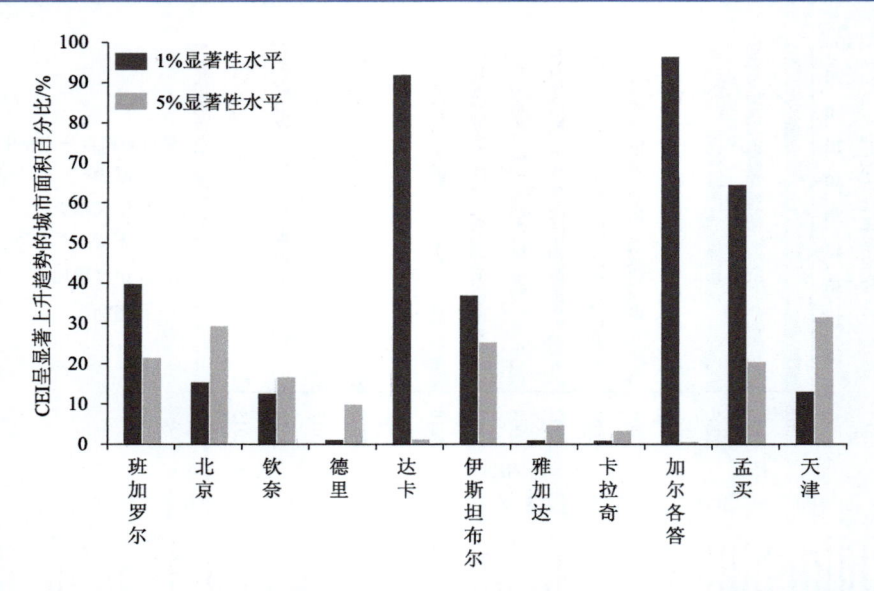

图 7.8　2001～2016 年超大城市中 CEI 上升趋势在 1 % 和 5 % 的显著性水平的城市面积百分比

3. 指标因子相互关系

表 7.3 展示了使用多元线性回归模型分析得到 $\Delta PM_{2.5}$、ΔLST 和 ΔVC 在超大城市中的关系。本研究在所有超大城市的城市地区，评估了 ΔLST 和 ΔVC 对 $\Delta PM_{2.5}$ 的影响，以及 $\Delta PM_{2.5}$ 和 ΔVC 对 ΔLST 的影响。回归结果表明，尽管自变量解释其变异的百分比较低，但整体而言回归模型对因变量的预测具有统计学意义。在这些超大城市中，ΔLST 的增加往往会降低 $\Delta PM_{2.5}$，而 ΔVC 的增长则导致 $\Delta PM_{2.5}$ 增加。$\Delta PM_{2.5}$ 增加导致 ΔLST 降低，而 ΔVC 增加导致 ΔLST 升高。

表 7.3　超大城市中 $\Delta PM_{2.5}$、ΔLST 和 ΔVC 之间线性回归结果

模型	因变量	自变量	回归系数	回归系数标准化	模型 R^2
1	$\Delta PM_{2.5}$	ΔLST	−0.28**	−0.18	0.06
		ΔVC	0.37**	0.23	
2	ΔLST	$\Delta PM_{2.5}$	−0.10**	−0.16	0.13
		ΔVC	0.63**	0.35	

**通过 1% 显著性水平。

基于 CEI 分析的环境条件年际变化揭示了各超大城市环境质量变化的不同趋势。研究结果表明，与印度和孟加拉国的超大城市相比，自 2009 年以来，中国超大城市的城市环境有所改善。与 2010 年相比，2015 年中国的目标是将二氧化硫排放量减少 8%，二氧化氮排放量减少 10%，能源消耗减少 16%，二氧化碳浓度减少 17%。中国政府于 2013 年颁布了《大气污染防治行动计划》，旨在通过长期努力减少重污染天数，大幅度改善全国空气质量。在北京、天津、上海和重庆等主要城市的国家空气质量监测点收集的空气质量监测数据也揭示了 2014~2016 年环境 $PM_{2.5}$ 污染的改善情况。全球平均气温的上升可能导致城市极端高温事件的频率和强度增加，从而加剧城市居民的热压力和对热浪的脆弱性。本研究中环境因素的多元回归分析表明，ΔVC 的增长代表了一种退化的植被条件，对高 $\Delta PM_{2.5}$ 和 ΔLST 有显著贡献。城市环境中的植被可以提供诸如气候调节、水源过滤和空气净化等多种生态系统服务。在当前全球气候变化的大背景下，增加整个城市地区的植被密度可能是减缓高温热浪影响和减少超大城市空气污染的重要策略。研究结果显示，ΔLST 的增加导致 $\Delta PM_{2.5}$ 降低。已有多项研究预测了未来气候对 $PM_{2.5}$ 的削弱作用，尽管这些预测存在一定不确定性，但普遍认为短期内空气质量将由排放变化主导而非气候变化主导。因此，在超大城市今后的发展进程中，实施排放控制措施对于避免空气质量恶化带来的更高健康风险至关重要。

结合多源遥感数据的城市综合评价指数（CEI）的趋势分析，为研究和比较具有不同地理背景和生态环境的城市环境质量变化的时空模式提供了一种有效的方法。CEI 的变化和趋势分析表明，钦奈、达卡、加尔各答和天津的整体环境条件呈现出明显的恶化趋势。班加罗尔、北京和孟买的新开发地区的环境质量经历了退化。自 2001 年以来，印度的班加罗尔、钦奈、德里、加尔各答、孟买和孟加拉国的达卡城区面积持续增长，环境不断恶化。相比之下，中国超大城市环境恶化的城区面积在 2007~2009 年扩张到最大，之后则有所减少。随着城市人口和面积的增长，绿化和排放控制政策的实施显著改善了快速发展的超大城市的环境质量。这些结果可以为城市规划和管理决策者，在如何减少环境污染给人类带来的风险以促进城市可持续发展方面提供有效的启示。

7.4 小　　结

无序发展的城市给环境带来诸如土壤污染、水质恶化、空气污染、噪声污染和固体废弃物污染等问题，导致城市环境质量恶化。SDG11.6 提出"到 2030 年，减少城市的人均负面环境影响，包括特别关注空气质量，以及城市废物管理等"。

卫星遥感监测技术具有空间覆盖的连续性以及广域性,通过大气气溶胶光学厚度监测近地面 PM$_{2.5}$ 的分布情况,能较好弥补地基监测在空间上的不足,且能客观地反映污染物分布情况。通过开发更为有效的数据融合算法和机器学习模型,可以进一步提高 PM$_{2.5}$ 浓度的估算精度,有助于解析 PM$_{2.5}$ 浓度时空分布特征及来源。

此外,本章提出了一种环境综合评价指数,利用多源遥感数据探究城市环境质量的变化,分析和比较不同城市环境质量的年际变化和趋势。基于地球大数据的城市环境质量评估指标为大范围城市化环境影响的评估,特别是为数据缺乏的发展中国家和地区,提供了一种经济有效的技术手段。今后研究中可进一步拓展城市环境质量监测指标体系,并改进地球大数据的质量和时空分辨率,在不同尺度和地区开展地球大数据城市环境质量评估实践。

参 考 文 献

陈辉,厉青,王中挺,等. 2014. 利用 MODIS 资料监测京津冀地区近地面 PM$_{2.5}$ 方法研究. 气象与环境学报, 30(5):27-37.

李丁,秦凯,薛勇,等. 2022. 基于 S5P/TROPOMI 的中国东部气溶胶单次散射反照率反演初探. 遥感学报, 26(5):897-912.

沈焕锋,李同文. 2019. 大气 PM$_{2.5}$ 遥感制图研究进展. 测绘学报, 48(12):1624-1635.

王子峰,曾巧林,陈良富,等. 2019. 利用卫星遥感数据估算 PM$_{2.5}$ 浓度的应用研究进展. 环境监控与预警, 11(5):33-38.

He C, Gao B, Huang Q, et al. 2017. Environmental degradation in the urban areas of China: Evidence from multi-source remote sensing data. Remote Sensing of Environment, 193: 65-75.

Huete A, Didan K, Miura T, et al. 2002. Overview of the radiometric and biophysical performance of the MODIS vegetation indices. Remote Sensing of Environment, 83: 195-213.

Lu L, Weng Q, Guo H, et al. 2019. Assessment of urban environmental change using multi-source remote sensing time series (2000–2016): A comparative analysis in selected megacities in Eurasia. Science of the Total Environment, 684: 567-577.

Montgomery M R, Stren R, Cohen B, et al. 2013. Cities Transformed: Demographic Change and Its Implications in the Developing World. London: Routledge.

Shaddick G, Thomas M L, Green A, et al. 2016. Data integration model for air quality: A hierarchical approach to the global estimation of exposures to ambient air pollution. https://arxiv.org/pdf/1609.00141.pdf.

Singh N, Mhawish A, Ghosh S, et al. 2019. Attributing mortality from temperature extremes: A time series analysis in Varanasi, India. Science of The Total Environment, 665: 453-464.

van Donkelaar A, Martin R V, Brauer M, et al. 2016. Global estimates of fine particulate matter using a combined geophysical-statistical method with information from satellites, models, and Monitors. Environmental Science & Technology, 50: 3762-3772.

WHO. 2014. WHO ambient air pollution database. http://www.who.int/phe/health_topics/outdoorair/databases/AAP_database_methods_2014.pdf.

WHO. 2016a. WHO urban ambient air quality database. http://www.who.int/phe/health_topics/outdoorair/databases/cities/en/.

WHO. 2016b. Ambient air pollution: A global assessment of exposure and burden of disease. http://who.int/phe/publications/air-pollution-global-assessment/en/.

Wan Z. 2014. New refinements and validation of the collection-6 MODIS land-surface temperature/emissivity product. Remote Sensing of Environment, 140: 36-45.

第 8 章

SDG11.7 城市开放公共空间

8.1 引　言

　　城市公共空间是供公众活动的城市空间，其有多种空间形式，包括城市广场、公园、街道、人行道、娱乐场所、市场，以及建筑物之间或路边的边缘空间。相互连接的街道和公共空间构成了城市的骨架。公共空间是城市不可缺少的组成部分。开放的公共空间网络不仅提高了城市居民的生活质量，而且提高了城市的流动性与功能性。足够的开放公共空间能够保证城镇高效稳定运行，精心设计和维护的街道与开放的公共空间有助于减少犯罪事件和暴力事件的发生，为正式和非正式经济活动创造空间，并为各种用户提供服务和机会，尤其是对于最边缘化的市民群体，公共空间是"穷人的客厅"，对娱乐、社会、文化和经济发展非常重要。公共空间作为一种城市居民共同享有的公共利益，能够推动人权的实现，为妇女和青年提供权力和机会。对街道和公共空间基础设施的投资提高了城市的生产力，并使人们能够更好地进入市场、就业和享受公共服务，特别是在发展中国家，有一半以上的城市劳动力是非正规劳动力。由于在城市发展中发挥关键作用的私营部门几乎没有动力提供这些空间，因此地方政府更应发挥作用，确保为市民提供足够的开放空间。随着世界各地的城市和地区继续以前所未有的速度增长，需要不断推动地方和国家政府制定法律、政策、规范，以全面和综合地规划、设计、创建、保护和管理公共空间。

　　理想情况下，城市规划体系应将足够的公共空间作为地方和市政规划的一部分。地方政府应能够设计公共空间网络，作为其发展计划的一部分，并与社区合作，促进社会包容和两性平等、融合多元文化和生物多样性，以及改善城市居民生计，将有助于建立可持续、生产和繁荣的城市系统或社区。然而，许多地方政府并未履行这一职责。快速城市化正在以一种不受控制的方式进行，产生了公共空间比例极低的居住区模式，甚至城市新的规划区中也大幅度减少了公共空间的土地分配。SDG11.7 指出，"到 2030 年，向所有人，特别是妇女、儿童、老年人和残疾人，普遍提供安全、包容、便利、绿色的公共空间"。为给运转良好和繁荣的城市建立奠定充足的基础，联合国人居署建议将城市土地中的 45%~50%分配给街道和开放公共空间，其中 30%~35%用于街道和人行道，15%~20%用于开放公共空间。

8.2 SDG11.7.1 指标

8.2.1 SDG11.7.1 指标简介

《公共空间宪章》（以下简称宪章）(Charter of Public Space)将公共空间定义为所有公共拥有的或使用的地方，可以免费供所有人进入和享受且无盈利动机的空间，该定义强调了公共空间所有的属性。宪章将公共空间进一步区分为街道、开放公共空间、公共设施和市场。其中，开放公共空间指公众可达的未开发土地或没有建筑物的土地，这些空间能够为居民提供娱乐区域，并有助于提高附近的环境质量。开放公共空间广义上包括公园、花园、操场、公共海滩、河岸和滨水区。这些空间免费提供给所有人，通常为公共所有和维护。公共空间是城市日常生活的重要组成部分，包括城市居民上学或上班的路上穿过的街道，儿童玩耍的地方，城市居民运动和吃午餐的当地公园，是城市居民的露天起居室。如何确保优质、多功能和连接良好的公共空间，以满足人们在使用这些空间时的性别、年龄和种族差异，这一点至关重要。一些群体，如妇女、儿童、残疾人、无证移民或穷人等可能会被排除在公共空间之外。一个好的城市应加强社会凝聚力，建设社会资本，让社区参与公共空间的设计、管理和维护。公共空间的创造、保护、管理和享受，是所有公民参与的理想机会，确保个人和差异化利益转化为合作实践，重要的是要利用最了解社区的人——社区公民/居民的集体智慧。

SDG11.7.1 指标的含义是"城市建设区中供所有人使用的开放公共空间的平均比例，按性别、年龄和残疾人分列"。根据联合国官方元数据 (United States, 2018)，这一指标的基本原理是公共空间的价值经常被决策者、政治领导人、公民和城市开发商忽视或低估。因此，该指标旨在监测城市专用于公共空间（如开放空间和街道）的土地比例。为建设功能良好且繁荣的城市，与《新城市议程》[即在地方层面推动城市复原力和可持续城市发展的关键政策(Kaika, 2017)]一起，SDGs 首次提供了一个可以对公共空间进行全球监测的平台 (Koch and Krellenberg, 2018)，承认城市是世界未来可持续发展的关键因素，并承认城市和地方社区在实施可持续发展目标中日益重要的作用。

创建、修复、保护和管理公共空间通常是地方政府的普遍责任，需要公民、民间社会和私营部门的积极合作。因此，SDG11.7.1 指标进展情况监测的目的是向决策者和利益相关者提供必要和及时的信息，以便做出知情的决定，并加快为大众提供安全、包容、便利、绿色的公共空间，特别是为妇女、儿童、老年人和残疾人提供这些空间。联合国将每 5 年一次对该指标进行定期监测和报告，到 2030 年有 3 个报告时间点。总的来说，SDG11.7.1 指标的监测促进了更高的问责制、更好的绩效评估以及中央政府与区域和地方政府之间的有力协调。该指标的执行使城市能够收集准确、及时、分类的数据和信息，对城市采取系统的方法，并根据收集的信息明确政策含义。这样国家和城市就能够做出适当的决定从而采取最佳政策和行动，同时系统地记录其在结果和影响层面的表现。

8.2.2　SDG11.7.1 估算方法

SDG11.7.1 指标通过综合两个指标计算得出：①分配给街道的土地(land allocated to streets, LAS)比例；②分配给公共开放空间的土地(land allocated to public open spaces, LAPOS)比例。LAS 可以通过多种方法得到，所有方法都涉及一定程度的空间分析。因此，使用 GIS 技术和软件至关重要。基于路网数据和城市核心区边界，利用式(8.1)计算 LAS：

$$\text{LAS} = \frac{\text{城市街道总面积}}{\text{市区总面积}} \times 100\% \tag{8.1}$$

与根据卫星图像和空间分析获取的 LAS 不同，LAPOS 数据的收集主要结合遥感影像解译和专家或地面验证确定。该指标范围内的开放公共空间包括未开发的土地或只有极少或没有建筑物(或其他建筑结构)的土地，这些土地向公众开放，为居民提供娱乐场所，并有助于提高社区的美感和环境质量。LAPOS 可以使用式(8.2)计算：

$$\text{LAPOS} = \frac{\text{开放公共空间总面积}}{\text{市区总面积}} \times 100\% \tag{8.2}$$

对于核心指标城市建成区内供所有人使用的开放公共空间平均比例，则使用式(8.3)计算：

$$\text{包含街道的开放公共空间总量的比例} = \frac{\text{开放公共空间总面积} + \text{城市街道总面积}}{\text{市区总面积}} \times 100\% \tag{8.3}$$

最后，计算可使用开放公共空间的城市人口比例。联合国将可使用开放公共空间的人群划定为居住在预定的步行距离内、无须任何限制可以轻松访问和使用给定的公共空间的人口。采用 400m 的访问距离阈值，在每个开放公共空间周围绘制一个基于街道网络的服务区，认为居住在该服务区内的所有人都可以方便地进入开放公共空间。首先，基于清洗后的路网数据，构建道路网络模型，将开放公共空间多边形生成点文件，利用点文件生成开放公共空间的 400m 服务区；其次，结合高分辨率人口统计数据或者人口格网数据，计算开放公共空间服务区内的人口数量；最后，根据指标要求分别计算妇女、儿童、老年人和残疾人进入开放公共空间的人口比例。

不同城市在规模、历史、发展模式、设计、形状以及公民对公共空间的态度上存在很大差异。衡量一个城市有多少公共空间只是衡量居民是否真正受益于该空间的一部分。目前可用于监测 SDG11.7 的数据仍与需求存在一定差距。作为一项新的创新指标，其数据可用性可能很低。许多城市缺乏公共空间的调查数据，或者缺少最新的数据，应努力提高发展中国家的数据可用性。联合国人居署制定了工具、方案和准则，以协助城市衡量和提高城市公共空间的可用性。发展中国家的一些城市缺乏官方认可的、可以公开（自由）进入和使用的公共空间。卫星影像的应用和基于社区的地图绘制等创新工具可以帮助确定用于公共用途的潜在开放空间。该指标量化了城市内公共使用的开放空间数量，但没有反映出可能影响公共空间正常使用的质量指标。其他一些指标可能有助于弥补当前指标的一些缺陷，如公共绿地的可达性。该指标可以作为一个更大的城市无障碍指标的组成部分，包括无障碍就业、商业和服务等。

8.3 城市绿色空间遥感提取

城市绿色空间（urban green spaces, UGSs）是开放空间的重要组成部分。UGSs 可以定义为所有空间尺度的城市区域内、周围及其之间的全天然、半天然和人工系统。UGSs 具有促进城市健康、城市居民福祉和美学等多方面的效应。为了维持 UGSs 的积极影响，迫切需要保护和改进现有 UGSs，同时开发新建城市绿色基础设施。因此，监测城市绿地系统的规模、趋势和空间格局，对于设计有效的方案来改善城市环境状况以及城市植被的可持续管理至关重要。本节旨在对 UGSs 进行系统的概述，以简明扼要地总结和分析 UGSs 研究用到的遥感数据、UGSs 的提取办法以及 UGSs 的不同专题应用领域。

8.3.1 采用的遥感数据

目前，UGSs 信息收集的方法可以分为以下几种。现场调查可以提供关于 UGSs 的精确信息(Shojanoori and Shafri，2016)，但其成本高昂且费时费力(Pu and Landry，2012)。基于纸质地图或航空照片的目视判读和数字化也被用于 UGSs 制图，但结果具有主观性且难以重复，不同解译人员得到的结果往往不一致。遥感可以重复获取不同空间尺度和不同季节的完全覆盖的数据，过去的几十年其在 UGSs 研究中发挥了重要作用(Pu and Landry，2012)。随着高空间分辨率遥感影像和免费数据访问政策等的最新进展，遥感成为有价值的工具，能够最大限度地减少现场调查的工作量，即使是在高度异质和复杂的城市环境中，遥感也已被证明是 UGSs 制图的有效工具。

2001 年之前，关于遥感 UGSs 的研究较少。1982~2000 年，大多数研究都集中于证明 UGSs 对环境的重要性，并主要使用了航空照片的目视判读数据(Nowak et al.，1996)和实地勘测活动(Shojanoori and Shafri，2016)开展相关研究。这在很大程度上是因为当时缺乏适当的遥感技术来探测和绘制 UGSs、数字图像处理和模式识别算法不成熟、计算能力有限，以及缺乏可开放获取的遥感数据(Jensen and Cowen，1999；Shojanoori and Shafri，2016)。此外，值得注意的是，虽然一些高空间分辨率卫星传感器(如 IKONOS)是在 2001 年之前发射的，但缺乏适当的图像处理技术可能会阻碍这些数据的推广应用(Blaschke，2010)。自 21 世纪初，利用遥感技术开展的 UGSs 研究迅速增加。

基于遥感技术的 UGSs 研究经历了四个发展阶段。首先，高空间分辨率遥感技术，如 2001 年推出的 QuickBird、2003 年推出的 OrbView 数据的日益普及，使得精细尺度的 UGSs 监测成为可能，这对于大部分 UGSs 的调查非常重要。此外，在全球范围内，谷歌地球以航空照片、卫星图像和街景不同的产品形式提供了高空间分辨率图像。其次，激光雷达和高光谱遥感技术两个独立或组合在一起的数据源的应用越来越广泛。激光雷达传感器能够通过使用离散回波和波形数据，生成 UGSs 内部植被垂直结构的精确信息。高光谱传感器有助于通过光谱分析识别植被类型(Jensen et al.，2009)。激光雷达和高光谱遥感的独立或联合使用，在 UGSs 的许多实际研究中变得非常重要。然后，2008 年之前，获取中空间分辨率 Landsat 影像的成本限制了监测 UGSs 的能力。自 2009 年以来，所有存档的 Landsat 卫星影像都可以通过网站免费提供给所有用户，促进了 Landsat 卫星存档数据在城市地理方面发展新的科学、算法和数据产品。最后，欧洲航天局自 2014 年以来实施了哥白尼计划，对哨兵(Sentinel)系列卫星的中高空间分辨率光学和雷达数据影像实行免费开放获取政策，进一步促进了 UGSs 研究 (Dennis et al.，2018)。

8.3.2 制图方法

传统的 UGSs 测绘主要采用现场测量的方法（Voltersen et al., 2014），但这种方法非常耗时，而且 UGSs 可能随时间快速变化，因此有必要经常更新 UGSs 地图（Kuang and Dou, 2020）。随着 Sentinel-2、Ziyuan-3 和 WorldView-4 等中高分辨率和高分辨率卫星传感器的快速发展，可以周期性地获得大量的遥感影像，为获取城市地区快速、准确和动态的 UGSs 信息提供了可能（Xu and Somers, 2021）。基于高空间分辨率的绿色空间制图通常应用面向对象的图像分析（OBIA）方法，是主要基于图像纹理、上下文及光谱信息等辅助信息的分割算法。Pu 和 Landry（2012）提取 IKONOS 和 WorldView 图像中的纹理信息，利用线性判别分析和回归树进行综合分析，绘制了城市植被物种图。同样，Yan 等（2018）利用 OBIA 绘制了城市区域内的植被功能类型图。OBIA 在 UGSs 物种和整体 UGSs 制图中得到广泛应用。归一化植被指数（NDVI）也被广泛应用于 UGSs 制图。Chen 等（2017）利用 NDVI 来区分城市区域内的绿色和非绿色区域。Lwin 和 Murayama（2011）使用 NDVI 对 UGSs 进行了量化，以模拟 UGSs 的可达性，并评估其对环境质量和居民健康的影响。该方法的优点在于估算技术简单，结果易于解释，因为其能够提供可以用于模型和模拟的连续空间变量。亚像元级别的 UGSs 制图能够提供城市区域植被密度的信息。基于植被-不透水层-土壤模型将像元视为被三种地表类型以不同比例覆盖的区域。Lu 等（2017）采用百分比估算技术使用陆地卫星图像绘制了 25 个城市的植被覆盖度。Haase 等（2019）使用光谱分解和随机森林回归的组合方法绘制了住宅区前后院的植被图。传统的分类方法也被应用于 UGSs 制图，包括无监督分类方法（Liang et al., 2017）、监督分类方法（Wang, 1990）及深度学习方法（Chen et al., 2014）。无监督分类方法，如 K-means 和迭代自组织数据分析算法（ISODATA）用于城市土地覆盖制图，但是因为没有充分利用光谱或空间信息（Zhang and Kerekes, 2011），制图精度较低。支持向量机（SVM）、随机森林和神经网络（NN）等监督分类方法被广泛用于 UGSs（即水、植被和森林）的提取（Di et al., 2019; Kranjčić et al., 2019; Ma et al., 2014）。Kranjčić 等（2019）利用 SVM 方法从 Sentinel-2A 多光谱影像中提取了 UGSs。

使用单一类型的方法提取 UGSs 往往存在一定的局限性。目前，已有研究将多种方法进行组合，用于 UGSs 的提取和制图，因为将各种算法的优势统一到一个框架中能够提高分类技术的性能。组合方法的标准体系结构包括结合逐像素分类、软分类器和基于对象的分类方法。各分类方法可以是相互依赖的，如一种方法的输出结果用于下一个分类器的输入，也可以是独立的，每种方法独立运行、输出以及合并分类结果。例如，Liu 和 Yang（2013）首先根据路网密度将整个景观划分为乡村和城市子集，从而独立分析每个子集，以减少一些城市景观和农业土地覆盖之间的光谱混淆；然后采用软分类器和监督分类器相结合的方法生成UGSs 图。Pontius 等(2017)结合基于混合调谐匹配滤波(mixture tuned matched filter, MTMF)的光谱解混、分水岭分割和图像多分辨率分割的组合来绘制城市灰树。在这项研究中，MTMF 用于物种测绘，而多分辨率分割用于区分森林/非森林，分水岭分割用于描绘树冠。由于这种组合方法促进了激光雷达信息和高光谱数据的综合应用，因此应用非常广泛。Liu 和 Wu (2018)也开发了一种组合技术来绘制 UGSs 中的植被种类，该方法包括三个步骤：①使用局部最大值和基于树木高度与树冠大小关系的线性回归划定单棵树；②利用线性光谱解混从高光谱图像中提取冠层光谱；③应用 SVM 从树冠光谱中对树种分类。

近年来，深度学习方法被广泛用于物体识别、图像分类、语义分割等(Chen et al., 2020; Reichstein et al., 2019)。卷积神经网络(CNN)是一种先进的深度学习算法，其可以通过一些卷积和池化操作自动从输入数据中提取高级特征(LeCun et al., 2015)。CNN 被广泛用于城市土地利用和绿地制图(Fu and Qu, 2018; Liu et al., 2019; Xu et al., 2020; Zhang et al., 2018)。Zhang 等(2018)开发了一种基于对象的 CNN(OCNN)用于城市土地利用制图，他们发现 OCNN 方法的性能依赖于分割的对象。Fu 和 Qu 等(2018)将全卷积神经网络(FCN)用于高分辨率遥感图像分类，发现 FCN 方法的准确率高于 85%。Liu 等(2019)使用 DeepLabv3plus 语义分割模型进行 UGSs 制图。Huang 等(2018)开发了一种半迁移深度卷积神经网络(STDCNN)方法，用于根据高空间分辨率遥感数据绘制城市土地利用图。Xu 等(2020)提出了一种将基于深度学习网络的分类与植被物候特征相结合的方法，用于高分二号卫星影像的 UGSs 制图，整体准确率高于 93%。这项研究的结果表明，深度学习方法已经在遥感数据中实现了令人满意的分类效果。虽然上述深度学习方法可以获得更高的分类精度，但将它们直接应用于 UGSs 制图会因步幅卷积和池化操作导致 UGSs 边界模糊。此外，用于 UGSs 制图的高质量训练样本的采集可能既耗时又昂贵。

本节对用于获取 UGSs 信息的图像处理技术进行了深入分析，这些技术包括组合方法、百分比分析、土地覆盖指数、逐像素分类、点采样、目视解译、现有地图分析和深度学习等。研究人员应根据项目的复杂性选择采用的方法。例如，利用土地覆盖指数可以获得关于 UGSs 的一般格局的信息，而绘制行道树可能需要一种组合方法。因此，项目需求决定了需要选用的遥感数据类型和相应的处理要求。

8.3.3 专题应用

在绿色空间专题应用领域中，遥感应用于整体 UGSs 测绘的研究最多，其次是物种测绘、调查和评估、变化探测和生态系统服务。小部分研究侧重于生物量、碳估算和三维建模。此外，自 2008 年以来，关于变化检测以及生物量和碳估算的研究大幅度增加。遥感传感器的发展和图像处理技术的进步，极大地推动了这些研究的发展。

遥感被广泛应用于 UGSs 中植被健康的评估（Näsi et al., 2018; Nouri et al., 2018）和地理空间建模（Bardhan et al., 2016;Ucar et al., 2016），还被应用在如叶面积模型（Degerickx et al., 2018）、植被物候（Dhami et al., 2011）和经济调查（Li et al., 2015）等其他方面。除此之外，Li 等（2018）量化了城市景观中行道树提供的树荫，Plowright 等（2016）探讨了机载激光探测和测距（LiDAR）在评估城市中心树木状况方面的潜力。

遥感数据还被应用于监测 UGSs 系统中的碳和生物量。大部分研究主要使用碳/生物量和遥感变量之间的回归建模。例如，Yao 等（2015）建立了 UGSs 地上碳储量与几种植被指数的回归模型。与 NDVI 相比，差异植被指数、比率植被指数（RVI）、土壤调节植被指数（SAVI）、改进土壤调节植被指数（MSAVI）和重整化差异植被指数（RDVI）与碳的相关性较差。另外一项研究利用联合国政府间气候变化专门委员会（IPCC）的指导方针，并采用点抽样方法分析航空照片，估计了 UGSs 中的碳储量（McGovern and Pasher, 2016）。

城市政策制定者面临的一个重要课题是利用一种方法客观地测量 UGSs 的变化，这种方法不仅需要考虑到 UGSs 之间的重大变化（如城市棕色地带到绿地），还应该考虑到 UGSs 内部微妙的变化信息（如物种组成的变化）。已有研究使用中高空间分辨率图像开发了各种监测 UGSs 变化的技术。大多数变化检测研究都采用了景观指标。Zhou 等（2018）使用景观形状指数（LSI）、复杂度、平均斑块大小（MPS）、斑块密度（PD）和边缘密度（ED）来量化中国 9 个城市 UGSs 的变化。一些研究采用了基于地理信息系统的空间分析来量化同心缓冲区内 UGSs 的变化（Gan et al., 2014）。还有一项研究计算了城市绿化覆盖率趋势与社会经济和气候变量变化之间的最大信息系数（Yang et al., 2014）。Wang 等（2018）在斑块级别引入了 UGSs 的新指标，以便量化斑块的增长、收缩、建立或消失的过程。此外，已有研究开发了多个模型来量化 UGSs 的变化。例如，Ossola 和 Hopton（2018）使用以 5 年为间隔收集的多时相机载激光雷达和多光谱图像来测量城市树木损失动态。研究人员还建立了多元回归模型，将每个人口普查区的居民区的树干数量和高度与一系列城市形态和社会经济变量联系起来。

生态系统服务方面主要有三种类型的研究：建模、政策调查和形态空间格局分析（MSPA）。已有研究构建了一系列模型来评估 UGSs 的不同方面。例如，Jensen 等（2009）建立了一个神经网络模型，利用实地测量和卫星遥感数据估计城市叶面积，用于研究城市生活质量和城市森林设施。一些研究采用特征根模型进行 UGSs 评估（Franco and Macdonald, 2018; Mei et al., 2018）。特征根方法是评估公共产品的一种间接方法，已被广泛应用于环境经济学研究，也是广为人知和被广泛接受的评估城市森林设施的方法。一些研究侧重于政策和规划评估，主要使用地理信息系统或谷歌街景进行分析。例如，Richards 和 Edwards（2017）分析了从谷歌街景中提取的半球照片，用于量化绿色树冠覆盖的比例和被道路网沿途树冠阻挡而无法到达地面的年度辐射的比例。该研究发现，不同城市土地利用类型之间存在显著差异，公园和低密度低层区的树木比工业区和高密度住宅区的树木提供更多的树荫。绘制行道树提供生态系统服务的情况图，有助于通过识别阴影较低的街道或街道部分来确定新种植区域的优先次序。此外，MSPA 还应用于旨在量化 UGSs 规划和管理背景下的城市可持续性的研究。

基于遥感的 UGSs 研究大部分集中在城市植被（所有类型的植被覆盖）和城市树木制图。建立一个关于 UGSs 空间分布和丰度的数据库非常重要，该数据库可以在制定现有的可持续城市法规方面发挥重要作用，并可能成为评估城市环境质量的一个指标（van de Voorde et al., 2008）。除了制图外，描述 UGSs 的生物物理参数和类型对于 UGSs 的智慧管理也至关重要（Jensen et al., 2009）。例如，Ren 等（2015）利用遥感植被指数估算了城市植被的郁闭度、基础面积和叶面积指数。尽管庭院花园是城市生态系统一部分，但由于其规模较小，很难从遥感图像中提取关于该类型 UGSs 精确特征的详细信息，只有少数研究专门针对这种类型的 UGSs（Baker et al., 2018; Haase et al., 2019）。

城市地区的管理者有兴趣了解植被物种，以适当地维护 UGSs，更重要的是保护 UGSs 免受入侵物种的侵害。以往绘制 UGSs 物种的分布图时主要基于实地调查，因此具有挑战性且成本高昂。然而，现在城市管理者和科学界能够通过遥感技术准确和及时地识别城市地区的植被物种。随着树木覆盖逐渐在城市占主导地位，该类型研究不断增加。与其他类型的植被相比，树木覆盖很容易被探测到。还有研究进行了灌木的检测，此类研究主要是为了检测城市区域内的入侵植被。

UGSs 三维建模研究涵盖了对 UGSs 垂直特征的分析，并利用这些信息建立三维模型。此类研究主要基于激光雷达数据，以及将激光雷达和高空间分辨率影像结合使用。Caynes 等（2016）使用激光雷达数据定量分析了不同垂直地层内植被的相对密度。他们还计算了每个栅格像元中树叶高度的多样性，以表征 UGSs 中植被的垂直复杂性。此外，有研究开发了使用遥感垂直信息来估计 UGSs 体积的模型。Hecht 等(2008)开发了一个基于模糊逻辑技术和激光雷达点云数据估算 UGSs 体积的模型。

UGSs 研究采用了多种类型的遥感数据来提取分析 UGSs 区域所需的关键参数。所用的数据包括两大类：一是中空间分辨率的卫星影像，二是高空间分辨率和超高空间分辨率影像。首先，在中空间分辨率卫星影像方面，Landsat 和 Sentinel 等卫星传感器促进了时间序列数据在 UGSs 制图和变化监测中的应用。这种数据的优势是不需要太复杂的图像处理技术，而且可以自由访问。然而，这些传感器的空间分辨率限制了在复杂的城市地区检测 UGSs 精细尺度特征的能力。相比之下，具有高空间分辨率和超高空间分辨率的传感器(如 IKONOS)提供了更精细的空间细节信息，如城市行道树的检测(Tanhuanpää et al., 2014)，能够在 UGSs 的研究中监测细微的变化(Wang et al., 2018)。此外，许多研究已经使用激光雷达、高光谱和其他数据源来确定 UGSs 的具体特征。

尽管遥感技术应用于 UGSs 研究趋于发展成熟，但仍存在一些挑战，如需要发展一些技术减轻遥感影像中云的影响、加强小尺度 UGSs 的量化研究等。了解 UGSs 丰富性、空间分布和物种组成的特征，在城市地理、城市规划和公共卫生等一系列领域具有重要作用。遥感技术为 UGSs 的制图和分析做出了巨大贡献，应鼓励 UGSs 研究并促进数据和技术的共享，以应对未来 UGSs 带来的挑战。

8.4 小　　结

作为城市空间的关键组成部分，城市开放公共空间不仅可以改善城市地区的空气质量、提供微气候调节功能，而且能够加强安全、促进社会融合和提高公共卫生质量。提升城市开放公共空间的面积、质量和服务能力，有利于城市健康可持续发展。联合国 SDG11.7 强调，"到 2030 年，向所有人，特别是妇女、儿童、老年人和残疾人，普遍提供安全、包容、便利、绿色的公共空间"。

SDG11.7.1 指标的监测有助于城市规划者和决策者衡量城市发展过程中公园、绿地等公共空间资源配置是否公正合理，支持决策者设计可持续、宜居的人居环境，以提高城市韧性、减少城市隔离和促进公民包容。地球大数据技术能够以精细的时空分辨率监测城市开放公共空间的规模、分布格局和变化趋势，对于设计有效的城市开放空间可持续管理方案至关重要。遥感数据和技术已经应用于 UGSs 的制图、物种调查、变化探测、生态系统服务、三维建模、碳和生物量估算。未来应进一步促进地球大数据的共享，加强数据融合与处理技术研究，不断提高评价城市开放公共空间及 SDG11.7.1 指标的时空分辨率与准确性。

参 考 文 献

Baker F, Smith C L, Cavan G. 2018. A combined approach to classifying land surface cover of urban domestic gardens using citizen science data and high resolution image analysis. Remote Sensing, 10: 537.

Bardhan R, Debnath R, Bandopadhyay S. 2016. A conceptual model for identifying the risk susceptibility of urban green spaces using geo-spatial techniques. Modeling Earth Systems and Environment, 2: 1-12.

Blaschke T. 2010. Object based image analysis for remote sensing. ISPRS Journal of Photogrammetry and Remote Sensing, 65: 2-16.

Caynes R J C, Mitchell M G E, Wu D S, et al. 2016. Using high-resolution LiDAR data to quantify the three-dimensional structure of vegetation in urban green space. Urban Ecosystems, 19: 1749-1765.

Chen B, Nie Z, Chen Z, et al. 2017. Quantitative estimation of 21st-century urban greenspace changes in Chinese populous cities. Science of The Total Environment, 609: 956-965.

Chen Y, Lin Z, Zhao X, et al. 2014. Deep learning-based classification of hyperspectral data. IEEE Journal of Selected Topics in Applied Earth Observations and Remote Sensing, 7: 2094-2107.

Chen Y, Weng Q, Tang L, et al. 2020. Thick clouds removing from multitemporal Landsat images using spatiotemporal neural networks. IEEE Transactions on Geoscience and Remote Sensing, 60: 1-14.

Degerickx J, Roberts D A, McFadden J P, et al. 2018. Urban tree health assessment using airborne hyperspectral and LiDAR imagery. International Journal of Applied Earth Observation and Geoinformation, 73: 26-38.

Dennis M, Barlow D, Cavan G, et al. 2018. Mapping urban green infrastructure: A novel landscape-based approach to incorporating land use and land cover in the mapping of human-dominated systems. Land, 7: 17.

Dhami I, Arano K G, Warner T A, et al. 2011. Phenology of trees and urbanization: A comparative study between New York City and Ithaca, New York. Geocarto International, 26: 507-526.

Di S, Li Z L, Tang R, et al. 2019. Urban green space classification and water consumption analysis with remote-sensing technology: A case study in Beijing, China. International Journal of Remote Sensing, 40: 1909-1929.

Franco S F, Macdonald J L. 2018. Measurement and valuation of urban greenness: Remote sensing and hedonic applications to Lisbon, Portugal. Regional Science and Urban Economics, 72: 156-180.

Fu X, Qu H. 2018. Research on semantic segmentation of high-resolution remote sensing image based on full convolutional neural network. New York: 12th International Symposium on Antennas, Propagation and EM Theory (ISAPE): 1-4.

Gan M, Deng J, Zheng X, et al. 2014. Monitoring urban greenness dynamics using multiple endmember spectral mixture analysis. PLoS One, 9: e112202.

Haase D, Jänicke C, Wellmann T. 2019. Front and back yard green analysis with subpixel vegetation fractions from earth observation data in a city. Landscape and Urban Planning, 182: 44-54.

Hecht R, Meinel G, Buchroithner M F. 2008. Estimation of urban green volume based on single-pulse LiDAR data. IEEE Transactions on Geoscience and Remote Sensing, 46: 3832-3840.

Huang B, Zhao B, Song Y. 2018. Urban land-use mapping using a deep convolutional neural network with high spatial resolution multispectral remote sensing imagery. Remote Sensing of Environment, 214: 73-86.

Jensen J R, Cowen D C. 1999. Remote sensing of urban/suburban infrastructure and socio-economic attributes. Photogrammetric Engineering and Remote Sensing, 65: 611-622.

Jensen R R, Hardin P J, Bekker M, et al. 2009. Modeling urban leaf area index with AISA+ hyperspectral data. Applied Geography, 29: 320-332.

Kaika M. 2017. "Don't call me resilient again!" The new urban agenda as immunology … or what happens when communities refuse to be vaccinated with "smart cities" and indicators. Environment and Urbanization, 29: 89-102.

Koch F, Krellenberg K. 2018. How to contextualize SDG 11? Looking at indicators for sustainable urban development in Germany. ISPRS International Journal of Geo-Information, 7(12): 464.

Kranjčić N, Medak D, Župan R, et al. 2019. Support vector machine accuracy assessment for extracting green urban areas in towns. Remote Sensing, 11: 655.

Kuang W, Dou Y. 2020. Investigating the patterns and dynamics of urban green space in China's 70 major cities using satellite remote sensing. Remote Sensing, 12: 1929.

LeCun Y, Bengio Y, Hinton G. 2015. Deep learning. Nature, 521: 436-444.

Li W, Saphores J D M, Gillespie T W. 2015. A comparison of the economic benefits of urban green spaces estimated with NDVI and with high-resolution land cover data. Landscape and Urban Planning, 133: 105-117.

Li X, Ratti C, Seiferling I. 2018. Quantifying the shade provision of street trees in urban landscape: A case study in Boston, USA, using Google Street View. Landscape and Urban Planning, 169: 81-91.

Liang P, Shi W, Zhang X. 2017. Remote sensing image classification based on stacked denoising autoencoder. Remote Sensing, 10: 16.

Liu H, Wu C. 2018. Crown-level tree species classification from AISA hyperspectral imagery using an innovative pixel-weighting approach. International Journal of Applied Earth Observation and

Geoinformation, 68: 298-307.

Liu T, Yang X. 2013. Mapping vegetation in an urban area with stratified classification and multiple endmember spectral mixture analysis. Remote Sensing of Environment, 133: 251-264.

Liu W, Yue A, Shi W, et al. 2019. An automatic extraction architecture of urban green space based on DeepLabv3plus semantic segmentation model. New York: IEEE 4th International Conference on Image, Vision and Computing (ICIVC): 311-315.

Lu Y, Coops N C, Hermosilla T. 2017. Estimating urban vegetation fraction across 25 cities in Pan-Pacific using Landsat time series data. ISPRS Journal of Photogrammetry and Remote Sensing, 126: 11-23.

Lwin K K, Murayama Y. 2011. Modelling of urban green space walkability: Eco-friendly walk score calculator. Computers, Environment and Urban Systems, 35: 408-420.

Ma L, Cheng L, Han W, et al. 2014. Cultivated land information extraction from high-resolution unmanned aerial vehicle imagery data. Journal of Applied Remote Sensing, 8: 083673.

McGovern M, Pasher J. 2016. Canadian urban tree canopy cover and carbon sequestration status and change 1990–2012. Urban Forestry & Urban Greening, 20: 227-232.

Mei Y, Zhao X, Lin L, et al. 2018. Capitalization of urban green vegetation in a housing market with poor environmental quality: Evidence from Beijing. Journal of Urban Planning and Development, 144: 05018011.

Näsi R, Honkavaara E, Blomqvist M, et al. 2018. Remote sensing of bark beetle damage in urban forests at individual tree level using a novel hyperspectral camera from UAV and aircraft. Urban Forestry & Urban Greening, 30: 72-83.

Nouri H, Chavoshi Borujeni S, Alaghmand S, et al. 2018. Soil salinity mapping of urban greenery using remote sensing and proximal sensing techniques; The case of Veale Gardens within the Adelaide Parklands. Sustainability, 10: 2826.

Nowak D J, Rowntree R A, McPherson E G, et al. 1996. Measuring and analyzing urban tree cover. Landscape and Urban Planning, 36: 49-57.

Ossola A, Hopton M E. 2018. Measuring urban tree loss dynamics across residential landscapes. Science of The Total Environment, 612: 940-949.

Plowright A A, Coops N C, Eskelson B N I, et al. 2016. Assessing urban tree condition using airborne light detection and ranging. Urban Forestry & Urban Greening, 19: 140-150.

Pontius J, Hanavan R P, Hallett R A, et al. 2017. High spatial resolution spectral unmixing for mapping ash species across a complex urban environment. Remote Sensing of Environment, 199: 360-369.

Pu R, Landry S. 2012. A comparative analysis of high spatial resolution IKONOS and WorldView-2 imagery for mapping urban tree species. Remote Sensing of Environment, 124: 516-533.

Reichstein M, Camps-Valls G, Stevens B, et al. 2019. Deep learning and process understanding for data-driven earth system science. Nature, 566: 195-204.

Ren Z, Zheng H, He X, et al. 2015. Spatial estimation of urban forest structures with Landsat TM data and field measurements. Urban Forestry & Urban Greening, 14: 336-344.

Richards D R, Edwards P J. 2017. Quantifying street tree regulating ecosystem services using Google Street View. Ecological Indicators, 77: 31-40.

Shojanoori R, Shafri H Z M. 2016. Review on the use of remote sensing for urban forest monitoring. Arboriculture & Urban Forestry, 42: 400-417.

Tanhuanpää T, Vastaranta M, Kankare V, et al. 2014. Mapping of urban roadside trees–A case study in the tree register update process in Helsinki City. Urban Forestry & Urban Greening, 13: 562-570.

Ucar Z, Bettinger P, Merry K, et al. 2016. A comparison of two sampling approaches for assessing the urban forest canopy cover from aerial photography. Urban Forestry & Urban Greening, 16: 221-230.

United States. 2018. Indicator 11.7.1: Average share of the built-up area of cities that is open space for public use for all, by sex, age and persons with disabilities. Luxembourg: Eurostat.

van de Voorde T, Vlaeminck J, Canters F. 2008. Comparing different approaches for mapping urban vegetation cover from Landsat ETM+ data: A case study on Brussels. Sensors, 8: 3880-3902.

Voltersen M, Berger C, Hese S, et al. 2014. Object-based land cover mapping and comprehensive feature calculation for an automated derivation of urban structure types at block level. Remote Sensing of Environment, 154: 192-201.

Wang F. 1990. Fuzzy supervised classification of remote sensing images. IEEE Transactions on Geoscience and Remote Sensing, 28: 194-201.

Wang J, Zhou W, Qian Y, et al. 2018. Quantifying and characterizing the dynamics of urban greenspace at the patch level: A new approach using object-based image analysis. Remote Sensing of Environment, 204: 94-108.

Xu F, Somers B. 2021. Unmixing-based Sentinel-2 downscaling for urban land cover mapping. ISPRS Journal of Photogrammetry and Remote Sensing, 171: 133-154.

Xu Z, Zhou Y, Wang S, et al. 2020. A novel intelligent classification method for urban green space based on high-resolution remote sensing images. Remote Sensing, 12: 3845.

Yan J, Zhou W, Han L, et al. 2018. Mapping vegetation functional types in urban areas with WorldView-2 imagery: Integrating object-based classification with phenology. Urban Forestry & Urban Greening, 31: 230-240.

Yang J, Huang C, Zhang Z, et al. 2014. The temporal trend of urban green coverage in major Chinese cities between 1990 and 2010. Urban Forestry & Urban Greening, 13: 19-27.

Yao Z, Liu J, Zhao X, et al. 2015. Spatial dynamics of aboveground carbon stock in urban green space: A case study of Xi'an, China. Journal of Arid Land, 7: 350-360.

Zhang C, Sargent I, Pan X, et al. 2018. An object-based convolutional neural network (OCNN) for urban land use classification. Remote Sensing of Environment, 216: 57-70.

Zhang J, Kerekes J. 2011. Unsupervised urban land-cover classification using WorldView-2 data and self-organizing maps. New York: IEEE International Geoscience and Remote Sensing Symposium: 150-153.

Zhou W, Wang J, Qian Y, et al. 2018. The rapid but "invisible" changes in urban greenspace: A comparative study of nine Chinese cities. Science of The Total Environment, 627: 1572-1584.

第 9 章

SDG11.b 减轻城市灾害风险

9.1 引　言

进入 21 世纪以来，全球范围内海啸、洪水、干旱、飓风和地震等自然灾害发生的频率和强度日益加剧，不断地威胁着人类的生存和安全。联合国减少灾害风险办公室（United Nations Office for Disaster Risk Reduction，UNDRR）发布的报告显示，2000~2019 年的 20 年间，全球共发生了 7348 起重大灾害，造成约 123 万人死亡，42 亿人因此受到影响，经济损失约 2.97 万亿美元。城市是人口、产业、资金、生产力和科学技术高度密集的区域，是经济和社会发展的战略中心，同时也是全球气候变暖、海平面上升、洪涝、干旱和地震等各类自然灾害风险最大的区域。整体而言，受全球气候变化的影响，洪水、干旱和风暴等极端天气导致的灾害事件大幅度增加，灾害造成的损失也急剧增长。尤其是全球人口和城市密集分布的沿海地区，容易受到海平面上升、沿海洪水、侵蚀以及海啸和风暴潮等极端灾害事件的影响。2004 年 12 月印度洋发生海啸，20 多万人被夺走了生命，直接经济损失高达 100 亿美元。2005 年 8 月，美国新奥尔良"卡特里娜"飓风带来特大风暴潮灾难，导致 1800 多人遇难，直接经济损失超过千亿美元。此外，在一些沿海地区，无序的城市化破坏了支撑城市基础设施的生态系统服务，进一步加剧了这些城市对气候变化影响的脆弱性。

提高城市的抗灾能力，对于减少灾害风险和实现可持续发展至关重要。《2015-2030 年仙台减轻灾害风险框架》提出，地方减少灾害风险（disaster risk reduction, DRR）战略和计划应跨越不同的时间尺度，有目标、指标和时限，旨在防止风险的产生，减少现有风险，加强经济、社会、健康和环境复原力。当医疗、教育、交通和其他关键服务等有韧性的基础设施位于城市中弱势群体居住的部分地区，并且人们可以负担得起的方式使用这些基础设施时，将通过减少不平等、

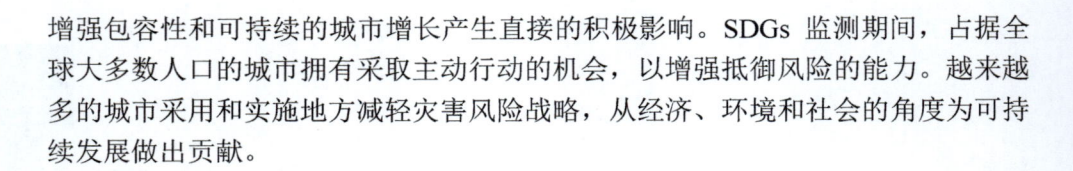

增强包容性和可持续的城市增长产生直接的积极影响。SDGs 监测期间，占据全球大多数人口的城市拥有采取主动行动的机会，以增强抵御风险的能力。越来越多的城市采用和实施地方减轻灾害风险战略，从经济、环境和社会的角度为可持续发展做出贡献。

9.2　SDG11.b 具体目标

SDG11.b 指标提出，"到 2030 年，大幅增加采取和实施综合政策和计划以构建包容、资源使用效率高、减缓和适应气候变化、具有抵御灾害能力的城市和人类住区数量，并根据《2015~2030 年仙台减少灾害风险框架》在各级建立和实施全面的灾害风险管理"。该指标将在 SDGs 和仙台框架之间架起桥梁，因为采用本地减灾战略是仙台框架的全球目标之一，可以通过仙台框架监控系统对其进行跟踪。

自然灾害一直是影响城市安全和城市可持续发展的重要问题之一，为国际社会高度关注。迄今以来，国际上开展了多项大规模的减灾研究，其中影响力比较大的有联合国在全世界范围内开展的国际减轻自然灾害十年(International Decade for Natural Disaster Reduction，IDNDR)活动，极大地促进了世界各国的防灾减灾工作。之后，2000 年发起国际减灾战略(International Strategy for Disaster Reduction, ISDR)。为了推进 ISDR 的发展，世界减灾大会于 2005 年 1 月通过了《兵库宣言》和《兵库行动框架》，为 2005~2015 年的全球减灾工作确立了战略目标。2015 年，联合国又通过并且持续推进仙台框架。

SDG11.b 指标是基于联合国减灾战略在监测《兵库行动框架》（2005~2015年）期间收集的经验和知识而提出的一项建议。该指标由其他联合国机构审查，包括联合国粮食及农业组织、全球减灾报告、国际移民组织、荒漠化公约、联合国开发计划署、联合国亚洲及太平洋经济社会委员会、联合国教科文组织、人口基金、联合国难民署、联合国大学、联合国妇女署、世界卫生组织和世界气象组织，并于 2015 年 7 月初提交给独立专家组。2015 年 7 月 27~29 日由来自联合国系统、学术界和研究部门、民间和私营部门的 60 多名专家组成的技术专家组再次审查了该指标。会员国在 2015 年 9 月 29~30 日举行的第一届减少灾害风险指标和术语政府间专家工作组会议上提交并审查了该指标。拟议指标还将用于监测仙台框架全球目标，因此，如仙台框架所述，减少灾害风险指标和术语政府间专家工作组将讨论并商定该指标的详细定义。该指标通过《兵库行动框架》及之后的仙台框架向联合国国际减灾署(UNISDR)自愿报告，形成全球减轻灾害风险政策信息数据库。报告该数据的国家数量从 2007 年开始时的 60 个增加到 2013 年的 133 个。目前缺少关于该指标的具体数据,可对所有国家的问卷调查设定 2015 年为基线,用于仙台框架和 SDGs 的监测。与该指标相关联的具体目标包括 SDG11.b、SDG13.1、SDG13.b、SDG9.1、SDG11.5 等。

9.3 城市自然灾害风险评估

9.3.1 自然灾害风险评估框架

自然灾害风险是指在特定时间、特定区域内,由可能发生的特定自然现象所造成预期损失的程度。自然灾害风险评估指通过研究对生命、财产及环境产生潜在影响的致灾因子及承灾体的脆弱性,判定风险性质与范围的过程,是人类社会预防自然灾害、控制和降低自然灾害风险的重要基础性研究。它是一项复杂而又综合性的研究工作,涉及自然环境数据、地理空间数据、人口分布数据、土地利用与规划数据、经济和社会统计数据等,需要地理学、经济学、社会学、城市规划等学科的综合研究。基于各种数据类型,采用情景模拟、空间分析等技术手段,获取自然灾害风险空间模式或分布,认识自然灾害风险的空间差异,从而有效地实施风险管理和控制,最小化自然灾害带来的人口和财产损失。

狭义的灾害风险评估研究围绕致灾因子展开。根据灾害系统论,广义的灾害风险评估综合评估致灾因子、孕灾环境和承灾体三大子系统。城市自然灾害风险大小取决于致灾因子发生的强度和概率、人类社会环境系统的暴露和承灾体的脆弱性,即由三个因素共同作用而决定。灾害"危险性(H)-暴露度(E)-脆弱性(V)"(H-E-V)框架是国际上灾害风险的主流评估框架(IPCC, 2014; Merz et al., 2004; Milefti, 1999; Okada et al., 2004; 葛全胜等, 2008; 尹占娥, 2009; 尹占娥等, 2010),模型用公式表达为

$$\text{risk} = H \cap E \cap V \tag{9.1}$$

式中,H、E、V 分别为危险性、暴露度和脆弱性(易损性)。危险性研究重点关注灾害自然属性等致灾因子引发的风险;暴露度研究的对象是暴露在风险中的房屋、财产等要素;脆弱性研究则分析致灾因子所造成的上述要素的损失程度。部分研究将暴露度和脆弱性概括为承灾体的脆弱性属性。

致灾因子危险性分析通常是灾害风险分析的第一步,分析灾害发生的时间(概率)、强度、规模和空间位置等。致灾因子危险性分析方法包括野外调查法、模拟实验法、遥感、历史资料统计方法和模型预测法等。例如,地震灾害致灾因子危险性分析可以分为三种:①概率性分析。基于地震活动在空间上的随机性假设,

采用泊松分布概率模型模拟和分析不同强度地震的发生概率(高孟潭, 1988, 1996)。②历史数据的确定性统计分析。根据地质断层调查数据和区域历史地震数据构建回归模型来分析地震危险性(刘静伟, 2011; 齐玉妍和金学申, 2009)。③主震害事件分级法。基于特定地震区每轮孕育周期的主震事件震级值相差较小的前提, 可根据主震震级值划定各地震区的危险性等级(秦四清等, 2015)。城市洪涝灾害的主要致灾因子通常为极端暴雨事件, 其降水强度、历时和范围都直接影响洪灾的严重程度。关于洪涝灾害危险性分析的方法有数理统计法和水文频率法等, 其中数理统计法是基于历史统计资料对洪涝灾害危险性进行分析。

  暴露度分析暴露在致灾因子危险性影响下的人口、建筑、财产、经济活动等生命与财产要素的暴露情况。研究目标不同, 暴露要素承灾体的含义也不同。例如, 将一个居民区或一座城市甚至一个流域作为一个要素进行风险分析, 也可将一座建筑物或机场作为一个要素体看待而进行风险分析。对于城市区域的自然灾害风险研究, 暴露要素一般包括人口、建筑、生命线、交通设施、生活生产资料等。暴露分析的主要内容有：①风险区确定。确定一定强度下自然灾害可能的影响范围, 如地震烈度区域分布、洪水淹没范围和程度。②风险区暴露要素确定。对不同风险等级区域内暴露的承灾体进行分类和确定。③风险区暴露要素评价。对风险区内主要建筑物和建筑物内部财产, 风险区的人口数量、分布, 风险区经济发展水平等进行分析和评价。风险区暴露要素的评价有利于较为全面地了解风险区承受某一自然灾害破坏和损失的程度。城市自然灾害风险区暴露度评价可通过统计数据收集或实地调查实现。向统计、民政、自然资源和交通等相关管理部门收集各承灾体暴露的统计资料, 此方法简单易行, 但所获取的资料与灾害的等级区划范围较难匹配, 现有的统计资料一般是参照行政承灾体区划来设定统计口径, 而灾害的影响等级范围一般是按照灾害的自然地理空间区划, 两者不完全一致。组织专人前往评估地区进行普查和抽查, 可以按照评估的目的设计出详细的调查表, 获取的数据最为详细, 精度也较高。但是该方法工作量较大, 消耗大量的人力、财力和物力, 且对调查人员的普查和抽查技术有较高要求。该方法一般只适用于城市以下的区或社区尺度的暴露度计算。遥感数据动态记录了地表空间信息, 其不同分辨率的特征遥感影像, 蕴含着丰富的、不同尺度的承灾体暴露信息, 特别是亚米/米级的高分辨率遥感数据, 对城市区域的承灾体暴露信息的获取非常有效, 成为城市暴露分析与评估的重要途径。不同的评估空间尺度需要应用不同分辨率的遥感影像, 尤其是基于遥感的城市三维建模技术的发展, 为开展暴露评估的立体分析与测量提供了可能。通过判读地面承灾体在遥感图像中的空间特征和光谱特征, 分析图像中的物体形状、大小、颜色、阴影、位置和纹理等, 得到地面各暴露要素的属性、数量和空间分布规律等。一般高分辨率遥感数据可获取城市区域的承灾体暴露数据，包括建筑物、道路和交通设施、生活与生产构筑物、城市土地利用等。而人口、城市生命线系统、室内财产数据需要通过统计和调查的方法获取，也可以通过遥感数据间接估算得到，如根据建筑密度估算人口、建筑类型估算室内财产等。

承灾体的抗灾性能分析也称脆弱性分析，即分析灾害对暴露要素承灾体可能的毁坏程度，又称易损性评价。承灾体脆弱性/易损性评价的核心是根据致灾因子强度建立破坏程度估算模型。目前，自然灾害脆弱性研究通常利用构建研究区各暴露要素的灾损曲线的方法进行评估。基于建筑数据以及社会经济数据等，通过模拟实验或已有的灾害财产损失数据计算破坏率，或拟合不同财产、建筑物在不同强度致灾因子下的脆弱性函数等(Cutter, 1996; Fekete et al., 2017; 樊运晓等, 2003; 侯爽等, 2007; 石勇等, 2009; 张会等, 2019)。此外，在脆弱性分析框架(Turner et al., 2003)、韧性评估(Cutter et al., 2008)以及欧洲脆弱性改善框架(Birkmann et al., 2013)等研究中，脆弱性研究包含了承灾体暴露度、防灾能力和恢复能力等更为广泛的概念。

国内外灾害研究学者提出了多种不同的灾害风险评估方法。按照研究对象的多少，灾害风险评估可分为基于单灾种风险评估和基于多灾种综合风险评估。多灾种综合风险评估又可分为叠加法、灾害链法等。叠加法通常分灾种各自进行灾害风险评价，再通过加权形成综合评价结果，灾害链法强调灾害之间的因果关系。单灾种风险评估方法可划分为基于指标体系、基于统计规律和基于情景模拟的三种类型。其中，基于指标体系的风险评估是以指标构建为核心的风险评估方法，在方法上侧重于灾害风险指标的选取和优化，最终形成灾害风险指数。指标优选阶段一般是基于相关文献筛选指标，采用专家打分法和层次分析法来确定多层指标及权重，并用概率统计法、指数法、模糊数学方法、灰色系统方法等处理数据实现评估(赵阿兴和马宗晋, 1993)。该方法的关键在于影响因子的识别和指标权重划分方法的选择，可以宏观反映区域风险状况，计算相对简单，因此应用较为广泛。然而，指标选取过程中不可避免的主观性和权重间的高度相关性，以及指标间的可补偿性，常使得基于指标体系的研究结果缺乏科学性和严谨性的质疑。指标的选取可能受数据限制出现"以点代面"的现象，且研究尺度是城市及以上尺度，不适合在尺度较小的区域开展。基于统计规律的风险评估根据历史灾后调查数据，利用数理统计方法找出灾害发展演化的规律，建立灾害风险概率与灾害事件强度和损失之间的关系，以预测和评估未来发生的灾害风险。基于情景模拟的风险评估主要通过 GIS 和多智能体等手段相结合，对灾害发展演化过程进行模拟，并采用未来预测数据对可能发生的灾害事件进行评估，该方法能够直观、精确地获得灾害风险的空间分布特征。

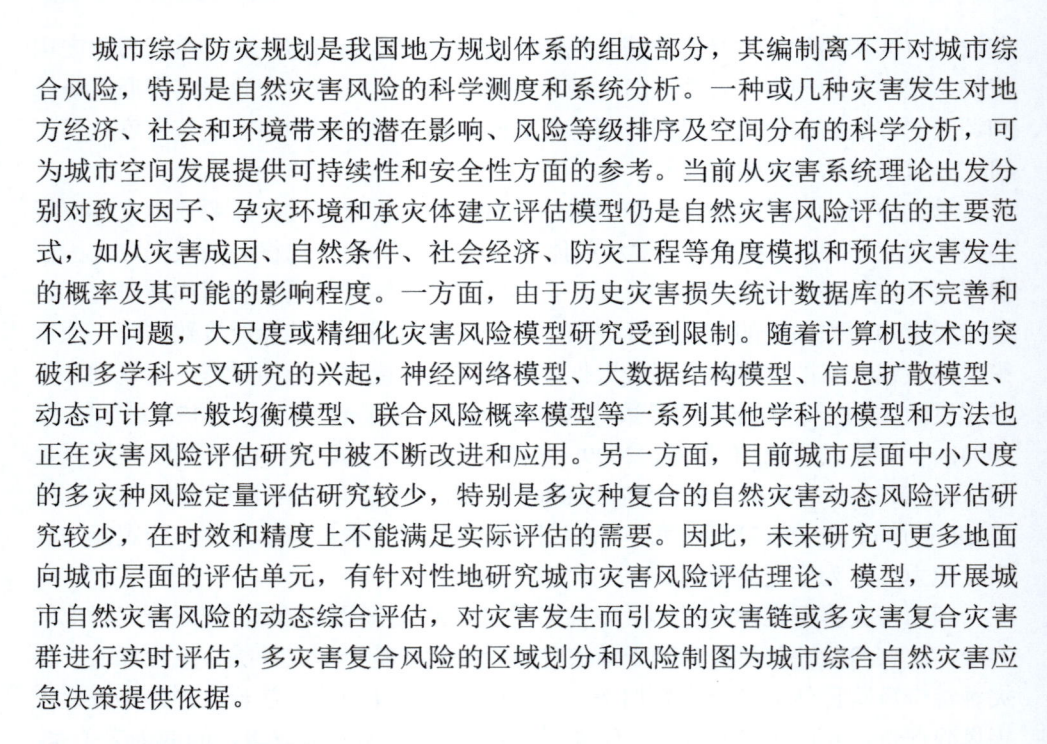

城市综合防灾规划是我国地方规划体系的组成部分,其编制离不开对城市综合风险,特别是自然灾害风险的科学测度和系统分析。一种或几种灾害发生对地方经济、社会和环境带来的潜在影响、风险等级排序及空间分布的科学分析,可为城市空间发展提供可持续性和安全性方面的参考。当前从灾害系统理论出发分别对致灾因子、孕灾环境和承灾体建立评估模型仍是自然灾害风险评估的主要范式,如从灾害成因、自然条件、社会经济、防灾工程等角度模拟和预估灾害发生的概率及其可能的影响程度。一方面,由于历史灾害损失统计数据库的不完善和不公开问题,大尺度或精细化灾害风险模型研究受到限制。随着计算机技术的突破和多学科交叉研究的兴起,神经网络模型、大数据结构模型、信息扩散模型、动态可计算一般均衡模型、联合风险概率模型等一系列其他学科的模型和方法也正在灾害风险评估研究中被不断改进和应用。另一方面,目前城市层面中小尺度的多灾种风险定量评估研究较少,特别是多灾种复合的自然灾害动态风险评估研究较少,在时效和精度上不能满足实际评估的需要。因此,未来研究可更多地面向城市层面的评估单元,有针对性地研究城市灾害风险评估理论、模型,开展城市自然灾害风险的动态综合评估,对灾害发生而引发的灾害链或多灾害复合灾害群进行实时评估,多灾害复合风险的区域划分和风险制图为城市综合自然灾害应急决策提供依据。

9.3.2 暴雨内涝灾害风险评估

城市暴雨内涝灾害是指由于城市排水能力低于强降雨及连续性降雨余量,积水不能及时排出而造成严重损失的城市灾害。在全球气候变化和城市化快速发展的影响下,水循环过程和要素发生了剧烈变化,极端气候事件增多,城市洪涝灾害问题日益严重。根据瑞士保险公司的数据,洪水平均每年影响全球 5 亿人口,造成 500 亿美元的直接经济损失,超过任何其他类型的自然灾害。SDG11.5 指标提出,"到 2030 年,大幅减少包括水灾在内的各种灾害造成的死亡人数和受灾人数,大幅减少上述灾害造成的与全球国内生产总值有关的直接经济损失,重点保护穷人和处境脆弱群体"。

极端降水是引发城市洪涝事件最直接的驱动要素。联合国政府间气候变化专门委员会第五次评估报告(IPCC AR5)指出,全球气候变化会导致极端事件(如极端降水、极端气温等)的频率和强度持续增加,特别是全球经济和人口高度聚集的沿海区域,极易受到海平面上升、台风风暴潮的综合影响。暴雨、高潮位和台风是沿海城市发生洪涝事件主要的驱动要素。全球气候变暖导致海平面上升,进一步加剧了这些地区洪涝事件的发生频率和灾害程度。19 世纪末至 20 世纪初,全球海平面从过去 2000 年相对较低的平均上升速率向更高的上升速率转变(IPCC,

2013)。20 世纪初以来，全球海平面上升速率不断加快，其中陆地冰川和冰盖的快速融化以及海洋热膨胀是海平面上升的主要原因。应用全球验潮站和卫星高度计观测数据的分析表明，近几十年来，全球海平面上升速率有显著增加现象。海平面的上升速率从 1901～1990 年的 1.4 mm/a，增加至 1970～2015 年的 2.1 mm/a，再到 1993～2015 年的 3.2 mm/a，并进一步增加至 2006～2015 年的 3.6 mm/a(Cai and Tan, 2020)。2006 年以来，陆地冰川和冰盖融化对海平面上升速率的贡献已超过海水热膨胀效应。此外，该报告预估，未来(超)强台风的强度和频率都将增加，由台风风暴潮引起的异常极值水位事件很可能增加，沿岸洪涝灾害将进一步加剧，尤其是在台(飓)风影响显著的地区(Feng and Tsimplis, 2014; Emanuel, 2017)。如果不采取相关的适应措施，即使是在较低的海平面上升情景下(RCP2.6)，到 21 世纪末，沿海地区的洪水灾害损失风险也将增加 2～3 个等级，达到灾难性等级(很高信度)。沿海大城市较高的人口密度和较多的基础设施增加了海平面上升及极端事件等危害(险)性事件的暴露度，并且未来沿海城市的快速发展也增加了洪涝灾害的潜在影响程度。对全球 128 个沿海大城市的洪水淹没损失的评估表明，美国新奥尔良市和中国广州市的预期年度损失风险等级最高，超过 1 万亿美元(Abadie, 2018)。未来应加强对海平面上升带来的洪涝灾害风险的关注，并尽快采取相关的应对措施。

洪涝灾害风险评估是灾害风险管理的基础性工作，目前已被广泛应用于洪水保险、洪泛区管理、洪水避难、灾害预警、灾情评估、洪水影响评价、提高公众的洪水风险意识等方面，为制定各项防洪减灾措施，尤其是非工程防洪减灾措施提供重要依据(魏一鸣等, 2002; 黄大鹏等, 2007)。基于情景模拟的洪涝灾害风险分析方法将致灾因子、暴露度和脆弱性都精确到个体或系统，能够较为准确地衡量暴露承灾体的损失状况，极大地提高了灾害风险评估的精确性，成为洪涝灾害风险分析的发展趋势和研究热点。通过计算不同情景下地面积水深度，然后根据其可能会对各种承灾体造成的影响进行分级，开展危险性分析。本研究在暴雨内涝灾害危险性分析的基础上，计算承灾体是否室内进水，分析暴露于不同灾害情景中的承灾体类型与数量，并根据室内积水深度可能对财产造成的影响进行分级；计算不同情景下承灾体的灾损率大小，并建立灾损率曲线，开展承灾体脆弱性分析；在上述危险性、暴露度与脆弱性分析结果的基础上，计算不同情景下承灾体的损失值，并对区域承灾体内涝风险进行分级与区划，确定灾害风险管理的优先次序。整体上，耦合了城市内涝模型与脆弱性计算模型的脆弱性分析，可以分析不同灾害情景下的社区脆弱性，实现灾害脆弱性的多情景时空动态模拟。

风暴潮灾害风险评估研究通过数值模型模拟研究区域在不同重现期下的风暴潮增水，再考虑不同类型承灾体的灾害损失和经济、人文、环境等社会属性这两

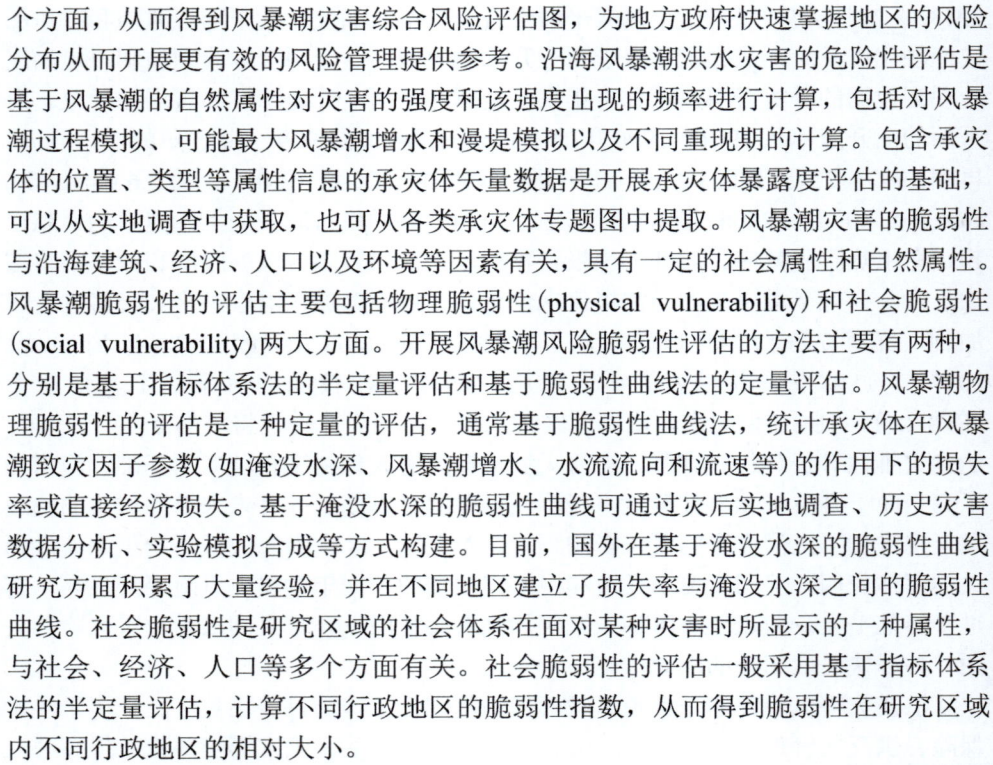

个方面，从而得到风暴潮灾害综合风险评估图，为地方政府快速掌握地区的风险分布从而开展更有效的风险管理提供参考。沿海风暴潮洪水灾害的危险性评估是基于风暴潮的自然属性对灾害的强度和该强度出现的频率进行计算，包括对风暴潮过程模拟、可能最大风暴潮增水和漫堤模拟以及不同重现期的计算。包含承灾体的位置、类型等属性信息的承灾体矢量数据是开展承灾体暴露度评估的基础，可以从实地调查中获取，也可从各类承灾体专题图中提取。风暴潮灾害的脆弱性与沿海建筑、经济、人口以及环境等因素有关，具有一定的社会属性和自然属性。风暴潮脆弱性的评估主要包括物理脆弱性(physical vulnerability)和社会脆弱性(social vulnerability)两大方面。开展风暴潮风险脆弱性评估的方法主要有两种，分别是基于指标体系法的半定量评估和基于脆弱性曲线法的定量评估。风暴潮物理脆弱性的评估是一种定量的评估，通常基于脆弱性曲线法，统计承灾体在风暴潮致灾因子参数(如淹没水深、风暴潮增水、水流流向和流速等)的作用下的损失率或直接经济损失。基于淹没水深的脆弱性曲线可通过灾后实地调查、历史灾害数据分析、实验模拟合成等方式构建。目前，国外在基于淹没水深的脆弱性曲线研究方面积累了大量经验，并在不同地区建立了损失率与淹没水深之间的脆弱性曲线。社会脆弱性是研究区域的社会体系在面对某种灾害时所显示的一种属性，与社会、经济、人口等多个方面有关。社会脆弱性的评估一般采用基于指标体系法的半定量评估，计算不同行政地区的脆弱性指数，从而得到脆弱性在研究区域内不同行政地区的相对大小。

在全球气候变化和城市化进程不断加快的背景下，洪水灾害发生的频率和强度不断提高，给经济社会带来的损失越加严重。如何减少城市受灾损失，提高城市洪水风险综合管理水平，增强城市防洪韧性，是城市管理部门和社会各界共同关注的问题(米胤瑜和孔锋，2023)。一方面，从致灾因子的角度出发，对城市可能遭受的洪涝灾害进行观测和评估，根据评估结果进一步制定洪水管理计划。另一方面，从承灾体角度出发，分析城市的孕灾环境，根据城市特征树立合适的防洪管理理念，通过城市规划和工程建设提高城市的防洪韧性。

9.3.3 高温热浪灾害风险评估

IPCC 第六次评估报告指出，2011~2020 年全球表面平均温度比 1850~1900 年升高了 1.09℃。20 世纪 80 年代以来，每个连续 10 年都比前一个 10 年更暖。2020 年 1 月，全球平均气温破纪录，成为自 1880 年有气象记录以来最热的 1 月。在全球变暖的背景下，极端高温事件的危害加剧。高温热浪在发生频率、热浪强度和持续时间上均有所增加(Perkins-Kirkpatrick and Lewis, 2020)，对人类健康构成很大威胁，成为城市发展的主要气象灾害之一。2003 年欧洲发生的高温热浪事件导致死亡人数超过 25000 人，其中热浪直接致死人数为 1000～5000 人（Fouillet et al.，2006）。2013 年，我国南方出现大范围高温热浪，高温日数、高温最长持续时间、40 ℃以上高温最长持续时间、40 ℃以上高温范围均突破 1961 年以来历史最高纪录。

  高温对人体产生影响和危害的程度是高温热浪主要的认定依据。由于各国地理位置、人口密度、城市规划和经济发展水平等不同，目前尚且没有一个通用的定义来概括高温热浪。世界气象组织（WMO）建议将日温度高于 32℃且持续 3 天以上的天气过程称为高温热浪。中国气象局一般把日高温大于 35℃、连续 3 天以上的高温天气过程称为高温热浪（谢盼等，2015；杨红龙等，2010；黄卓等，2011）。然而，中国领土面积广，气候差异大，各省（自治区、直辖市）可根据本地的气候特征确定临界温度值。美国、加拿大、以色列等国家的气象部门综合考虑气温和相对湿度对人的影响建立热浪指数，如果热浪指数预计在任一时间超过 46.5℃或者白天热浪指数预计连续两天有 3 小时超过 40.5℃，则发布高温警报。荷兰皇家气象研究所将持续 5 天以上、最高温度高于 25℃并且其中至少有 3 天高于 30℃的天气过程认定为热浪。德国科学家基于人体热量平衡模型，制定了人体生理等效温度（PET），当 PET 超过 41℃时热死亡率显著上升，因此以 PET>41℃作为高温热浪预警标准。综合以上定义，各国及国际组织共同认同的热浪定义标准主要有两个特征：气温异常偏高或者高温闷热，以及高温天气要持续一段时间。

  IPCC 提出的 HEV 灾害风险评估体系被广泛应用于城市高温热浪风险评估（El-Zein and Tonmoy，2015；武夕琳等，2019）。IPCC 第 4 次和第 5 次会议又强调了适应性（A）评估的必要性（Solomon et al.，2007）。适应性是指一个国家或地区，在灾害发生时应对灾害的适应程度，一般适应性越高，灾害对当地产生的不利影响越小。高温热浪致灾环境危险性主要由其发生的频率、强度及范围决定，气温和大气降水量则是划分其发生强度的重要指标。多项研究表明，气温与遥感反演的地表温度（LST）之间存在线性相关关系（刘勇洪和权维俊，2014）。周洋等（2018）利用 MODIS 地表温度数据分析了南京市高温热浪时空分布特征。同时，降水异常变化也常常伴随着高温热浪、低温寒潮、洪涝、干旱等灾害的发生。相关研究表明，降水量与地表温度存在线性相关关系，且其相关性在夏季表现最强（刘勇洪和权维俊，2014）。地表温度、降水量数据作为反映高温热浪强度的基础因子，在研究过程中可参考国际标准划分高温强度，并根据高温热浪持续天数与区域判断其发生频率与范围。

  暴露度是指暴露在致灾因子影响范围内的如人口、房屋、道路、室内财产等的承灾体数量或价值，是灾害风险存在的必要条件。持续高温期间，以人工建筑地表为主的城市下垫面导致城市热岛效应，加剧了高温热浪灾害对城市系统的影响(季崇萍等，2006)。下垫面对于大气的影响，主要体现在对气温与大气水分的影响上，气象条件相同时，不同类型下垫面的表面温度差异巨大(帅晨等，2018)。城市不透水面积与地表温度之间存在正相关关系(买买提江·买提尼亚孜和阿里木江·卡斯木，2015；徐永明和刘勇洪，2013)，而城市绿地的分布能够一定程度地改善城市热环境导致的相应问题(栾庆祖等，2015)。人类作为受到高温热浪灾害影响的主要载体之一，是决定灾害影响强度的主要因素，因此研究其空间分布情况对有效评估高温热浪风险具有不可取代的重要性。因此，可选取下垫面因子与人口密度因子作为评估高温热浪承灾体暴露度的指标因子。

不同地区的经济水平在一定程度上决定了灾害发生时该地区的应对能力，极端高温灾害的发生对当地经济的影响程度可通过生产总值来反映，生产总值越大，该地区经济脆弱性就越高(宋晨阳等，2016)。除经济影响外，受极端高温灾害影响最大的主体为人类本身，不同人群受灾程度也有所不同，如暴露在室外的工作者比室内工作者更容易遭受高温热浪的侵害。相对于年轻人，65岁及以上的老年人由于身体调节功能衰弱等，也更易受到高温热浪的影响(郑山等，2016)。而城市低收入人口则会由于无法享受更优质的资源，在应对高温热浪灾害时的敏感性更高。因此，我们将上述人群定义为高危人口，其比例越高，城市在应对高温热浪灾害时可能受到的危害就越严重。同时，对于城市居民来说，城市热岛效应也会在高温期间提供额外的风险。高温灾害的相关研究表明，空调的普遍使用能一定程度地减少高温热浪灾害所导致的死亡率(谢盼等，2015)，而空调的大量使用无疑会导致工业用电量的大幅度增加，工业用电量增加会使地区电力供应紧张，造成该地区在高温热浪来袭时的适应能力变差。此外，城市中部分人为热源(主要包括机动车辆和空调的使用等)所排放的热量也加剧了高温热浪的危害程度(杨红龙等，2010)。因此，可选取生产总值、高危人口(这里的高危人口分别为老人、室外工作者、低收入人群)比重，作为评价高温热浪孕灾环境脆弱性的重要指标因子，选取工业用电量、空调拥有率、汽车使用率等作为次要因子。

在加速经济发展和城市化建设的同时，积极完善医疗卫生与基础设施、加大科技教育投入、注重城市绿化空间规划，都能够在防御和减缓高温热浪带来的影响中产生积极作用。高温热浪风险的适应能力在经济领域不仅与区域收入相关，还在一定程度上取决于当地收入的分配情况。Shevky和Bell(1955)指出，在空间分布上距离越近的个体或群体，其社会关系会由于更加频繁的接触和联系距离更近，而这种社会关系的远近会影响一个群体应对灾害时的适应能力。人口在空间的分布情况可由人口聚集度反映，人口集聚是指不同年龄、性别、职业的人在某个特定地理区域内不断汇聚的现象及过程，是人口在空间上从分散到集中，从稀疏到密集的一种社会经济现象(李静等，2013；李青阳，2009)。不同地区应对高温热浪风险的适应性在一定程度上取决于当地政府在灾害发生时的应急处理能力、当地的经济水平及科技水平，对其进行综合准确的评估十分复杂。因此，可以选取城市绿地覆盖度、医疗机构分布、卫生技术人员数量、公共财务支出情况、空间人口分布聚集度等作为评价高温热浪风险适应性的因子。

当前高温热浪灾害风险评估研究主要基于气象数据开展，但受站点数量和分布的限制，只能利用一个或几个气象站点观测的数据代表整个城市的气象状况。因此，基于气象数据的高温热浪灾害风险评估大多以城市或者县（区）等行政区为空间单元。然而，由于城市热岛效应、地形等因素的影响，城市内部的温度分布存在明显的空间差异，人口密度、收入状况、居住条件、植被覆盖等社会经济和自然要素在城市内部空间上分布也不均匀。基于气象数据的高温热浪灾害风险评估无法精细反映城市高温热浪的空间差异。遥感数据能够提供空间连续的地表温度观测数据，弥补气象站点观测的不足，为高温热浪灾害风险监测和评估提供了优质数据源。结合遥感数据、社会经济等多源数据，估算高温热浪危险性、暴露度和脆弱性等评估因子，对高温热浪风险进行综合评估，分析城市高温风险空间分布格局，识别脆弱区域与致灾因子类型，能够为城市高温热浪灾害风险的防控与精准治理提供决策依据。Gary 等（2017）利用气象站点数据、遥感数据和人口统计数据构建高温热浪风险指数，对美国佐治亚州亚特兰大市进行了风险等级区划。Buscail 和 Viel（2012）将 Landsat ETM+遥感数据反演得到的地表温度作为危险性因子，利用社会经济统计资料计算出脆弱性因子，在法国雷恩市开展了街区尺度的精细高温热浪风险分析。Chen 等（2018）以 MODIS 地表温度为危险性因子，根据 DMSP/OLS 夜间灯光遥感数据和增强型植被指数（EVI）计算出高程调节人居环境指数（elevation-adjusted human settlement index, EAHSI）作为暴露性因子，利用社会经济数据计算脆弱性因子，对长江三角洲地区进行了高温热浪风险评估。

针对未来日益严峻的高温热浪灾害风险，应加强城市生态环境和安全建设。一方面，增加城市绿地，合理布局水体，改善住房设施条件，优化城市空间布局，构建生态廊道和通风廊道，增强城市建成环境中的空气流通性。另一方面，加强城市水、电、路、网等生命线和交通系统的韧性建设，以保障其在高温热浪下的正常运转及城市紧急系统正常运行。

9.4 小　　结

全球范围内海啸、洪水、干旱、飓风和地震等自然灾害发生的频率和强度日益加剧，给人类社会造成的损失不断增加。SDG11.b 指标提出，"到 2030 年，大幅增加采取和实施综合政策和计划以构建包容、资源使用效率高、减缓和适应气候变化、具有抵御灾害能力的城市和人类住区数量，并根据《2015-2030 年仙台减少灾害风险框架》在各级建立和实施全面的灾害风险管理"。

HEV 框架是国际上最常用的灾害风险评估框架。卫星遥感是获取区域和全球尺度上土地利用、温度、人口、建筑等时空分布的最有效手段，也是灾害危险性、暴露度和脆弱性评估最重要的数据来源之一。随着观测手段的不断发展，以及数值模式的完善、精细化和陆面过程的合理参数化，人们对城市灾害发生发展过程将有更深入的理解。基于不同类型数据，采用情景模拟、空间分析等技术手段，获取自然灾害风险空间分布和模式，能够促进各城市采取更有效的措施提高风险综合管理水平，增强城市韧性和应对灾害的能力，使自然灾害给人口和财产可能带来的损失最小化。

参 考 文 献

樊运晓, 高朋会, 王红娟. 2003. 模糊综合评判区域承灾体脆弱性的理论模型. 灾害学, 18（3）: 20-23.

高孟潭. 1988. 关于地震年平均发生率问题的探讨. 国际地震动态,（1）: 1-5.

高孟潭. 1996. 基于泊松分布的地震烈度发生概率模型. 中国地震,（2）: 91-97.

葛全胜, 邹铭, 郑景云. 2008. 中国自然灾害风险综合评估初步探究. 北京: 科学出版社.

侯爽, 郭安薪, 李惠, 等. 2007. 城市典型建筑的地震损失预测方法Ⅰ: 结构易损性分析. 地震工程与工程振动, 27(6): 64-69.

黄大鹏, 刘闯, 彭顺风. 2007. 洪灾风险评价与区划研究. 地理科学进展, 126（4）: 11-22.

黄卓, 陈辉, 田华. 2011. 高温热浪指标研究. 气象, 37(3): 345-351.

季崇萍, 刘伟东, 轩春怡. 2006. 北京城市化进程对城市热岛的影响研究. 地球物理学报, 49(1): 69-77.

李静, 罗灵军, 钱文进, 等. 2013. 基于 GIS 的重庆市人口空间分布研究. 地理空间信息, 11(2): 42-46.

李青阳. 2009. 陕西省人口空间结构与人口集聚格局分析. 西安: 西北大学.

刘静伟. 2011. 基于历史地震烈度资料的地震危险性评估方法研究. 北京: 中国地震局地质研究所.

刘勇洪, 权维俊. 2014. 北京城市高温遥感指标初探与时空格局分析. 气候与环境研究, 19(3): 332-342.

栾庆祖, 叶彩华, 刘勇洪, 等. 2015. 城市绿地对周边热环境影响遥感研究——以北京为例. 生态环境学报, 23(2): 252-261.

买买提江·买提尼亚孜, 阿里木江·卡斯木. 2015. 干旱区典型城市下垫面特征及其与地表热环境的关系研究. 生态环境学报, 24(11):1865-1871.

米胤瑜, 孔锋. 2023. 气候变化背景下城市洪水风险管理体系国际比较与启示: 以伦敦、纽约、郑州为例. 水利水电技术(中英文), 54(3): 21-34.

齐玉妍, 金学申. 2009. 基于历史地震史料记载的地震危险性分析方法. 震灾防御技术, 3(4): 289-301.

秦四清, 李培, 薛雷, 等. 2015. 地震区危险性等级确定方法. 地球物理学进展, 30(4): 1653-1659.

秦四清, 杨百存, 吴晓娲, 等. 2015. 中国大陆某些地震区主震事件判识（Ⅰ）. 地球物理学进展, 30(6): 2517-2550.

石勇, 许世远, 石纯, 等. 2009. 洪水灾害脆弱性研究进展. 地理科学进展, 28(1): 41-46.

帅晨, 沙晋明, 林金煌, 等. 2018. 不同下垫面遥感指数与地温关系的空间差异性研究. 地球信息科学学报, 20(11): 1657-1666.

宋晨阳, 王锋, 张韧, 等. 2016. 气候变化背景下我国城市高温热浪的风险分析与评估. 灾害学, 31(1): 201-206.

魏一鸣, 金菊良, 杨存建, 等. 2002. 洪水灾害风险管理理论. 北京: 科学出版社.

武夕琳, 刘庆生, 刘高焕, 等. 2019. 高温热浪风险评估研究综述. 地球信息科学学报, 21(7): 1029-1039.

谢盼, 王仰麟, 彭建, 等. 2015. 基于居民健康的城市高温热浪灾害脆弱性评价: 研究进展与框架. 地理科学进展, 34(2): 165-174.

徐永明, 刘勇洪. 2013. 基于TM影像的北京市热环境及其与不透水面的关系研究. 生态环境学报, 22(4): 639-643.

杨红龙, 许吟隆, 陶生才, 等. 2010. 高温热浪脆弱性与适应性研究进展. 科技导报, 28(19): 98-102.

尹占娥, 许世远, 殷杰, 等. 2010. 基于小尺度的城市暴雨内涝灾害情景模拟与风险评估. 地理学报, 65(5): 553-562.

尹占娥. 2009. 城市自然灾害风险评估与实证研究. 上海: 华东师范大学.

张会, 李铖, 程炯, 等. 2019. 基于"H-E-V"框架的城市洪涝风险评估研究进展. 地理科学进展, 38(2): 175-190.

赵阿兴, 马宗晋. 1993. 自然灾害损失评估指标体系的研究. 自然灾害学报, 2(3): 1-7.

郑山, 王敏珍, 尚可政, 等. 2016. 高温热浪对北京3所医院循环系统疾病日急诊人数影响的病例-交叉研究. 卫生研究, 45(2): 246-251.

周洋, 祝善友, 华俊玮, 等. 2018. 南京市高温热浪时空分布研究. 地球信息科学学报, 20(11): 1613-1621.

Abadie L M. 2018. Sea level damage risk with probabilistic weighting of IPCC scenarios: An application to major coastal cities. Journal of Cleaner Production, 175: 582-598.

Birkmann J, Cardona O, Carren O, et al. 2013. Framing vulnerability, risk and societal responses: The MOVE framework. Natural Hazards, 67(2): 193-211.

Buscail U E, Viel J. 2012. Mapping heatwave health risk at the community level for public health action. International Journal of Health Geographics, 11: 38.

Cai R S, Tan H J. 2020. Impacts and risks of accelerating sea level rise on low lying islands, coasts and communities. Climate Change Research, 16(2): 163-171.

Chen Q, Ding M, Yang X, et al. 2018. Spatially explicit assessment of heat health risk by using multi-sensor remote sensing images and socioeconomic data in Yangtze River Delta, China. International Journal of Health Geographics, 17: 15.

Cutter S L. 1996. Vulnerability to environmental Hazards. Progress in Human Geography, 20 (4): 529-539.

Cutter S, Barnes L, Berry M. 2008. A place-based model for understanding community resilience to natural disasters. Global Environmental Change, 18 (4): 598-606.

El-Zein A, Tonmoy F N. 2015. Assessment of vulnerability to climate change using a multi-criteria outranking approach with application to heat stress in Sydne. Ecological Indicators, 48:207-217.

Emanuel K. 2017. Assessing the present and future probability of hurricane Harvey's rainfall. Proceedings of the National Academy of Sciences, 114 (48): 12681-12684.

Fekete A, Tzavella K, Baumhauer R. 2017. Spatial exposure aspects contributing to vulnerability and resilience assessments of urban critical infrastructure in a flood and blackout context. Natural Hazards, 86 (S1): 151-176.

Feng X B, Tsimplis M N. 2014. Sea level extremes at the coasts of China. Journal of Geophysical Research: Oceans, 119 (3): 1593-1608.

Fouillet A, Rey G, Laurent F, et al. 2006. Excess mortality related to the August 2003 heat wave in France. International Archives of Occupational and Environmental Health, 80(1): 16.

Gary J, Dakota C, Dale Q. 2017. Urban heat wave hazard and risk assessment. Results in Physics, 7: 4294-4295.

IPCC. 2013. Climate Change 2013-The Physical Science Basis: Contribution of Working Group I to the Fifth Assessment Report of the Intergovernmental Panel on Climate Change. Cambridge: Cambridge University Press.

IPCC. 2014. Climate Change 2014-Impacts, Adaptation and Vulnerability: Part A: Global and Sectoral Aspects: Working Group II Contribution to the IPCC Fifth Assessment Report. Cambridge: Cambridge University Press.

Merz B, Kreibich H, Thieken A, et al. 2004. Estimation uncertainty of direct monetary flood damage to buildings. Natural Hazards and Earth System Science, 4 (1): 153-163.

Milefti D S. 1999. Disaster by design: A resessment of natural hazards in the United States. Washington D. C.: Joseph Henry Press.

Okada N, Tatano H, Hagihara Y, et al. 2004. Integrated research on methodological development of urban diagnosis for disaster risk and its applications.

Perkins-Kirkpatrick S E, Lewis S C. 2020. Increasing trends in regional heatwaves. Nature Communications, 11(1): 1-8.

Shevky E, Bell W. 1955. Social area analysis; Theory, illustrative application and computational procedures. Annuals of Disaster Prevention Research Institute, Kyoto University, 47C.

Solomon S, Qin D, Manning M, et al. 2007. Climate change 2007: The physical science basis. Contribution of Working Group I to the Fourth Assessment Report of the Intergovernmental Panel on Climate Change (IPCC). Computational Geometry, 18(2):95.

Turner B L, Kasperson R E, Matson P A. 2003. A framework for vulnerability analysis in sustainability science. Proceedings of the National Academy of Sciences of the United States of America, 100 (14): 8074-8079.

第 10 章

SDG11 综合监测与评估

10.1 引　言

SDGs 作为包含 17 项发展目标、169 个具体目标、232 个指标的庞大评价框架，其各目标间相互独立又相互依存，发展目标、具体目标以及指标间存在广泛的互动关系。目标间关系的复杂性决定了 17 项发展目标无法同时实现、同时执行。没有识别优先次序和确定内在矛盾的情况下纳入如此多的目标，可能会阻碍 2030 年可持续发展议程的有效实施，所以需要根据 17 个 SDGs 的实际联系，制定完整的政策体系，在协调一致的基础上将目标逐个击破。可持续指的是适应性权衡过程（adaptive process of trade-offs）基础上的效益最大化，只有计算特定目标对目标系统的影响，才能实现所有目标的可持续性。例如，经济上的减贫、提高效率以及实现公平可能会导致严重的社会和环境问题，导致整体系统的损失。因此，推动 2030 年可持续发展议程实现需要对 SDGs 和指标之间的关系进行系统分析，以支持政策制定者识别目标的优先顺序，建立合适的实现路径。

傅伯杰（2020）率先提出了以地理学综合视角采用"分类（classification）-统筹（coordination）-协作（collaboration）"（3C）的系统方案来推进 SDGs 实现的框架思路。该方案强调需要从系统的角度出发，厘清 SDGs 之间的逻辑关系，识别不同类型国家的优势和不足，明晰推动实现 SDGs 在空间和时间上的尺度效应（Fu et al., 2019，2020）。其中，分类是基础，是指以不同 SDGs 的性质、等级或其他特征为参考，将其分为不同的组别，可为不同 SDGs 之间的关系分析、差异比较和综合管理奠定基础。统筹是核心环节，是指通过自上而下的管理方式把分散的组分或子系统整合起来，使它们能高效工作，发挥系统的整体功能。在面向整体实现 SDGs 的进程中，统筹管理需要综合考虑不同类别 SDGs 之间的相互联系、不同国家和地区之间的能力与需求、不同政策之间的衔接协同。协作是必要手段，鉴于不同国家和地区在发展能力上的显著差异，加强不同发展水平的国家或地区之间在经济、科技和文化领域的协作与共享，对整体实现 SDGs 发挥着决定性作用。以上为整体推进实现 SDGs 提供了重要的理论依据。

10.2　SDGs 协同与权衡关系

10.2.1　SDGs 协同与权衡关系研究简介

SDGs 间的关系可分为两类：协同与权衡。协同意味着两个或多个 SDGs 间存在相互促进关系，一方目标的实现有利于促进另一方目标的实现。权衡意味着两个或多个 SDGs 间存在冲突关系，一方目标的实现会抑制另一方目标的实现，在这种关系下，经常需要根据优先性对目标进行取舍(董金玮等，2021；王红帅和李善同，2021)。例如，为满足全球人口增长对食物的需求(SDG2：零饥饿)所采取的耕地扩张和集约利用等手段，会带来一系列的区域水资源安全问题(SDG6：清洁饮水和卫生设施)和生态问题(SDG15：陆地生物)，并通过生物物理和化学过程影响局地和全球气候(SDG13：气候行动)。联合国环境规划署(UNEP)在 2021年发布了环境类指标与其他指标交叉分析的报告——《环境与可持续发展目标进展评估报告》(United Nations Environment Programme, 2021)，介绍了 92 项与环境相关的 SDGs 指标，并采用相关性分析对环境状况和变化驱动因素/社会状况相关指标的关系进行定量分析，强调了分析环境相关数据和理解环境社会经济相互作用对于全面实现 SDGs 的重要性。充分认识不同 SDGs 间的协同与权衡关系，最大化其协同关系同时降低权衡关系，对于实现 SDGs 的共同发展具有重要意义。

SDGs 协同与权衡的研究方法可以分为基于专家知识的定性评价、基于统计数据的相关分析、网络分析和基于地球大数据的定量分析等方法(董金玮等，2021)。斯皮尔曼(Spearman)相关系数法是一种常用的可持续发展指标的相互作用分析方法，该方法是识别两个变量之间相关关系的数理方法，相关性系数介于 [–1，1]，可满足非正态分布数据。该系数可用于评估指标对之间所有可能组合间的单调关系。根据相关系数值域范围，Pradhan 等(2017)将 SDGs 间的相关性分别划分为协同效应(相关性系数大于 0.6)、权衡效应(相关性系数小于–0.6)和未分类(相关性系数介于–0.6～0.6)。改革开放以来，我国在经济快速发展的同时，一系列的生态系统退化问题逐渐凸显。尽管大规模生态恢复工程的实施极大地改善了区域生态环境，并提升了经济、生态协同发展水平，但个别地区的生态保护、荒漠化等问题仍需科学的监测和治理，不同地区间的权衡问题依然存在。苗俊霞等(2022)以欠发达山区云南省临沧市为例，采用统计学与网络分析方法，开展了市级尺度 2010～2020 年的 14 个 SDGs、42 项具体目标和 51 个指标的相互作用分析，发现临沧市可持续发展指标间的协同作用显著大于权衡作用，且协同效应显著的指标集中在无贫穷(SDG1)和良好健康与福祉(SDG3)目标，权衡效应突出的指标出现在负责任消费和生产(SDG12)、气候行动(SDG13)以及和平、正义与强大机构(SDG16)目标。在资金约束条件下，建议优先促进显著协同的 SDG1、SDG3 率先实现，并加强陆地和水生生态系统保护，发挥指标之间的协同效应。

网络分析方法被广泛应用于 SDGs 相互作用关系的挖掘和解释。全球环境战略研究所(Institute for Global Environmental Strategies，IGES)可持续发展目标关联分析和可视化工具使用户能够可视化 SDGs 之间的关联(图 10.1)，并浏览和下载选定目标和国家的指标级数据。基于《可持续发展报告 2020》发布的 166 个国家的 SDGs 数据，Wu 等(2022)沿 SDG 指数梯度建立 SDGs 相互作用网络，进而分析相关网络指标、网络关键节点以及协同网络中 SDGs 聚类随可持续发展进程的变化，发现随着可持续发展整体水平的提高，SDGs 相互作用发生非线性变化，不同目标先解耦又重新耦合：在较低和较高的可持续发展水平上，SDGs 之间的正负相关关系均较紧密，但在中等可持续发展水平上，相关关系较弱，SDGs 聚集成更孤立的正相关模块。在协同网络中，SDG3(良好健康与福祉)、SDG9(产业、创新和基础设施)、SDG16(和平、正义与强大机构)和 SDG6(清洁饮水和卫生设施)一直起相对主导作用；SDG4(优质教育)、SDG1(无贫穷)和 SDG7(经济适用的清洁能源)在低可持续发展水平上较为重要；而 SDG8(体面工作和经济增长)和 SDG5(性别平等)在高可持续发展水平上较为重要。在权衡网络中，SDG12(负责任消费和生产)和 SDG13(气候行动)通常与其他 SDGs 存在权衡，特别是在高可持续发展水平上；而 SDG15(陆地生物)以及 SDG14(水下生物)在低可持续发展水平上与其他 SDGs 负向联系较多。

10.2.2 地球大数据 SDGs 协同与权衡关系研究

地球大数据具有高时空覆盖、更新速度快、数据客观等特点，在实现国别间数据一致性和透明性等方面发挥了重要作用，逐渐成为多个 SDGs 指标综合监测及 SDGs 间关系分析的重要支撑。国际上多个对地观测机构，如地球观测组织(GEO)(Group on Earth Observations, 2017)、欧洲航天局(ESA)(European Space Agency, 2018)等，均致力于推动对地观测数据和技术在 SDGs 中的应用(Kavvada et al.,2020)。GEO 于 2017 年发布了《地球观测支持〈2030 年可持续发展议程〉》(Group on Earth Observations, 2017)报告，强调了地球观测技术在支持 SDGs 指标框架方面的重要作用，并报告了几项交叉综合性的示范案例。基于各种不同时空

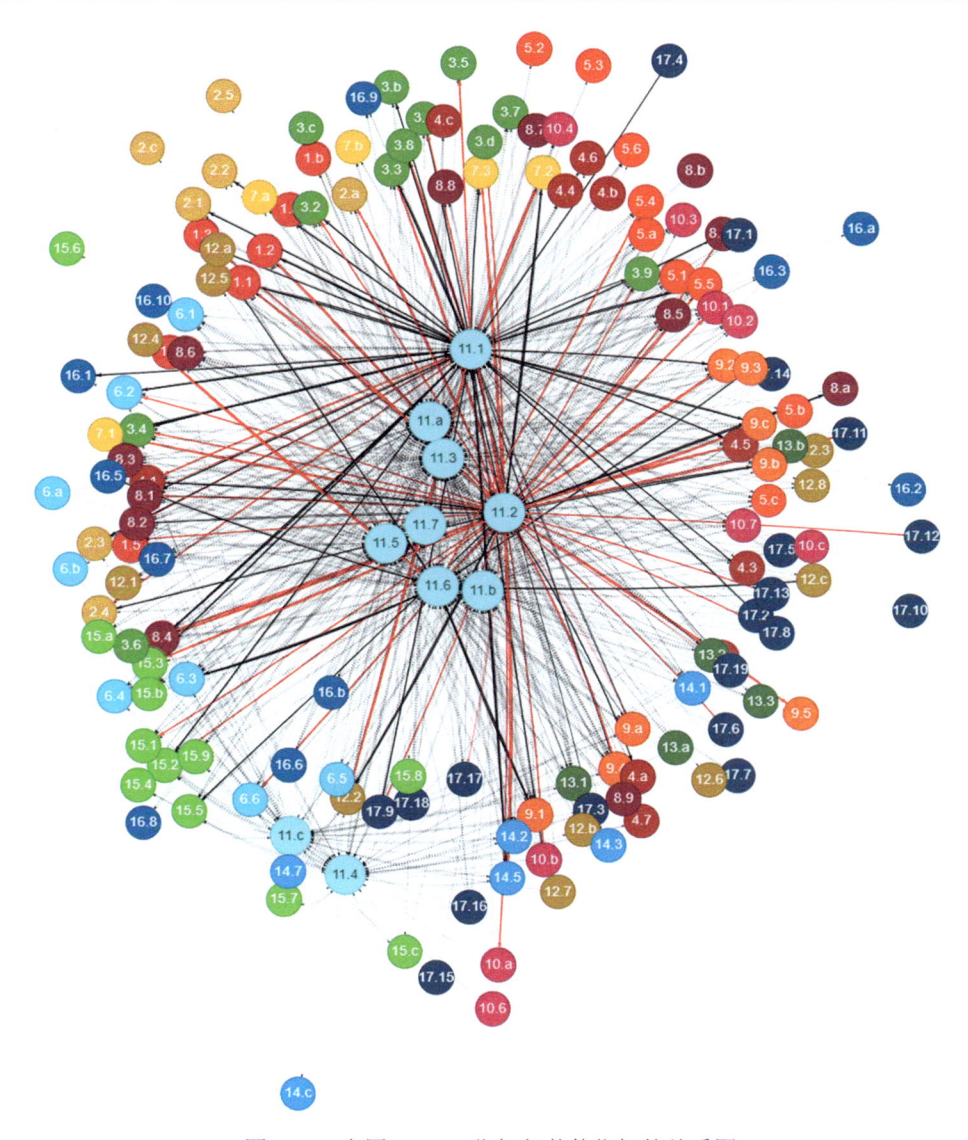

第 10 章 SDG11 综合监测与评估

图 10.1 中国 SDG11 指标与其他指标的关系图
其中黑色线条表示正相关关系，红色线条表示负相关关系

分辨率的卫星数据，GEO 下属的全球农业监测计划(GeoGLAM)实现了作物产量及天气预测，以及全球耕地和牧场的监测以改善粮食生产。基于卫星观测获取的细颗粒物(PM$_{2.5}$)和可吸入颗粒物(PM$_{10}$)浓度的年平均值(对应 SDG11)与卫生健康(对应 SDG3)之间的因果关系分析，也为城市空气质量管理决策提供了支持。

此外，ESA 于 2018 年发布《支持可持续发展目标的卫星地球观测》(European Space Agency, 2018)，对使用地理信息技术及卫星数据支持 SDGs 实现，从相关地表参数数据获取、反演和统计分析等方面进行了介绍，并针对卫星数据结合统计数据开展 SDGs 指标的综合分析介绍了一些案例。

在单指标与其他指标的关系分析方面，Song 等（2023）利用人口和土地覆盖遥感数据，分析了 1995～2015 年中国 31 个省份土地使用率（LCR）、人口增长率（PGR）和 LCR 与 PGR 比率（LCRPGR）的时空变化；使用斯皮尔曼系数研究了土地利用效率与 SDGs 实践之间的关系，并探讨了经济区如何改变 LCR、PGR 和 LCRPGR 对 SDGs 实施的影响。结果表明，9 个 SDGs 与 LCRPGR 产生了协同效应，超过了 LCR 和 PGR 产生的协同关系总数，表明与 LCR 或 PGR 的单一视角相比，同时考虑二者的 LCRPGR 对 SDGs 的实施产生了更大的影响。在不发达经济区，LCRPGR 的协同和权衡作用更为明显，而在发展中经济区，很少观察到 LCRPGR 对 SDGs 的影响。这表明在不发达的经济环境中，提高土地利用效率对于促进 SDGs 的实施至关重要。该研究促使中国等发展中国家加深了 SDGs 在土地利用效率方面的理解，从而更好地指导城市扩张和人口增长的管理实践。

在多指标关系模拟和预测方面，Cao 等（2022）将面向 SDG 系统动力学（SDG-SD）和面向 SDG 元胞自动机（SDG-CA）相结合，构建了一个面向 SDG 的土地利用模拟（SDG-LUS）模型，并利用该模型模拟长江三角洲地区的土地利用变化。该模型预测了在经济指标（SDG2.3.1 和 SDG8.1.1）、社会指标（SDG3.c.1、SDG4.1.2、SDG5.b.1、SDG9.c.、SDG 9.1.、SDG11.2.1 和 SDG11.7.1)和环境指标（SDG6.3.2 和 SDG11）多个 SDGs 指标的约束下，长江三角洲地区 2021～2030 年的土地利用需求。利用 2030 年 SDGs 指标的指数和指标板，建立了参考、经济发展、环境保护和社会进步四个可持续发展情景；然后，应用 SDG-CA 模型对 2021～2030 年的土地利用演变进行了空间化和模拟。结果验证了 SDG-LUS 模型的适用性，并确认不同可持续性水平的情景模拟有助于支持可持续土地利用计划的制定。

今后可进一步加强地球大数据支撑 SDGs 协同与权衡的理论和方法体系研究（董金玮等，2021）。一方面，通过大数据、云计算等技术创新推动 SDGs 协同与权衡的实践应用。对地观测数据为可持续发展研究提供了大尺度、高质量、无偏差的数据，数据处理云计算平台的快速发展进一步促进了对地观测数据的广泛应用。目前已经出现了全球森林、水体、耕地、城市、城市可达性、人类健康、贫困等丰富的专题数据集，这些高精度空间数据产品的出现为 SDGs 协同与权衡研究提供了可靠的数据支撑，使得更为客观的 SDGs 指标评价及协同与权衡分析成为可能。另一方面，通过构建地球大数据支持的 SDGs 综合模型和运行平台，模拟多种政策对 SDGs 间、区域间的协同与权衡关系，实现实时监测和预测。

10.3 SDG11 多指标综合监测与评估

由于数据获取方面受到限制，特别是发展中国家和地区，仍然缺乏 SDG11 指标的时空评估结果。近年来，随着大数据和地球观测技术可用性的提高，地理空间大数据在城市可持续发展指标监测方面发挥着越来越重要的作用。桂林市是首批入选"国家可持续发展议程创新示范区"的城市之一。以桂林为例，本节使用高分辨率卫星影像、网格化人口数据和道路网络与兴趣点等地理空间大数据，开发了一个 SDG11.2.1、SDG11.3.1 和 SDG11.7.1 在乡镇尺度的评估框架。该研究的评估结果证实了 SDG11 指标在乡镇层面评估以及地方城市治理和规划实践的适用性。

10.3.1 研究区与数据集

桂林市位于广西壮族自治区东北部，地处 109°36′E～111°29′E、24°15′N～26°23′N。其东北面与湖南交界，西、西南面与柳州市、来宾市相连，南、东南面与梧州市、贺州市相连，区位条件比较优越。桂林市是世界著名的风景游览城市和中国历史文化名城，是广西东北部地区的政治、经济、文化、科技中心。桂林主城区位于桂林市中部偏西，北靠灵川、龙胜，南接永福和阳朔，包括秀峰、七星、象山、叠彩、雁山、临桂六个区，面积为 2767km^2，占桂林市总面积的 9.95%。桂林市距广西壮族自治区省会南宁市约 322km，距广东省广州市约 383km，距湖南省长沙市约 430km，距贵州省贵阳市约 388km，是珠江三角洲及北部湾等经济板块的腹地。贵广高铁和湘桂高铁开通后，桂林至柳州、贺州、永州形成了 1h 经济圈，至广西、广东、贵州的省会形成了 2h 经济圈，成为连接湖南、广西、贵州、广东 4 个省（自治区）的重要枢纽。

2018 年 2 月，桂林市以"景观资源可持续利用"为主题成为首批入选国家可持续发展议程创新示范区的城市。桂林市已积累了大量可持续发展规划与实施的工作基础与理念，但目前其可持续发展科技创新驱动力仍显不足。桂林市生态状况良好，资源丰富，具有较高的生态功能和社会价值。近年来，随着广西经济的快速发展，人类活动越发密集，尤其是漓江的过度开发利用，导致处于海陆交互核心区的桂林市的生态环境敏感而脆弱，严重破坏了其生态平衡。本研究以桂林市为例，通过高分辨率卫星影像提取城市核心功能区，并对区域内 SDG11 的多个指标进行评价，为桂林市可持续发展及宜居城市建设提供数据和决策参考。

基于遥感与地理空间大数据，本节分析 2013 年、2015 年和 2020 年桂林城市功能边界内的代表性 SDG11 指标的时空变化（表 10.1）。其中，GF-1/6 卫星是中国高分辨率对地观测系统重大专项的重要组成部分，配置 2m 全色/8m 多光谱高分辨率相机，多光谱波段包含蓝、绿、红和近红外 4 个波段。将多光谱影像和全色影像进行辐射定标、大气校正、正射校正以及影像融合等预处理后，最终得到 2m 分辨率多波段数据，进行研究区土地利用分类。兴趣点（POI）包括公交站点、汽车站点和火车站点数据，本研究采用了 2015 年和 2020 年两期数据。因为历史数据质量较低，路网仅获取了 2020 年一期数据。道路网络经过拓扑差错，消除路网中重合、交叉、自相交和自重叠等拓扑错误。由美国能源部橡树岭国家实验室（ORNL）推出的 LandScan 全球人口分布数据，采用空间数据、图像分析技术和多元分区密度模型，在特定的行政边界范围内对人口统计数据进行分析，空间分辨率为 1km。目前，LandScan 是最精确的全球人口动态统计分析数据集之一，可以获取 24h 内平均人口分布状况。

表 10.1 研究采用的数据源

数据集	年份	空间分辨率	来源
桂林城市功能区边界	2013 2015 2020	2m	基于遥感影像土地利用分类结果提取
路网数据	2020		高德地图
POI 交通站点数据	2015 2020		高德地图
GF-1/6 卫星遥感影像	2013 2015 2020	2m/8m	中国科学院空天信息创新研究院
人口格网数据	2013 2015 2020	1km	LandScan
城市公园	2015 2020		高德地图

首先，路网数据、POI 交通站点数据和人口格网数据用于公共交通可达性和 SDG11.2.1 指标动态评估。其次，GF-1/6 卫星遥感影像用于土地分类，结合人口格网数据分析 SDG11.3.1 指标的变化。最后，使用 GF-1/6 卫星遥感影像提取城市公共开放空间，并估算 SDG11.7.1 指标的变化，结合人口格网数据，分析城市公共开放空间服务人口的情况。

10.3.2 研究方法

1. SDG11.2.1 指标

SDG11.2.1 为"可便利使用公共交通的人口比例,按年龄、性别和残疾人分列"。对于 SDG11.2.1,在距离最近的低容量车站 500m 步行距离内和距离最近的高容量车站 1km 步行距离内,公共交通被认为是"方便的"。首先,根据适用的步行距离阈值,在每个公共交通站点或每个公共交通路线周围沿着道路网络创建网络服务区。根据低容量公共交通和高容量公共交通的定义,本节使用网络分析方法创建了汽车站 500m 服务区和火车站 1km 服务区。交通网络距离的使用可以反映道路网络的配置,并识别阻碍直接进入公共交通设施的障碍物的存在。其次,合并所有单独的服务区域,以创建连续的服务区域多边形。最后,叠加服务区域和人口数据,以计算每个公共交通站点的服务人口。公共交通服务的人口数量利用式(10.1)计算:

$$P_i = \sum_{j=1}^{n} P_{ij} \tag{10.1}$$

式中,P_{ij} 为一个服务区 i 与多个人口区 $j(j=1,\cdots,n)$ 完全或部分相交所得到的人口区域的人口数量;P_i 为服务区 i 中公共交通站点所服务的人口总和。

通过计算便利使用公共交通的人口比例,SDG11.2.1 指标反映了当地公共交通的可达性和服务状况。方便使用公共交通服务的人口比例越高,可达性越好,方便使用公共交通服务的人口比例越低,可达性越差。通过计算 2013 年、2015 年和 2020 年的 SDG11.2.1 指标,分析研究区域公共交通可达性的变化。

2. SDG11.3.1 指标

基于 2013 年、2016 年 GF-1、2020 年 GF-6 三期高分辨率遥感影像,采用随机森林分类方法进行研究区土地覆盖的分类,分为建设用地、林地、耕地、水体、裸地五类;根据分类结果,分析各时期的城市边界以及土地覆盖变化情况,计算土地使用率(LCR);使用全球人口格网数据计算研究区域相应年份的人口,并使用类似方法计算人口增长率(PGR);结合建成用地和人口的变化,计算城市功能区的土地使用率与人口增长率之比(LCRPGR);为了更全面地了解城市化进程,本节还计算了次要指标:人均土地消耗量(LCPC)、人均土地消耗量百分比变化率(change in $LCPC_{t_1-t_2}$)和城市填充建设用地总变化(total change in urban infill)。

3. SDG11.7.1 指标

SDG11.7.1 指标衡量城市建设区中开放公共空间的平均面积占比。首先，利用路网数据和城市功能区边界，计算分配给街道的土地。其次，使用基于对象的图像分析方法，利用 GF-1/6 卫星遥感影像提取绿地，使用高德地图提取城市公园。结合两种数据结果，计算开放公共空间的比例。对于核心指标城市公共开放空间的比例，通过街道和城市开放公共空间之和计算总开放公共空间面积的比例。最后，计算公共开放空间服务人口占比，需要通过网络分析生成城市开放空间服务区。联合国人居署通过一系列的调查，建设使用 400m 步行距离，相当于 5min 路程为使用的距离阈值。首先，对路网数据进行清洗，使用路网数据，创建网络数据集。其次，使用 400m 阈值在每个开放公共空间周围创建基于路网的服务区。居住在服务区的所有人都被认为可以方便地使用开放公共空间。最后，结合人口格网数据，计算研究区域内各时段开放公共空间服务区的人口。

10.3.3 结果与讨论

2015 年和 2020 年桂林市公共交通站点服务面积如图 10.2 所示。公共交通站点的服务面积不断增加，覆盖了该市主要功能区的大部分人口，但也有一些人口密集区未被服务区覆盖。

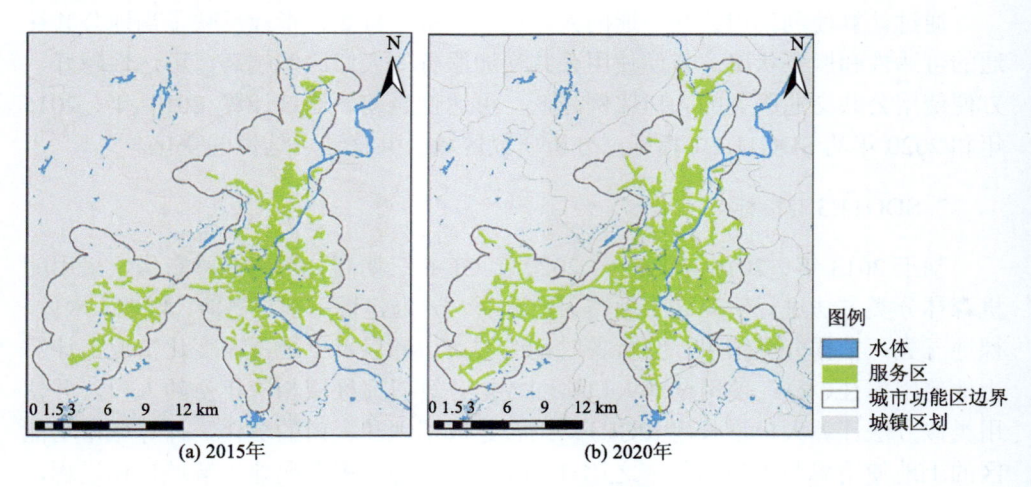

图 10.2　2015 年和 2020 年桂林市公共交通站点服务面积

图 10.3 显示了 2013~2020 年桂林市方便使用公共交通站点服务的人口数量和百分比变化。2013~2020 年，桂林市公共交通站点服务水平继续提高。方便使

用公共交通站点的总人口从 2013 年的 458861 人增加到 2015 年的 489379 人、2020 年的 573957 人。方便使用公共交通的人口百分比指标从 2013 年 42.08%增加到 2020 年的 52.31%。

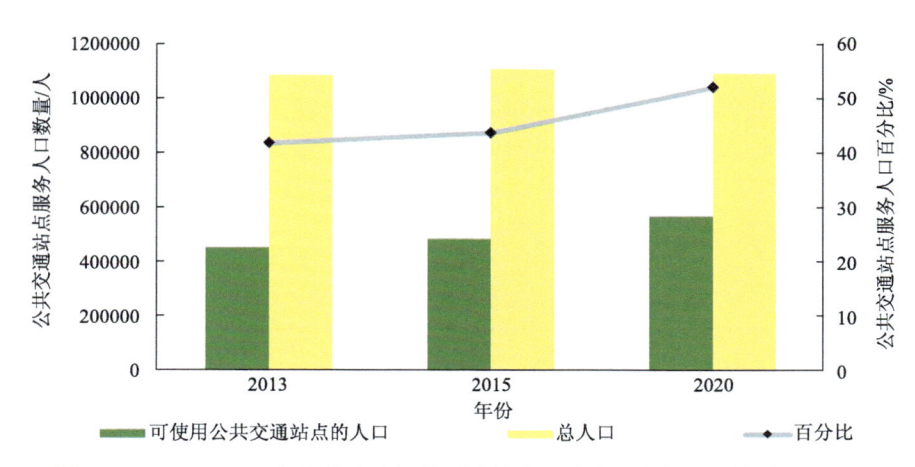

图 10.3　2013～2020 年桂林市方便使用公共交通站点服务的人口数量和百分比

本研究进一步在乡镇一级评估了 SDG11.2.1 指标的变化（图 10.4）。随着时间的推移，大多数城镇的指标呈现出逐渐改善的趋势。其中，象山、秀峰、七星和

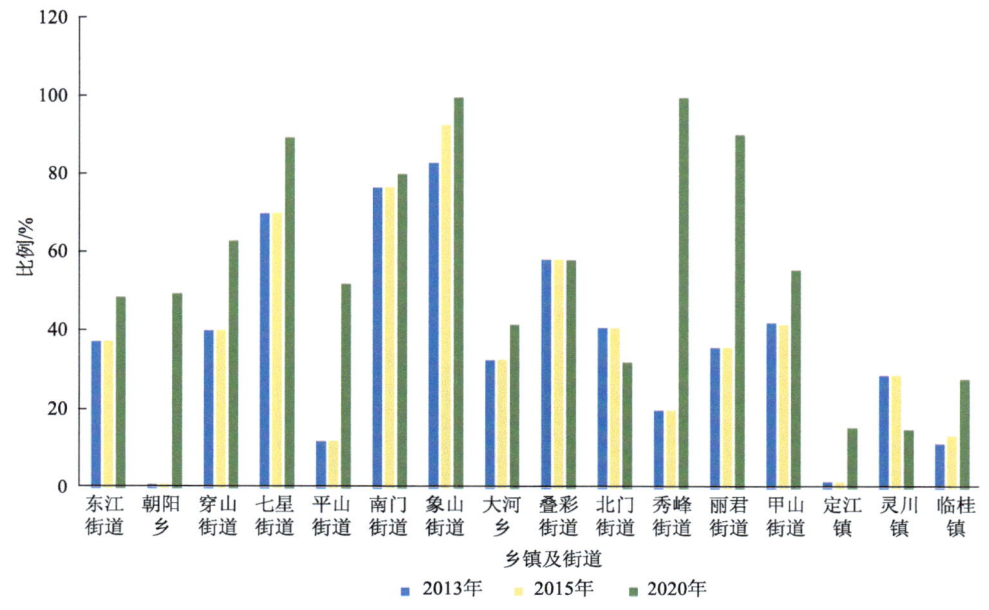

图 10.4　2013～2020 年桂林市各乡镇公共交通站点服务人口百分比

丽君的人口已完全由公共交通站点服务覆盖。然而，在定江、灵川和临桂等地，只有不到40%的人口能够使用便捷的公共交通。因此，这些地区的公共交通设施建设相对薄弱，需要加强公共交通基础设施投资，以改善这一状况。

基于地面真实样本，评估研究区土地利用分类结果的准确性。各时期分类结果的总体分类准确率和Kappa系数均高于90%。根据土地利用分类结果，在研究区域计算了LCR、PGR和LCRPGR指标以及相应的二级指标随时间的变化（表10.2）。结果表明，2013～2020年，桂林市的城市扩张和人口增长速度缺乏协调性，城市扩张速度快于人口增长速度，人均城市建成面积持续加速增长，表明研究区的城市增长模式呈现低密度蔓延趋势。

表10.2 2013～2020年桂林市SDG11.3.1指标

年份	LCR	PGR	人均土地消耗量百分比变化率/%	城市密度百分比变化率/%	LCRPGR
2013～2015	0.0525	0.0179	7.16	4.77	2.9343
2015～2020	0.0320	−0.0007	17.78	23.30	−45.7867

在乡镇层面的评估结果表明，2013～2015年，定江建设用地的扩张速度是人口增长速度的12倍以上，其次是大河、平山和穿山（图10.5）。2013～2015年，大量建设项目开工。然而，这些城镇几乎没有吸引多少人口流入。叠彩、秀峰、丽君、象山和南门出现人口减少的情况。2015～2020年，灵川、临桂和定江的建设用地扩张速度仍远高于人口增长速度，可能是由这些城镇新城区的规划和建设导致的。特别是2015年后，临桂新区建设用地增长速度大幅度加快。

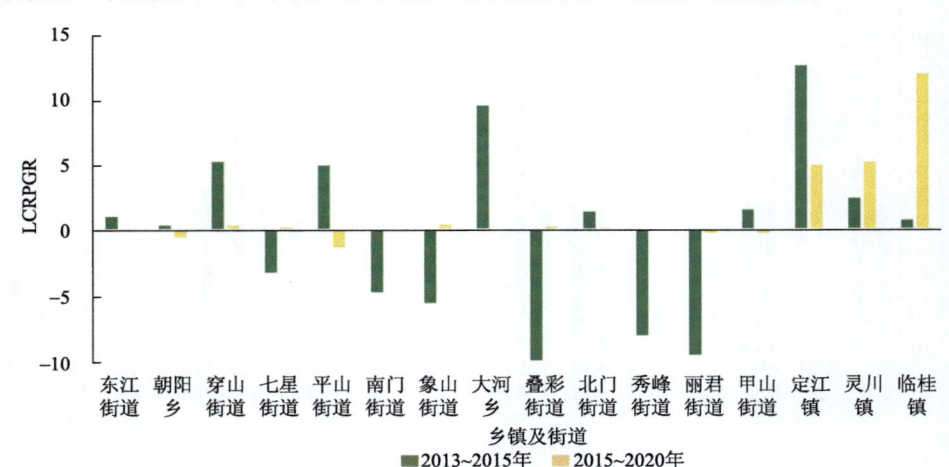

图10.5 2013～2020年桂林市各乡镇LCRPGR

2013~2015 年，LCPC 增长最快的地区是大河，达 24.72%（图 10.6）。定江、灵川、穿山和平山的 LCPC 继续增长，其他地区的 LCPC 正在下降。2015~2020 年，由于人口流失，甲山、丽君、秀峰和南门的 LCPC 急剧增加，而其余大多数乡镇的 LCPC 呈下降趋势。LCPC 的变化表明，在无序扩张的临桂、灵川和定江等乡镇土地利用效率持续下降。建设用地扩张速度远快于人口增长速度的城镇，应加强土地开发的规划和管理，以避免城市土地低密度扩张。

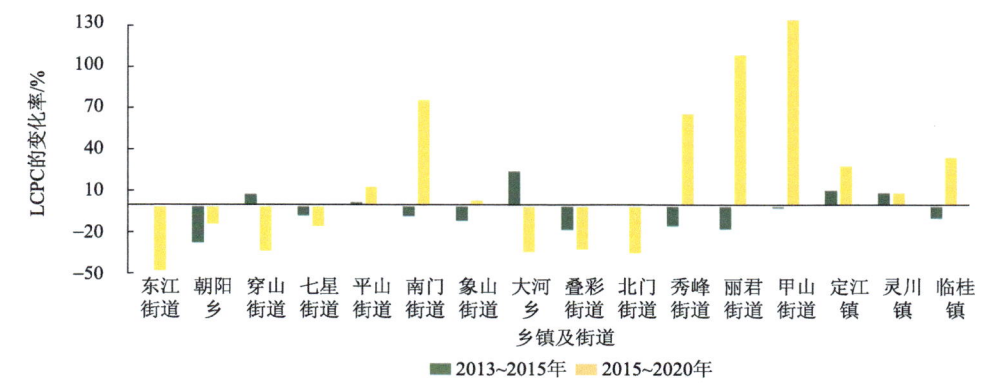

图 10.6　2013～2020 年桂林市各乡镇人均土地消耗量（LCPC）的变化

基于路网数据的估算结果表明，桂林市核心功能区街道面积为 16.18 km²。2013 年、2015 年和 2020 年，绿地面积分别为 155.92km²、102.50 km² 和 53.72 km²，呈下降趋势（图 10.7）。

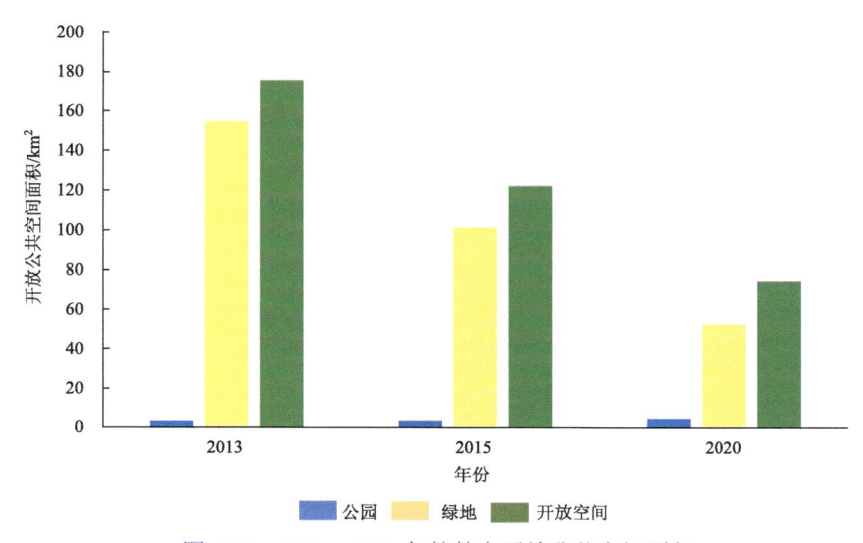

图 10.7　2013～2020 年桂林市开放公共空间面积

2013~2020年桂林市绿色开放空间及其400m服务区分布如图10.8所示。2013年、2015年和2020年，服务面积分别为151.34km²、96.09km²和81.76km²。2013年、2015年和2020年，桂林市可使用开放公共空间服务人口的比例分别为73.16%、64.02%和59.29%（表10.3）。

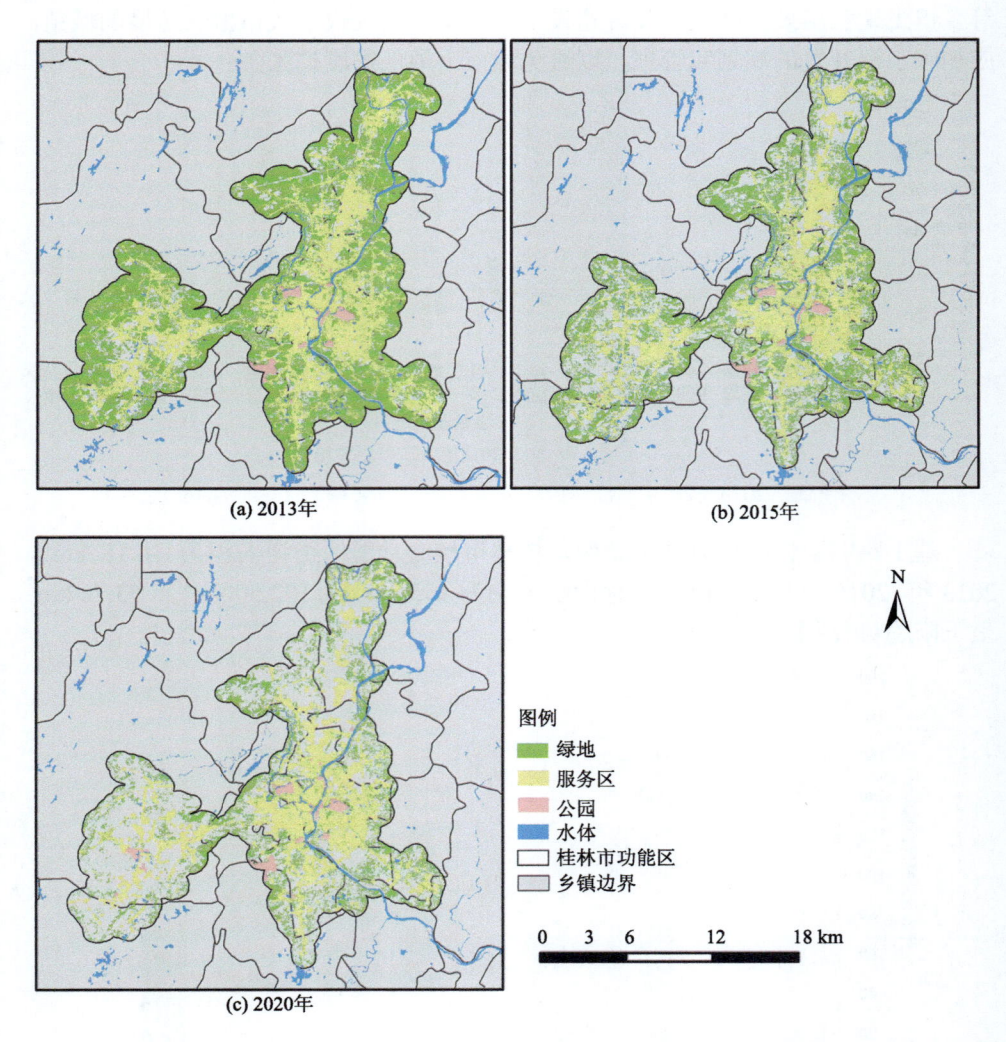

图10.8　2013~2020年桂林市绿色开放空间及其400m服务区分布

表 10.3 2013～2020 年桂林市可使用开放公共空间服务的人口

	2013 年	2015 年	2020 年
可使用公共开放空间服务的人口/人	817366	731600	664953
总人口/人	1117265	1142848	1121568
可使用公共开放空间服务的人口比例/%	73.16	64.02	59.29

图 10.9 显示了桂林市功能区各城镇绿色空间服务人口比例的变化。在乡镇一级，秀峰、象山、七星和南门的绿色空间服务人口占比较高，均高于 80%。特别是秀峰整个区域被开放公共空间服务区完全覆盖，所有居民都可以方便地使用城市绿地。然而，值得注意的是，大多数城镇的绿色空间服务人口比例随时间有所下降。其中，下降较快的是临桂，绿色空间服务人口比例从 50% 下降到 24%。2020 年，定江、临桂、灵川、大河、朝阳和甲山的绿色空间服务人口比例均低于 40%。随着绿地面积的减少，其服务面积也随着时间的推移而减少。绿色空间服务的人口数量也呈下降趋势，主要是由于城区大面积的绿色空间被改造为建设用地。2013～2020 年，城市功能区内的绿地面积不断下降，而城市公园的数量仅增加了 6 处，总面积为 1.24km^2，而且其中大部分分布在西部的新城区。因此，桂林市绿色空间的数量和面积无法满足市民的需求。

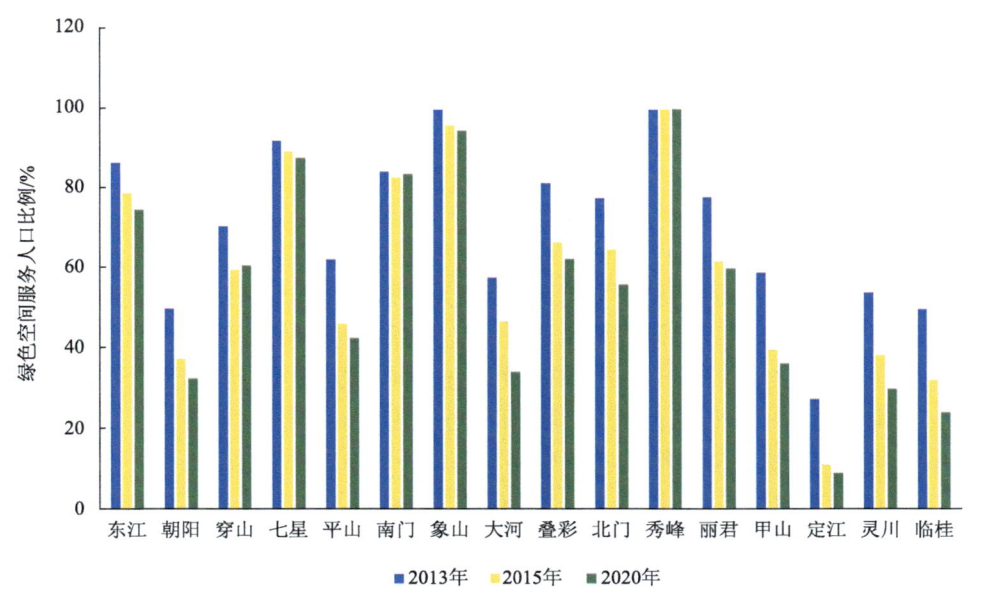

图 10.9 2013～2020 年桂林市各乡镇绿色空间服务人口比例

在 SDG11 指标定义的指导下，本研究对 2013~2020 年桂林市主城区的交通可达性、土地利用效率及城市开放公共空间的变化进行了评估。研究结果表明，2013~2020 年桂林市主城区公共交通可达性逐渐改善，SDG11.2.1 指标值由 2013 年 42.08%上升到 2020 年的 52.31%。建设用地面积扩张和人口增长不匹配，建设用地扩张速度快于人口增加的速度，人均建设用地面积不断增加。开放公共空间面积占比由 2013 年的 55.97%下降到 2015 年的 39.04%和 2020 年的 23.95%，服务人口占比由 73.16%下降到 64.02%和 59.29%。在乡镇尺度上，临桂、灵川和定江近年来快速建设的各项指标均处于全市最低水平，应加强公共交通设施建设，并控制建设用地的低密度蔓延，增加绿色空间的建设，提高服务人口的数量。以上结论不仅可以为桂林市国土空间规划提供决策依据，还可以为桂林市城市可持续建设提供有价值的信息。研究提出的基于地球大数据的 SDG11 多指标评估方法，可以推广应用到其他数据较难获取的发展中国家和地区，支持可持续城市的规划和管理实践。

本研究采用联合国人居署推荐标准，利用可开放获取的数据集，以桂林市核心功能区为研究区实现了可推广、可对比的 SDG11 的监测，并通过不同时间节点上数据结果的对比分析，为城市规划和建设提供了科学依据。然而，研究仍存在一定局限性。SDG11 各指标计算中已尽可能使用现有的最优数据，但在动态评估中发现这一指标仍有较大的提高空间，尤其是人口、路网等数据的质量极大地影响着评价结果。但由于路网数据量巨大，道路属性也不规律，获取高质量的路网数据十分不易。未来应研究和发展更为有效的方法和工具提高数据的精确性，进而生成更准确可靠的评估结果。

10.4 小　　结

SDGs 之间可能存在协同与权衡两类关系。推动 2030 年可持续发展议程的实现需要对 SDGs 和指标之间的关系进行系统分析，以支持政策制定者识别目标的优先顺序，建立合适的实现路径。通过加强 SDGs 协同与权衡的理论和方法体系研究，构建运行平台和综合模型，增加不同领域专家的合作，以地球大数据技术创新推动 SDGs 协同与权衡的实践应用，有助于 SDGs 的全面实现。

基于桂林市地球大数据的多个 SDG11 指标的综合监测评估案例的介绍，为 SDG11 指标体系的综合应用和补充完善提供了参考和借鉴。研究证实了联合国 SDG11 指标体系与地球大数据的应用在与城市可持续发展水平密切相关的城市交通、公共空间和人地关系方面评估的可用性和有效性。案例研究使用的数据如人口格网数据的可靠性和时空分辨率对指标评估结果有较大影响。未来SDGs的综合评估应用中，应加强遥感数据的共享和协同使用，生成高质量的数据和空间信息产品，不断提高SDG11指标评价的时空分辨率与准确性。

参 考 文 献

董金玮, 陈玉, 周岩, 等. 2021. 地球大数据支撑可持续发展目标协同与权衡研究：进展与展望. 中国科学院院刊, 36(8):950-962.

傅伯杰. 2020. 联合国可持续发展目标与地理科学的历史任务. 科技导报, 38(13)：19-24.

苗俊霞, 宋晓谕, 冯人和, 等. 2022. 欠发达山区可持续发展目标相互作用研究——以云南省临沧市为例. 地球科学进展, 37(9):949-962.

王红帅, 李善同. 2021. 可持续发展目标间关系类型分析. 中国人口·资源与环境, 31(9):154-160.

Cao M, Chang L, Ma S, et al. 2022. Multi-scenario simulation of land use for sustainable development goals. IEEE Journal of Selected Topics in Applied Earth Observations and Remote Sensing, 15: 2119-2127.

European Space Agency. 2018. Satellite earth observations in support of the sustainable development goals. Paris: ESA.

Fu B, Wang S, Zhang J Z, et al. 2019. Unravelling the complexity in achieving the 17 sustainable-development goals. National Science Review, 6: 386-388.

Fu B, Zhang J, Wang S, et al. 2020. Classification-coordination-collaboration: A systems approach for advancing sustainable development goals. National Science Review, 7(5)：838-840.

Group on Earth Observations. 2017. Earth observation in support of the 2030 agenda for sustainable development. Geneva: GEO.

Kavvada A, Metternicht G, Kerblat F, et al. 2020. Towards delivering on the sustainable development goals using earth observations. Remote Sensing of Environment, 247: 111930.

Pradhan P, Costa L, Rybski D, et al. 2017. A systematic study of sustainable development goal(SDG)interactions. Earth's Future, 5(11)：1169-1179.

Song W, Cao S, Du M, et al. 2023. Distinctive roles of land-use efficiency in sustainable development goals: An investigation of trade-offs and synergies in China. Journal of Cleaner Production, 382: 134889.

United Nations Environment Programme. 2021. Measuring progress: Environment and the SDGs. Nairobi: UNEP.

Wu X, Fu B, Wang S, et al.2022. Decoupling of SDGs followed by re-coupling as sustainable development progresses. Nature Sustainability 5: 452-459.

Zhou X, Moinuddin M, Li Y. 2017. SDG interlinkages and data visualisation Web tool. Hayama: IGES.

第 11 章

可持续发展科学卫星

11.1 引　　言

我国将研制和运行 SDGs 系列地球科学卫星，作为专门服务联合国 2030 年可持续发展议程的卫星星座，为 SDGs 的监测、评估和科学研究提供专属数据源。2021 年 9 月，在北京成立了全球首个以大数据服务联合国 2030 年可持续发展议程的国际科研机构——可持续发展大数据国际研究中心(CBAS)，可持续发展科学卫星 1 号(SDGSAT-1)是 CBAS 规划的首发星。卫星工程任务由中国科学院负责组织实施，中国科学院国家空间科学中心负责工程总体和地面支撑系统的研制建设，中国科学院微小卫星创新研究院负责卫星系统研制，卫星有效载荷由中国科学院上海技术物理研究所、中国科学院长春光学精密机械与物理研究所、中国科学院空天信息创新研究院共同研制，CBAS 为该卫星主用户方。卫星科学应用系统由中国科学院空天信息创新研究院研制，测控系统由中国西安卫星测控中心负责。

SDGSAT-1 的卫星轨道为太阳同步轨道，卫星上搭载了高分辨率宽幅热红外、微光及多谱段成像仪三种载荷，设计有"热红外+多谱段"、"热红外+微光"以及单载荷观测等普查观测模式，可实现全天时、多载荷协同观测。同时，该卫星拥有月球定标、黑体变温定标、发光二极管(LED)灯定标、一字飞行定标等星上和场地定标模式，保证了定量精确探测的需求。卫星的设计寿命为 3 年。SDGSAT-1 旨在通过探测人类活动与地球表层环境交互影响的地物参量，实现综合探测数据向 SDGs 应用信息的转化，研究与人类活动和自然环境密切相关的指标间的关联和耦合。卫星将充分利用空间观测对地表进行宏观、动态、大范围、多载荷昼夜协同探测的优势，研究人居格局(SDG2、SDG6)、城市化水平(SDG11)、能源消耗(SDG13)、近海生态(SDG14、SDG15)等以人类活动为主要因素引起的环境变化和演变规律，探索夜间微光条件下地表环境要素探测的新方法与新途径，服务 SDGs 相关领域的研究和应用。该卫星在轨运行后，其相关的数据产品将面向全球进行共享，为国际社会，特别是发展中国家，提供开展 SDGs 研究所需的数据支撑，为缩减全球可持续发展不平衡和区域间的数字鸿沟做出表率和贡献。

11.2 可持续发展科学卫星 1 号

11.2.1 SDGSAT-1 简介

2021 年 11 月 5 日 10 时 19 分，SDGSAT-1 在太原卫星发射中心用长征六号运载火箭发射升空，卫星顺利进入预定轨道，太阳帆板展开，姿态正常，发射任务取得圆满成功（图 11.1）。2021 年 12 月 20 日，SDGSAT-1 首批影像在北京正式发布，包括我国长江三角洲、山东半岛、西藏纳木错、新疆阿克苏、北京、上海及法国巴黎等多个地区和城市的微光、多谱段与热红外成像仪影像。2022 年 5 月 27 日，该卫星顺利通过在轨测试总结评审，进入试运行阶段。

图 11.1 可持续发展科学卫星 1 号（SDGSAT-1）于 2021 年 11 月 5 日成功发射

SDGSAT-1 轨道是圆形、近南北两极的太阳同步轨道，基准轨道高度为 505 km（变化范围为 500～510 km），倾角为 97.5°；卫星降交点地方时为上午 9:30，绕地球飞行一圈大约用时 90 min；每天绕地飞行 14～15 圈，地面目标重访周期约 11 天；卫星星下点的扫描宽度为 300 km；SDGSAT-1 星下点地面轨迹示意如

图 11.2 所示。除具备针对全球 SDGs 监测的普查观测模式外，SDGSAT-1 设置了应急观测模式，可以响应重大自然灾害应急机制，以及两极拓展观测模式，用于强化极地观测能力。在成像范围内，多谱段载荷在白天运行、夜晚关闭；微光载荷白天关闭、夜晚运行；热红外载荷可全天运行。

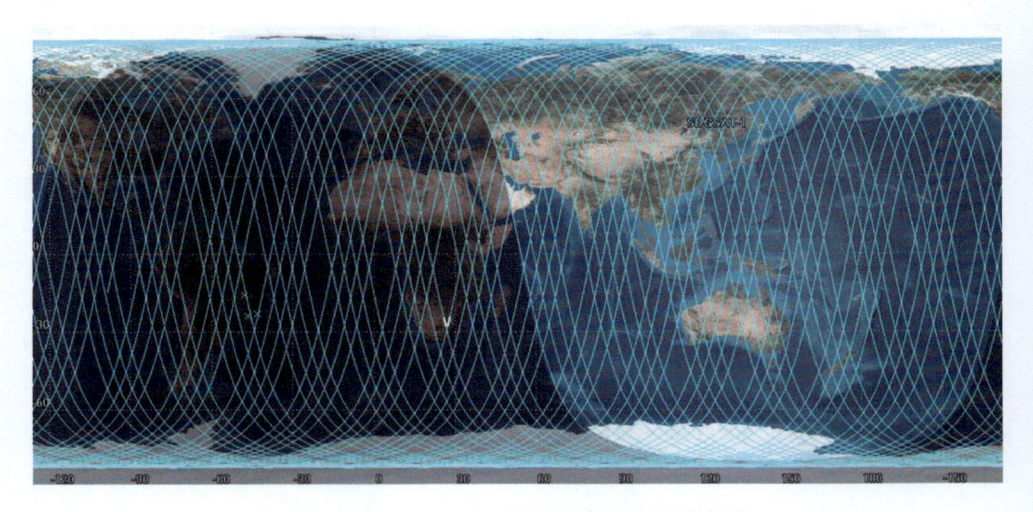

图 11.2　SDGSAT-1 星下点地面轨迹示意图

卫星执行正常观测任务的模式包括天底普查观测模式、侧摆目标观测模式和定标观测模式。天底普查观测模式是卫星的常规观测模式，沿星下点推扫观测陆地及海岸带，用于获取热红外、微光和多谱段探测数据。该模式下卫星采用天底指向实现观测，卫星有效载荷幅宽方向与卫星飞行方向垂直。

侧摆目标观测模式用于观测不在天底观测幅宽范围内的区域，或者在较短时间内按照星下点推扫模式无法获得、需要侧摆偏离星下点及时获得观测数据的目标区域，具体包括两种模式。

（1）极地目标观测模式：采用侧摆 60°方式观测极地地区。在 3/4 月至满月且月亮高度角大于 20°条件下，冬季观测北极，夏季观测南极。根据极夜冰雪探测需求，观测主要采用"热红外+微光"共同完成。

（2）热点目标观测模式：采用侧摆方式观测偏离星下点的目标，侧摆角度一般不超过±30°，分辨率下降不超过 1.5 倍。

有效载荷发射入轨后仪器会发生衰减，需要进行在轨标定。定标观测模式根据不同定标源主要分为一字飞行定标、黑体和冷空定标、场地定标和交叉定标等方式。

(1)一字飞行定标。在一字飞行定标模式下，卫星绕偏航角方向旋转 90°，使有效载荷数据记录阵列由垂直轨道方向变为沿轨道方向。通过此种方式飞过地球表面反射相对均匀的地物地区，可以帮助获得单个探测器定标系数，以提高像元间的一致性。

(2)黑体和冷空定标。此模式适用于热红外载荷，黑体定标(热目标标定)和冷空定标(冷目标标定)通过待定标系统旋转分别指向定标黑体和深空获得不同温度的定标数据，用于评估载荷的绝对辐射不确定性和探测增益变化与偏移，评价辐射稳定性。

(3)场地定标。场地定标能够实现对传感器真实工作状态的标定，且对大气传输和环境的影响做了考虑，卫星在轨运行期间需定期开展场地定标工作，以确保数据质量稳定、可靠。热红外、微光及多谱段载荷均需要场地定标。场地定标应考虑场地地表特征和大气特征等多个方面，常选择反射率较高、曲线平滑、地表均匀、空间一致性较好等的沙漠、戈壁、草原、湖泊、海洋、雪地等。

(4)交叉定标。交叉定标可以将获取的 SDGSAT-1 数据与国际上在轨卫星(如 Landsat-8、Sentinel-2、VIIRS 等卫星)的类似载荷进行数据比对。SDGSAT-1 与上述卫星轨道不同，需根据交汇机会进行定标。交叉定标卫星按天底指向，与进行交叉定标的卫星经过同一星下点地物，获得观测数据。根据卫星交汇机会，热红外、微光及多谱段载荷均可以开展交叉定标工作。

11.2.2 传感器简介

针对 SDGs 监测与评估的需求，SDGSAT-1 搭载了热红外、微光和多谱段成像仪三个载荷，相关技术指标如表 11.1 所示。

表 11.1 SDGSAT-1 卫星主要技术指标

类型	指标项	具体指标
轨道	轨道类型	太阳同步轨道
	轨道高度	505km
	轨道倾角	97.5°
热红外成像仪	成像幅宽	300km
	探测谱段	8.0~10.5μm
		10.3~11.3μm
		11.5~12.5μm
	像元分辨率	30m

续表

类型	指标项	具体指标
微光/多谱段成像仪	成像幅宽	300km
	微光载荷探测谱段	全色：450～900nm
		蓝：430～520nm
		绿：520～615nm
		红：615～690nm
	微光载荷像元分辨率	全色[低增益(PL)/高增益(PH)]10m，彩色(RGB) 40m
	多谱段载荷探测谱段	B1：380～420nm
		B2：420～460nm
		B3：460～520nm
		B4：520～600nm
		B5：630～690nm
		B6：765～805nm
		B7：805～900nm
	多谱段载荷像元分辨率	10m

热红外成像仪(thermal infrared spectrometer, TIS)为具有 3 个波段的新型设计，具备高空间分辨率(30m)和大幅宽(300 km)观测能力，同时具备高动态(220～340K)和高探测灵敏度(0.2K@300K)等特性，其性能指标如表 11.2 所示。

表 11.2　SDGSAT-1 热红外成像仪性能指标

项目	指标
噪声等效温差	0.2K@300K
动态范围	220～340K
静态/动态调制传递函数	≥0.17/0.1@30m 分辨率(星下点)
辐射定标精度	绝对：优于 1K@300K；相对：5%
量化位数	≥12bit
码速率	峰值≤230Mbps，平均≤70Mbps
定标	具备全视场黑体定标能力
扫描精度	优于 6″

热红外成像仪包括三个波段，每个波段均由四片电荷耦合器件(CCD)拼接组成。图 11.3 为热红外成像仪光谱响应函数。热红外成像仪的三个波段的等效中

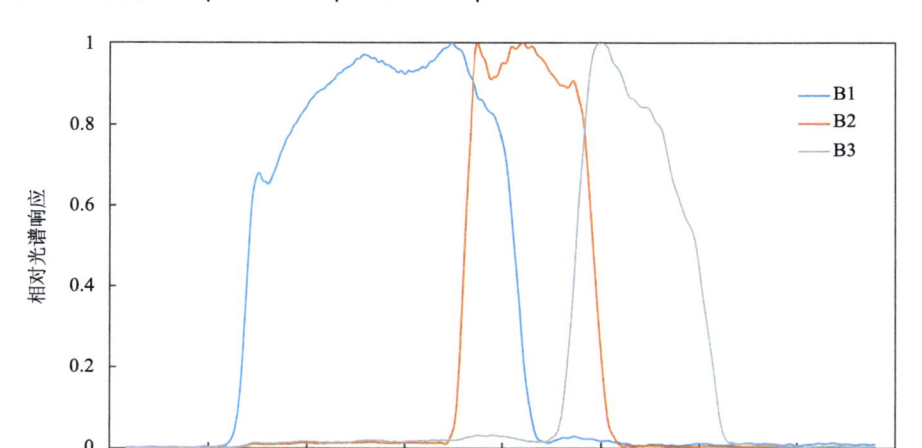

心波长分别为 9.35μm、10.73μm 和 11.72μm。

图 11.3 热红外成像仪光谱响应函数

热红外成像仪主要用于地表热辐射空间分布探测,在国内首次采用全光路低温光学系统设计,可在大动态范围下分辨出 0.2℃的温度差异,精细探测陆地表面与水体表面温度、农田精细水热动态变化、城市热能分布等,为研究作物长势、病虫害发生环境、能源消耗、地表温度变化提供基础数据,可服务 SDG2(零饥饿)、SDG7(经济适用的清洁能源)、SDG11(可持续城市和社区)和 SDG13(气候行动)等相关指标监测和评估。图 11.4 展示了新疆阿克苏地区热红外成像仪遥感卫星影像。图 11.4 中温度较高区域为橙色,温度较低区域为蓝紫色,影像上方为北部山区,山谷温度高呈红色,山脊温度低,呈浅黄色;影像下方为塔里木河及湖泊水库,夜间温度高于周边地区,呈蓝紫色;城镇居民区(阿克苏市和阿拉尔市)温度较高。

微光/多谱段成像仪采用共用多模共光路的创新设计,在保证数据观测一致性的同时,具有 10m 空间分辨率数据的获取能力。SDGSAT-1 微光/多谱段成像仪性能指标如表 11.3 所示。

微光成像仪(glimmer imager for urbanization, GIU)是国际首个彩色高分辨率微光探测载荷,全色波段空间分辨率为 10m,三个彩色波段空间分辨率为 40m,主要用于夜间不同等级城市与乡村灯光探测。图 11.5 展示了微光成像仪光谱响应函数。其中,P 代表全色波段,包括低增益(panchromatic low, PL)、高增益(panchromatic high, PH)和高低增益融合(high dynamic range,HDR)(地面系统对

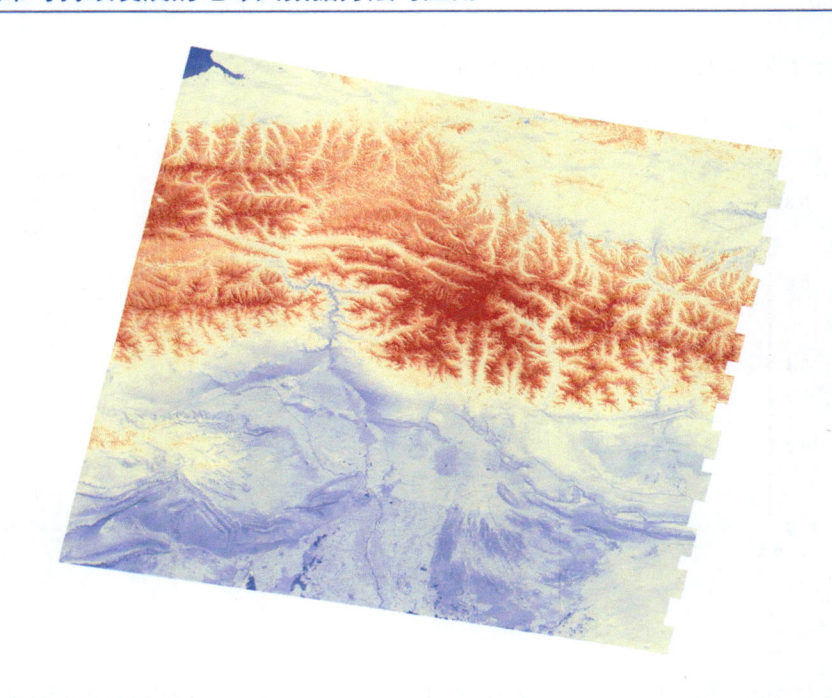

可持续发展科学卫星1号(SDGSAT-1)热红外成像仪
过境时间：2022年10月22日
空间分辨率：30m
波段：B2 (10.3~11.3 μm)

0 15 30   60 km

图11.4　新疆阿克苏地区热红外成像仪遥感卫星影像

表11.3　SDGSAT-1 微光/多谱段成像仪性能指标

项目		指标
微光传感器信噪比	城市主干路灯光	≥50[全色和彩色，1.0×10^{-2}W/(m²·sr)]
	城镇居住小区	≥10[全色和彩色，1.06×10^{-3}W/(m²·sr)]
	极地月光	≥10[全色，3×10^{-5}W/(m²·sr)]
同一场景动态范围		≥60ddB
多谱段传感器信噪比		B1≥130，B2~B6≥150(反射率0.3，太阳方位角≥30°)
静态/动态调制传递函数		≥0.23/0.10
辐射定标精度		相对辐射定标优于2%，绝对辐射定标优于5%
量化位数		≥12bit
码速率(不压缩)		≤400Mbps

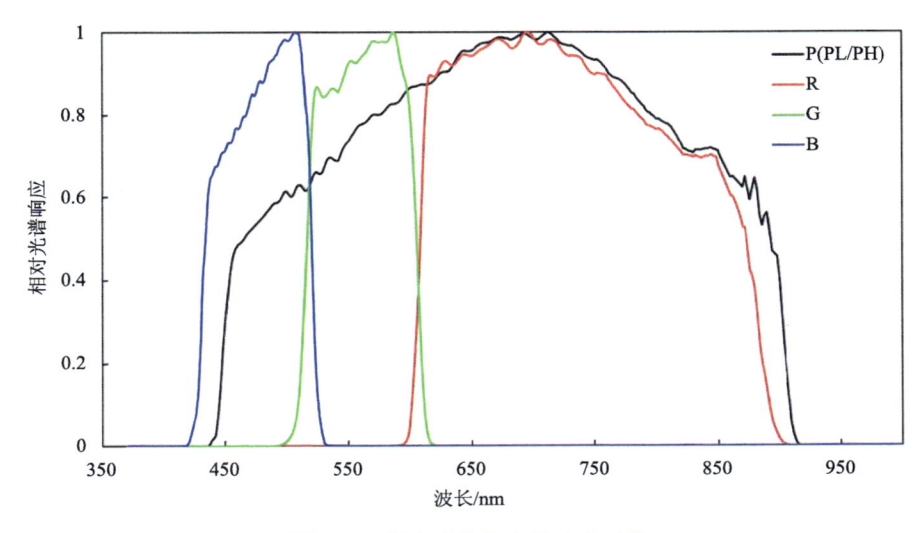

图 11.5 微光成像仪光谱响应函数

PL 和 PH 两种数据做各占 50%权重的数据融合)三种类型数据,波段的光谱响应函数与高增益和低增益状态无关,RGB 为彩色微光的三个波段。微光成像仪四个波段的等效中心波长分别为 680.72nm(P)、734.25nm(R)、561.20nm(G)和 478.87nm(B)。

通过探测夜间灯光的强度和分布,微光成像仪具有反映社会经济发展水平和人居格局的能力。利用其观测数据,结合经济、社会、人文等数据,可为 SDG11(可持续城市和社区)中的住房条件、人居环境、交通运输等,以及 SDG14(水下生物)中的海岸光污染、海上渔业捕捞、海洋油气开采等相关指标的监测、评估和科学研究提供服务。图 11.6 为北京市微光成像仪遥感卫星影像,该数据清晰地展示了北京市主城区及城市副中心的灯光现象。其中,主城区以黄色或橙色灯光(高压钠灯)为主,而城市副中心、亦庄经济开发区、大兴、房山、石景山和昌平的东部等新兴区域以绿色灯光(LED 灯)为主;标志性建筑鸟巢(橙色)、水立方(蓝紫色)、国家大剧院(蓝色+红色)、北京首都国际机场(黄色)等清晰可辨。该影像展现出北京市由城市中心到城市副中心以及郊区不同区域的夜间景象,也从侧面反映出各区不同的经济发展与生活质量水平的差异。

多谱段成像仪(multispectral imager for inshore, MII)设计有 7 个波段,其中深蓝 2 个波段,蓝、绿、红、红边、近红外各 1 个波段,各波段空间分辨率均为 10m,主要用于海岸带与近海环境探测。多谱段成像仪的每个波段均由 16 片互补金属氧化物半导体(complementary metal oxide semiconductor, CMOS)拼接组成。图 11.7 为多谱段成像仪光谱响应函数。7 个波段的等效中心波长分别为 400.63nm、

438.47nm、495.10nm、553.23nm、656.75nm、776.12nm 和 854.02nm。

可持续发展科学卫星1号(SDGSAT-1) 微光成像仪
过境时间：2022年4月15日
空间分辨率：40m
波段组合：3(R)2(G)1(B)

图 11.6　北京市微光成像仪遥感卫星影像

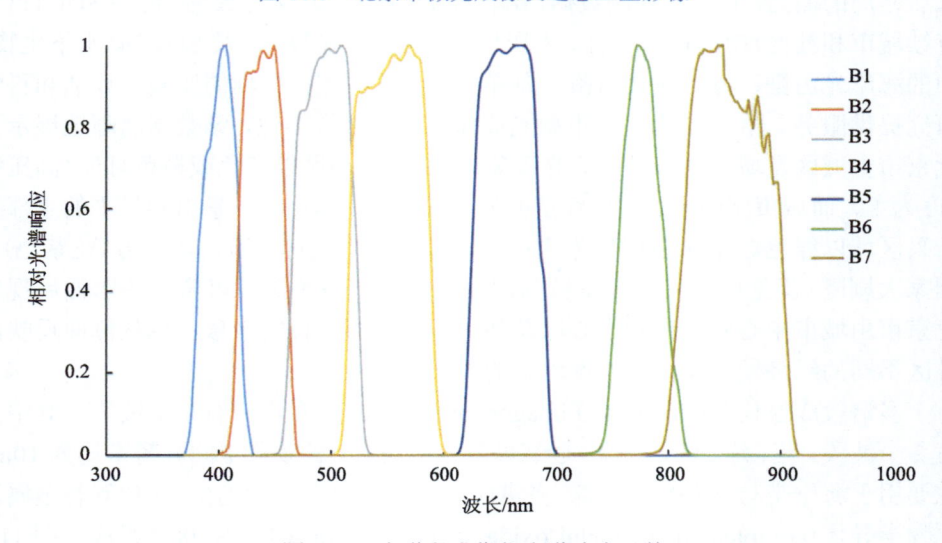

图 11.7　多谱段成像仪光谱响应函数

多谱段数据具有大幅宽、高信噪比等特点，其波段设置适用于各种浑浊水体的水色指数、透明度和悬浮物等的监测，可服务 SDG6（清洁饮水和卫生设施）和 SDG14（水下生物）中的水质监测、近海生态环境、滨海养殖和水生植物分布等相关指标的监测和评估。另外，多谱段数据还可用于开展冰川面积与变化、积雪消融状态、植被覆盖等信息提取及变化分析，为 SDG13（气候行动）和 SDG15（陆地生物）等相关指标的监测和评估提供数据服务。图 11.8 展示了北京市多谱段成像仪遥感卫星影像，图像左侧为山区，呈深棕色，中心为北京市主城区，呈绿色，右侧为北京市郊区，裸露土地呈黄色；北京首都国际机场、天安门广场等标志性建筑清晰可辨；城市周边河流呈现深绿色，水体清澈，流向明显。

可持续发展科学卫星1号(SDGSAT-1) 多谱段成像仪
过境时间：2022年4月1日
空间分辨率：10m
波段组合：5 (R) 4 (G) 3 (B)

图 11.8 北京市多谱段成像仪遥感卫星影像

11.2.3 数据产品介绍

SDGSAT-1 数据包括 1 级、2 级与 4 级数据产品，其中 1 级数据产品是在 0 级产品基础上进行相对辐射校正、波段配准、HDR 融合以及有理多项式系数（rational polynomial coefficient, RPC）等处理生成的标准产品；2 级数据产品是在 1

级数据产品基础上经过几何校正后的产品；4 级数据产品是在 1 级数据产品基础上利用地面控制点和数字高程模型进行正射校正并按格式规范输出的产品。目前，仅对用户开放 4 级数据产品。标准产品 ID 参数定义如表 11.4 所示。

表 11.4 标准产品 ID 参数定义

命名标识	长度/Byte	说明
卫星标识	4	SDGSAT-1 代号：KX10
有效载荷标识	3	MII：多谱段成像仪 TIS：热红外成像仪 GIU：微光成像仪 GPI：微光极地模式
成像日期	8	该景图像拍摄日期，格式为 YYYYMMDD
中心经度	6	E/Wxxx.xx
中心纬度	5	N/Sxx.xx
任务单编号	12	12 位数字，对应系统生产任务单号
产品级别	3	L4A:4 级产品

SDGSAT-1 4 级数据产品文件组织包括图像文件、绝对定标系数文件、产品元文件、产品浏览图和产品缩略图，各部分详细说明如下。

（1）图像文件。①热红外图像文件：由 3 个波段彩色合成的 GeoTIFF 格式图像文件，命名规则为产品 ID_L4A.tif。②多谱段图像文件：各相机的 7 个波段合成的 GeoTIFF 格式图像文件，命名规则为产品 ID_L4A_A.tif、产品 ID_L4A_B.tif。③微光图像文件：图像文件分别按照两个相机保存为全色和彩色共 4 个 GeoTIFF 格式的图像文件，其中全色图像包含 PH、PL 和 HDR 三种类型数据，彩色图像包含 R、G、B 三个波段，命名规则为产品 ID_L4A_相机名_LH.tif（全色图像）、产品 ID_L4A_相机名_RGB.tif（彩色图像），相机名分别为 A 和 B。

（2）绝对定标系数文件，产品 ID_L4A.calib.xml。

（3）产品元文件，产品 ID_L4A.meta.xml。

（4）产品浏览图，是对该景全分辨率图像降 16 倍采样后输出的 PNG 格式文件。①热红外浏览图：3 个波段的彩色合成图片，命名规则为产品 ID_L4A.browse.png。②多谱段浏览图：各相机的 B5（红）/B4（绿）/B3（蓝）三个波段彩色合成图，命名规则为产品 ID_L4A_A.browse.png、产品 ID_L4A_B.browse.png。③夜间微光浏览图：分别按照两个相机保存为全色和彩色共 4 个 PNG 格式的图像文件，命名规则为产品 ID_L4A_相机名_LH.browse.png（全色图像）、产品 ID_L4A_相机名_RGB.browse.png

（彩色图像），相机名分别为 A 和 B。

（5）产品缩略图，产品 ID_L4A_*.thumb.png，波段组合与产品浏览图保持一致，对浏览图降采样，形成 128×128 的 PNG 格式文件。

11.3 夜间灯光遥感数据

SDGSAT-1 搭载的微光成像仪(GIU)能够探测全球夜间灯光的强度和分布。卫星遥感获取的夜间灯光数据作为一种独特的数据源，不仅能够反映人类活动强度、城市空间和结构，而且与国民生产总值、贫困度、碳排放、电力消耗、城市人口等多个社会经济指标高度相关，在城市可持续发展相关领域得到了广泛应用（李德仁和李熙，2015）。本节对国际上现有的夜间灯光数据、预处理方法及在城市可持续发展领域的典型应用情况进行详细介绍。

11.3.1 数据简介

夜间灯光遥感始于 20 世纪 70 年代的美国国防气象卫星计划(DMSP)搭载的线性扫描业务系统(OLS)。该系统的设计原本用于捕捉夜间云层反射的微弱月光并获取夜间云层分布信息，后来科学家们意外发现该系统还能够有效地捕获地球城镇地表夜间发出的灯光，从此开启了夜间灯光遥感影像应用的时代（Elvidge et al., 1997, 1999; Imhoff et al., 1997）。目前，国际上最常用的夜光遥感数据包括稳定夜间灯光遥感数据(DMSP/OLS)和夜间灯光遥感数据(NPP-VIIRS)（余柏蒗等，2021）。表 11.5 列出了能够获取夜光灯光数据的遥感平台及其基本参数。

表 11.5 夜间灯光数据的遥感平台及其基本参数

遥感平台	开始生产数据时间	空间分辨率/m	时间分辨率	辐射分辨率	数据产品	光谱通道
DMSP/OLS	1992 年	~1000	1 年	6 bit	年合成稳定夜间灯光数据（1992~2013 年）辐射校正数据(个别年份)	全色 400~1100nm
SAC-C HSTC	2000 年 11 月	300	不规则	8 bit	原始数据	全色 450~850nm
国际空间站（ISS）宇航员照片	2003 年	5~200	不规则	8~14 bit	空间站宇航员照片	RGB
SAC-D HSTC	2011 年 6 月	200~300	不规则	100 bit	原始数据	全色 450~900nm

续表

遥感平台	开始生产数据时间	空间分辨率/m	时间分辨率	辐射分辨率	数据产品	光谱通道
NPP-VIIRS/DNB	2011年10月	~500 ~750	1年 1月 1天	14 bit	年合成数据(2015~2016年) 月合成数据(2012年4月至今) 逐日原始数据(2012年1月19日至今)	全色 505~890nm
EROS-B	2013年	0.7	可订制	10 bit	原始数据	全色 500~900nm
AeroCube 4	2014年	500	不规则	10 bit	原始数据	RGB
AeroCube 5	2015年	124	不规则	10 bit	原始数据	RGB
"吉林一号"03B	2017年1月	0.92	可订制	8 bit	原始数据	蓝色 410~500nm 绿色 500~580nm 红色 580~690nm
"吉林一号"04-08B	2018年1月	0.92	可订制	12 bit	原始数据	蓝色 460~520nm 绿色 510~580nm 红色 630~690nm
"珞珈一号" 01	2018年6月	~130	15天	15 bit	原始数据	全色 460~980nm
CUMULOS	2018年	150	不规则	14 bit	原始数据	全色 900~1700nm
SDGSAT-1	2021年	10/40	不规则	16 bit	原始数据	全色 450~900nm 蓝色 430~520nm 绿色 520~615nm 红色 615~690nm

1. DMSP/OLS

不同于 Landsat TM、SPOT HRV 和 NOAA AVHRR 等主要利用地物反射辐射特征进行地表监测的传感器，DMSP/OLS 传感器具有独特的低光成像能力，能够探测到全球地表在夜间可见光—近红外波段的发射辐射，如城市灯光，甚至能探测到居民地、车流等发出的低强度灯光，而且每天都能获取夜间的成像数据。美国国家海洋和大气管理局(NOAA)发布了 1992~2013 年的年度合成无云夜间灯光数据[①]，该产品主要包括 6 个不同的卫星传感器(F10、F12、F14、F15、F16、F18)1992~2013 年共 22 年 34 期年度合成影像数据集(表 11.6)，是目前可用于人

---

① https://www.ngdc.noaa.gov/eog/dmsp/downloadV4composites.html。

类活动分析的夜间遥感最长数据系列,也是应用最广泛的夜间灯光遥感数据之一。该数据的空间参考系为WGS84坐标系,获取幅宽为3000km,空间分辨率为30″(在赤道附近约为1km,40°N处约为0.8km),影像的覆盖范围为180°W～180°E,65°S～75°N,基本覆盖了全球人类活动的所有区域。影像像元的灰度值代表平均灯光强度,其范围在0～63,像元灰度值越大,代表该区域灯光强度值越大。灰度值为0的区域是无灯光区域。每期的DMSP/OLS夜间灯光影像包括三种全年平均影像:①无云观测频数影像;②平均灯光影像;③稳定灯光影像。其中,稳定灯光影像是标定夜间平均灯光强度的年度栅格影像,夜光(nighttime light, NTL)数据包括捕捉城市、城镇和其他地点的灯光,且去除了月光、云、火光以及偶然噪声(如野火和车辆)的影响。

表 11.6 不同卫星的 DMSP/OLS 夜间灯光数据集的时间及其编号

年份	F10	F12	F14	F15	F16	F18
1992	F101992	—	—	—	—	—
1993	F101993	—	—	—	—	—
1994	F101994	F121994	—	—	—	—
1995	—	F121995	—	—	—	—
1996	—	F121996	—	—	—	—
1997	—	F121997	F141997	—	—	—
1998	—	F121998	F141998	—	—	—
1999	—	F121999	F141999	—	—	—
2000	—	—	F142000	F152000	—	—
2001	—	—	F142001	F152001	—	—
2002	—	—	F142002	F152002	—	—
2003	—	—	F142003	F152003	—	—
2004	—	—	—	F152004	F162004	—
2005	—	—	—	F152005	F162005	—
2006	—	—	—	F152006	F162006	—
2007	—	—	—	F152007	F162007	—
2008	—	—	—	—	F162008	—
2009	—	—	—	—	F162009	—
2010	—	—	—	—	—	F182010
2011	—	—	—	—	—	F182011
2012	—	—	—	—	—	F182012
2013	—	—	—	—	—	F182013

DMSP/OLS 夜间灯光数据是获得普遍认可的全球卫星数据产品之一，已广泛地应用于各领域的科学研究。然而，DMSP/OLS 数据也存在一定的缺陷，包括空间分辨率较低，强光过度饱和，缺乏在轨辐射定标，不同卫星之间及不同年份间的数据不具有可比性，灯光边缘区存在溢出效应，缺少适合识别光源热源的光谱通道，缺少适合识别照明类型的低光成像光谱波段等。

2. NPP-VIIRS

2012 年，美国国家极轨业务环境卫星系统(NPP)搭载的可见光红外成像辐射仪(VIIRS)提供了新一代夜间灯光遥感数据。相较于 DMSP/OLS 数据，该数据在空间、时间和辐射分辨率等方面得到了提升（Baugh et al., 2013; Shi et al., 2014）。NPP-VIIRS 的日夜波段(day/night band，DNB)为全色波段，空间分辨率约为 750 m，主要用于探测夜间灯光强度。DNB 的光谱分辨率较 DMSP/OLS 更高，且进行了在轨辐射定标，因此数据在不同时相间具有更好的可比性。但是，其探测灵敏性更高，往往会捕捉到冰雪、戈壁等反射光，导致数据中存在大量的背景噪声和异常值，需进行数据预处理(Shi et al., 2014; Yu et al., 2018)。目前，NPP-VIIRS 夜间灯光遥感数据提供逐日原始数据、月合成数据(2012 年 4 月至今)和部分年份(2015 年、2016 年)的年合成数据。

3. "吉林一号"

"吉林一号"视频 3 星(JL1-3B)是由长光卫星技术股份有限公司自主研制、发射和运营的商业卫星，于 2017 年 1 月 9 日成功发射。JL1-3B 位于太阳同步轨道，高度 535km，同时具有视频成像、推扫成像和夜间灯光成像三种成像方式。其在夜光模式可以机动灵活地获取夜间灯光遥感数据，支持单次成像过程中多次机动，一次成像基本可以覆盖一个中型城市的空间范围。与 DMSP/OLS、NPP-VIIRS 夜间灯光遥感数据相比，JL1-3B 夜间灯光遥感数据的优势在于具有较高的空间分辨率(0.92 m)，而且具有红(580～723 nm)、绿(489～585 nm)、蓝(437～512 nm) 3 个可见光波段（Cheng et al., 2020）。该数据较高的空间分辨率为精细化经济调查、灾情及灾后重建评估、社会发展等研究提供了基础数据。

4. "珞珈一号"

2018 年 6 月 2 日，武汉大学主导发射的"珞珈一号"科学实验卫星 01 星(LJ-01)搭乘长征二号丁运载火箭，由酒泉卫星发射中心准确进入预定轨道。LJ-01 是全球首颗专业夜间灯光遥感卫星，整星约为 20kg，携带的大视场高灵敏夜光遥感相机，具备 130m 分辨率、260km 幅宽的夜光成像能力（Zhang et al., 2018; Wang et al.,

2020)。在理想情况下，LJ-01 15 天即可完成覆盖全球的夜间灯光遥感数据的采集。

5. 其他夜间灯光数据

国际空间站(ISS)宇航员手持相机拍摄的地球夜间灯光影像数据集，能够快速响应自然灾害等动态事件（Levin and Duke, 2012; Kyba et al., 2015）。此外，以色列 EROS-B 卫星可生产高分辨率(0.7 m)的夜间灯光遥感影像。自 2012 年起，美国航空航天公司的 AeroCube4、AeroCube5 等小型立方体卫星(CubeSat)也开始获取地表的夜间灯光影像，这些小卫星的成本较低且获取数据比较灵活，可以对感兴趣区域进行重点观测(Pack et al., 2016)。随后，NASA 主导研究的立方体卫星系统 CUMULOS(Ardila and Pack, 2016)也可以观察夜间地球发生的人类活动和自然现象。这些立方体卫星虽然有着较高的分辨率和灵活性，但针对大范围的监测其能力明显不足，而且在轨运行的时间都相对较短，目前主要用于验证传感器性能以及执行临时任务等。

11.3.2 数据预处理

1. 时序校正

1）DMSP/OLS 夜间灯光影像校正

夜间灯光遥感数据在时间序列上的一致性是使用夜间灯光遥感监测国家和地区经济发展的重要前提。DMSP/OLS 夜间灯光影像数据集包括由多个 DMSP 卫星传感器获取的 1992~2012 年共 33 期影像，其中存在由不同传感器获取的同一年度的影像。因为卫星传感器在获取地表数据的过程中受到多种因素的影响(如大气层的吸收和散射、太阳高度角、地形起伏度、传感器校准等)，该数据集不同传感器获取的同一年度的影像之间存在差异。同时，不同的 OLS 传感器在获取影像时并没有进行星上辐射校正，造成同一个卫星传感器获取的连续不同年度的影像间相同位置的像元 DN 值[①]之间存在异常波动。长时间序列的 DMSP/OLS 夜间灯光影像数据集存在的这些问题，导致多传感器获取的不同年度的影像间没有连续性。因此，该数据集在开展长时间尺度的应用研究时，必须进行相互校正。

Elvidge 等(2009)提出了一种不变目标区域法，应用于全球范围的 DMSP/OLS 夜间灯光影像数据的相互校正。选择意大利西西里岛作为不变目标区域，F121999 的夜间灯光频数影像作为参考影像，再用其他的夜间灯光频数影像分别对参考影像做回归分析，得到相对应的二次校正方程。不变目标区域法能够进行长时间序

---

① DN 值指遥感影像像元亮度值。

列的影像间相互校正，增强影像的一致性。该方法主要包括以下步骤：首先，在 1992～2013 年的 DMSP/OLS 影像中选择夜间灯光相对不变区域作为不变目标区；其次，选择校正的基准年份影像，建立基准年份影像与每期待校正影像在不变目标区域的回归关系；最后，运用得到的回归方程对待校正影像进行计算，进而对长时间序列的夜间灯光影像数据集进行影像间的相互校正。

影像校正的关键是选择合适的参考影像用于夜间灯光影像的相互校正。参考影像的选择可以依据以下三点：①该期影像存在饱和像元，以期减弱城市中心像元饱和造成的影响；②影像 DN 值分布于 0～63，确保校正像素具有完整的值域范围；③参考影像与其他待校正影像间的差异较小，从而在确定不变目标区域的基础上最大可能地减弱数据的异常波动，增强数据的连续性。在选择校正参考影像后，分别用一元一次式、一元二次式和对数函数对每期待校正影像与参考影像进行线性拟合。比较不同方法的拟合相关系数 R^2，选择拟合系数最高的方法，利用参考影像对待校正影像进行拟合，实现 DMSP/OLS 数据集的影像间相互校正。

2）DMSP/OLS 与 NIIRS-VIIRS 影像相互校正

DMSP/OLS 夜间灯光影像是非辐射定标的稳定灯光影像，其像元 DN 值是未经过星上的辐射定标的相对亮度辐射值，且时间覆盖范围为 1992～2013 年。NPP-VIIRS 影像像元 DN 值是经过辐射定标后的值，单位为 nW/(cm^2·sr)，时间覆盖范围为 2012 年至今。由于这两种数据在长时间序列上不具有一致性和可比性，难以直接应用于多源夜间灯光影像集的相关研究，需要首先对 DMSP/OLS 与 NPP-VIIRS 两种数据源进行相互校正。

通过建立 2013 年 DMSP/OLS 与 NPP-VIIRS 两种数据源的回归关系，再利用所建立的回归方程对 2014 年至今的 NIIRS-VIIRS 数据进行校正。根据拟合结果，比较一元二次方程、幂指数和对数回归的相关系数，并对比分析校正前后的数据，选择合适的模型进行 DMSP/OLS 与 NIIRS-VIIRS 两种数据源的相互校正。除了对数函数之外，地理加权回归(Zheng et al., 2019)、Sigmoid 函数(Zhao et al., 2020)以及双相剂量效应(Biphasic Dose Response)模型(Ma et al., 2020)同样被应用于夜间灯光遥感数据校正。Li 等(2020)提出了采用夜间灯光数据核密度匹配的方法，将 NPP-VIIRS 夜间灯光遥感数据转换成类似于 DMSP/OLS 夜间灯光遥感数据，并结合基于逐步校正法得到的 DMSP/OLS 夜间灯光遥感数据，得到了 1992～2018 年的准 DMSP/OLS 夜间灯光遥感数据集。已有方法大多是以降低 NPP-VIIRS 夜间灯光遥感数据质量为代价，将 NPP-VIIRS 夜间灯光遥感数据转换成类似于 DMSP/OLS 夜间灯光遥感数据，并与原有 DMSP/OLS 夜间灯光数据组合形成长时序夜间灯光数据集。然而，为了能够更好地利用夜间灯光遥感数据开展城市间题研究，不仅要求要有长时序的夜间灯光遥感数据集，还要求该数据集能够具备更佳的数据质量，如空间分辨率更高、辐射分辨率更精细等。未来研究可以关注如何构建类似于 NPP-VIIRS 夜间灯光遥感数据的高质量长时序夜间灯光遥感数据集。

2. 过饱和去除

由于 OLS 传感器本身的缺陷，在灯光强度较高的城市中心区，夜间灯光数据容易出现饱和现象，即 DN 值增大到一定程度后，不再随着地面灯光强度的增加而继续增大。灯光饱和问题不仅降低了夜间灯光数据在城市中心区的 DN 值，而且掩盖了饱和区内部实际存在的灯光强度差异，进而不可避免地影响到基于灯光强度的人口、经济等指标估算模型的精度。因此，如何消除、缓解饱和问题，成为近年来夜间灯光数据研究的热点之一。

考虑到植被与人类活动具有负相关的趋势，即城市中心区人类非农活动强度高，植被覆盖一般相应较少，而在乡村人类非农活动强度较低，植被覆盖较多 (Weng et al., 2004)，Zhang 等(2013)提出了基于 NDVI 修正灯光饱和的城市灯光指标植被调节灯光城市指数(vegetation adjusted NTL urban index, VANUI)。VANUI 易于计算，在历史悠久、发展速度较为平缓、发展模式较为稳定的城市区域(如旧金山、纽约、开普敦、东京等)，可以较好地凸显城市中心区灯光强度的空间差异，成为减轻灯光强度饱和的较为常用的一种方法。但该方法也存在一些不足，如将 VANUI 应用于城市化进程较快的城市时，饱和区内灯光强度的空间差异表现得不够明显，主要由于在这些城市的潜在饱和区内，植被覆盖的差异不显著，因此简单的 VANUI 无法对灯光值进行较好的调整。考虑到增强植被指数 (EVI)可以减弱土壤背景、大气等对植被指数的影响，克服 NDVI 易饱和的缺点，有研究提出基于增强植被指数等辅助数据，对夜间灯光饱和进行修正(卓莉等，2015)。

11.3.3 城市可持续发展应用

1. 城市化进程制图

及时可靠的城市地区范围的信息对于可持续城市发展和管理至关重要。DMSP/OLS、NPP-VIIRS 等夜间灯光数据被广泛应用于从城市到全球尺度的城市用地范围及变化研究，并提出了阈值法、自适应阈值法、机器学习方法、综合指数法等多种城市区域提取方法。其中，阈值法假设夜间灯光亮度越大的区域为城市区域的可能性越大，是大范围长时序城市区域提取最直接有效的方法。虽然较大的阈值可能有利于划定大城市,但往往会忽视小城镇,而较小的阈值可能保留了小城镇,但往往导致大城市范围的高估。城区划分的最优阈值往往随时间和空间变化,需要建立一个动态阈值方案,进行大规模动态的城市范围制图。另有研究利用支持向量机、分类回归树、卷积神经网络及随机森林等机器学习算法,根据先验知识选择城市区域和非城市区域参考样本,通过模型训练识别并提取城市区域范围。有学者将夜间灯光数据和 MODIS、Landsat 数据相结合,提出增强型城市建筑指数、不透水层指数等,通过设定阈值提取城市建设用地或不透水层范围。

除城市范围外,夜间灯光数据还被应用于城市内部要素和结构的提取。夜间灯光亮度变化可以反映人类活动强度的变化,包括人类活动的均衡性和差异性,进一步反映城市的空间和等级结构,能够对当前城市总体规划执行状况进行评估。已有研究将夜间灯光遥感数据与兴趣点、社交媒体和路网等多源数据融合,进行城市中心的识别。"吉林一号"等高分辨率夜间灯光遥感影像的光谱和形态特征,能够用于提取路灯位置并区分高压钠灯和 LED 灯不同照明类型。

2. 社会经济指标估算

社会经济指标是衡量一个国家和地区社会经济发展状况的综合、定量的描述。诸多研究表明,夜间灯光遥感数据与国民生产总值、贫困度、碳排放、电力消耗、城市人口、住房空置率、货运总量等多个社会经济指标具有较强的相关性。传统的统计数据存在统计口径不一致、数据缺失、更新频率低等问题。夜间灯光影像作为城市社会经济指标空间化分布估计的数据源,为城市社会经济活动的精细化评估提供了可能。

DMSP/OLS 稳定夜间灯光数据被广泛应用于人口估算和空间化分析。早在 1997 年,就有研究建立了 DMSP/OLS 数据与人口密度之间的定量关系。国内学者也利用 DMSP/OLS 夜间灯光遥感数据估算了我国不同空间尺度下的人口分布状况。基于夜间灯光数据,已有研究从国家尺度、省市尺度、格网尺度等不同空间尺度对 GDP 进行了估算。夜间灯光影像的信号主要来源于电灯等设备发射和反射的电磁波,因此能够一定程度上反映一个地区的能源和电力消耗。已有多个研究结合夜间灯光遥感数据和人口密度、交通网络等辅助数据,开展了不同空间范围和尺度下的能源消耗相关碳排放的估算。夜间灯光遥感数据在国家尺度、省市尺度和区县尺度下进行社会经济指标估算能获得较为理想的精度。在格网尺度下,大部分指标的估算精度有所降低。由于缺少合适的验证数据,往往需要将估算结果汇总至行政区划内再进行精度验证,使得精度验证结果存在不确定性。在指标估算方法上,格网尺度的指标估算大多需要融合其他数据源,以弥补夜间灯光遥感数据中低空间分辨率所带来的不足。

3. 其他应用

传统的灾情统计主要通过调查人员进行勘查统计，工作量大、周期长、危险系数高，而夜间灯光遥感时效性强、覆盖范围广、重返周期短，夜间灯光的变化能够在一定程度上反映自然灾害对城市造成的影响。基于 NPP-VIIRS DNB 数据识别灾害前后灯光的显著变化，获取受影响面积，并对受灾人口定量评估，判定受灾严重程度。Gillespie 等(2014)分析了 2004 年印度洋海啸后当地社区的 DMSP/OLS 夜间灯光亮度、受影响区域以及入户调查的社会经济指标，发现受海啸影响，2005 年当地社区尺度的灯光亮度值显著下降，直到 2006 年才逐步恢复正常，夜间灯光亮度与人均消费、能源和食品支出之间存在显著相关关系。夜间灯光数据还被应用在 $PM_{2.5}$ 浓度估算、光污染分布、高温热浪风险评估、人为热排放估算等多个与城市环境相关的领域。已有研究基于 NPP-VIIRS 月合成数据及地面 $PM_{2.5}$ 监测数据，证实了利用夜间灯光遥感数据反演夜间 $PM_{2.5}$ 浓度的能力。基于多源数据，使用地理加权回归模型对京津冀地区的 $PM_{2.5}$ 浓度进行估算，发现应用 LJ-01 的夜间灯光信息可以提高 $PM_{2.5}$ 预测模型的性能。

夜间灯光数据也被应用于乳腺癌发病率估算、高温热浪人群健康风险分析等与人类健康密切相关的议题。基于 NPP-VIIRS 夜间灯光月度合成数据，量化全球范围内光污染水平，研究结果表明，全球有 80%以上的人口暴露在受光污染影响的环境中。Bauer(2013)等分析了美国佐治亚州 2005~2009 年乳腺癌发病率的空间分布，发现 DMSP/OLS 夜间灯光强度与乳腺癌总体发病率显著相关。Hu 等(2017)融合 DMSP/OLS 夜间灯光遥感数据与多源空间数据，对高温人口暴露进行空间化分析，探究高温热浪人群健康风险的空间格局。

11.4 夜间灯光遥感电力消费估算

城市化通常伴随着城市扩张、人口增长和经济发展，极大地增加了能源消耗和二氧化碳排放。据联合国环境规划署报告，城市能源消耗超过全球能源供应的 70%，并且排放量占全球温室气体的 40%~50%。城市能源消耗已成为世界范围内的一个重要问题，近年来引起了学者和政府的极大关注。电力消耗(electric power consumption,EPC)作为能源消费的一个重要组成部分，指特定地区的工业、居民和企业在一定时期内使用的电力，与人类活动的各个方面有关，在支持社会经济发展和人类生活方面发挥着重要作用。尽管 EPC 的增加在支持经济活动方面发挥了重要作用，但由于其与温室气体排放存在长期关联，EPC 通常是碳排放的主要来源之一，而碳排放是推动和加速全球变暖的重要因素。第二次世界大战后，世界进入了工业化和城市化的快速发展阶段。全球 EPC 从 1971 年的 45120 亿 kW·h，大幅度增加到 2012 年的 217250 亿 kW·h，增幅约为四倍。这种快速增长不仅与世界能源市场和全球可持续发展密切相关，而且影响全球气候的长期稳定。由于城市地区通常商业繁荣、人口密集和工业发达，EPC 主要集中在这些地区。为了适应和缓解气候变化，如何提高能源效率并减少城市地区的人均碳排放，成为一个迫切需要解决的问题。电力部门的脱碳可以在国家范围内的碳减排和气候变化缓解行动中发挥重要作用。未来的预测表明，在电力部门部署低碳技术可以为印度等发展中国家的减排做出巨大贡献。因此，EPC 及其时空变化的信息，对于提高能源效率和减少碳排放非常重要。

EPC 数据通常以行政单位统计，而在许多发展中国家无法获得此类统计数据。DMSP/OLS 夜间灯光数据已应用于包括人口、国内生产总值和电力消耗等多个社会经济变量的估算。据 Elvidge 等 (1997) 报告，DMSP/OLS 影像检测到的照明区域与 EPC 高度相关，并提出 DMSP/OLS 数据在 EPC 建模中的潜在应用。Lo (2002) 证明了中国省会城市的 DMSP/OLS 数据和 EPC 统计数据之间的关系。Amaral 等 (2005) 发现在巴西城市住区公共和商业照明的 EPC 与 DMSP 图像的照明面积之间存在线性关系。Chand 等 (2009) 报告了印度 EPC 增加与夜间灯光数量增加之间的相关性。通过比较 DMSP/OLS 夜间灯光影像与地面电气基础设施和电力使用数据，有研究进一步证实了夜间灯光影像与城市和农村地区电气化之间的密切关系。

目前，国内外学者已开发了多种数学模型，用于不同空间尺度上基于夜间灯光影像估算和监测电力消耗量（表 11.7）。Letu (2010) 等利用校正后的 NTL 影像的累积 DN 值与 EPC 之间的线性相关性估算了日本、印度和中国等亚洲国家的能源消耗。Zhao 等 (2012) 在 1995 年、2000 年和 2005 年使用由年度 NTL 综合照明面积确定的城市人口建立了中国 EPC 估算图。Cao (2014) 等建立了一个线性模型，以 DMSP/OLS 强度和人口数据为自变量绘制中国的年度 EPC。He 和 Huang (2014) 使用饱和校正 NTL 影像的累积 DN 值与省级统计 EPC 之间的线性回归模型，对 2000~2008 年中国大陆每年的 EPC 进行逐像元估算。Xie 和 Weng (2016) 将线性回归模型进一步应用于增强植被指数和人口调整 NTL 数据，以评估 2000~2012 年中国城市核心区和郊区用电量的时空动态。近年的全球 EPC 制图研究分析了大尺度下能源消耗的时空变化。Shi 等 (2016) 将全球细分为 48 个区域，并对每个区域建立线性回归模型，以 1km 分辨率绘制全球 EPC。Hu 和 Huang (2019) 将夜间灯光数据的不同校正方法与回归模型相结合，生成了一个改进的全球 1km 网格 EPC。然而，以上研究主要使用 NTL 数据中的信息，较少考虑到可能影响 EPC 和 NTL 之间关系的其他因素。VIIRS DNB 获得的卫星影像质量优于 NTL 数据，被应用于美国能源消耗数据的建模(Fehrer and Krarti, 2018)。

表 11.7 夜间灯光数据 EPC 估算方法

方法类型	主要数据源	数据预处理	模型	研究区	年份	分析级别
线性回归分析	DMSP/OLS	三次回归方程校正	线性回归	日本、中国、印度和其他亚洲国家	1999	省级
	DMSP/OLS、人口密度	饱和度校正	多变量线性回归	中国	1994~2009	国家级
	DMSP/OLS、SPOT VEGETATION NDVI	饱和度校正、相互校准、年内构成、年际校正	线性回归	中国	2000~2008	国家级、地区级
	DMSP/OLS、MODIS EVI	饱和度校正、相互校准	线性回归	中国	2000~2012	国家级、市(区)级
	DMSP/OLS	饱和度校正、年内构成、跨年度修正	线性回归	全球区域	1992~2013	全球、市(区)级
	VIIRS DNB	年度构成	多变量线性回归	美国	2013	州、县、市
二阶多项式回归分析	DMSP/OLS	光溢出去除	二阶多项式回归	澳大利亚	1997~2002	州
	DMSP/OLS、LandScan 人口数据	相互校准	二阶多项式回归	中国	1995、2000、2005	省级
局部自适应方法	DMSP/OLS、AVHRR NDVI	饱和度校正、相互校准、年内构成和年间校正	线性、对数、指数和二阶多项式回归	全球区域	1992~2013	全球级、国家级、省级
人工智能	VIIRS DNB、MODIS NDVI、MODIS 土地覆盖类型	亮度分类、年度组成	人工神经网络	波兰	2013~2016	NUT-2 行政级别

为了模拟用电量与 NTL 和其他预测值之间可能存在的非线性关系，Jasiński(2018, 2019)首次尝试使用人工神经网络(ANN)对 VIIRS DNB 数据和 EPC 之间的关系进行建模。相对于其他方法，人工神经网络的一个明显优势是，其能够以高度自动化的方式建立非线性的自变量和因变量之间的关系，从而为改进已有的电力消耗模型提供了可能。Jasiński(2019)使用人工神经网络对波兰地区 EPC 进行建模，计算该地区每年消耗的电量，包括总用电量和家庭产生的用电量。人工神经网络共包括四种输入变量。

(1) 来自 2013~2016 年的 VIIRS DNB 的夜间灯光图像，并进行了去除杂散光、闪电、月球光照和云层覆盖等初步处理。由于该地区仅有每年前三个月的和最后三个月的夜间灯光图像，因此将同一年 1~3 月和 10~12 月的像素的算术平均值作为年平均辐射影像，这在一定程度上减少了极光、火光、船只和其他月份的灯光对模型性能的潜在影响。

(2) 每张影像被分为 16 个区域，总共获得了 384 张影像，计算每个区域的总辐射 (SOL)。

(3) 从电力需求的角度来看，住宅的总可用建筑面积与能耗密切相关。由于缺乏有关住宅总可用建筑面积的数据，研究使用了 MODIS 250m NDVI（MYD13Q1）卫星影像，在模型中增加了 NDVI 指标，来确定建成区域面积。

(4) 考虑到没有夜间灯光的农村地区的存在，将城市和建成区区域的像素值(BU) 作为输入变量之一。

从所有图像的初始数据集中，随机选择 16 幅图像形成一个测试集（25.00%），42 幅构成训练集（65.63%），6 幅构成验证集（9.37%）。接下来，在剩余的 48 幅图像中，随机选择 16 幅作为另一个测试集（其余用作训练和验证数据）。重复上述过程创建四组数据，实验共测试了超过 150000 个具有多层感知器 (multi-layer perceptron, MLP) 架构的网络。由于始终只对一个因变量进行建模，因此网络在输出层中只有一个神经元。与使用线性回归获得的结果进行比较，人工神经网络方法可以更精确地确定用电量，能够在不同的经济和人口条件下在不同地区运行，具有普遍的适用价值。

11.4.1 研究区与数据集

本研究中使用的数据集主要包括 EPC 统计数据、DMSP/OLS NTL 夜间灯光数据、世界网格人口第 4 版（GPW v4）、全球人类住区图层（GHSL）、Landsat7 ETM+影像和行政边界（表 11.8）。

表 11.8 研究采用的数据

数据集	数据描述	年份	空间分辨率	数据来源
DMSP/OLS NTL	年度夜间稳定灯光合成数据	2000、2013	~1 km	NOAA/NGDC (http://ngdc.noaa.gov/eog/dmsp.html)
GPW v4	联合国调整后的人口密度 GPW v4，调整后的人口密度与 2015 年修订的联合国 WPP 国家总数相匹配；由人口密度估计值组成	2000、2010、2015	~1 km	NASA Socioeconomic Data and Applications Center (SEDAC) (http://sedac.ciesin.columbia.edu/)
EPC 统计数据	EPC 年度统计数据（10^4kW·h）	2000、2013	国家级	World Bank Open Database (http://data.worldbank.org/)

续表

数据集	数据描述	年份	空间分辨率	数据来源
GHSL	GHSL 是一个空间光栅数据集,根据陆地卫星数据收集提供 GHSL	2000、2014	~38 m	Joint Research Center, European Commission
EPC 统计数据	EPC 年度统计数据 (10^4kW·h)	2000、2013	省级	China Statistical Yearbook 2015
EPC 统计数据	年电力零售总额 (10^4kW·h)	2000、2013	州级	U.S. Energy Information Administration (https://www.eia.gov/electricity/state/)
Landsat 7 ETM+影像	四幅图片覆盖北京、上海、芝加哥和莫斯科	2000	30m	USGS (http://earthexplorer.usgs.gov/)
行政边界	矢量数据	2015	国家级	www.gadm.org

国家尺度的 EPC 年度统计数据来自世界银行开放数据库，并用于校准 EPC 估算模型；中国能源消耗数据（不包括西藏自治区、香港特别行政区、澳门特别行政区和台湾）从《中国统计年鉴》中收集，包括 2000 年和 2013 年省级汇总统计数据；从美国能源信息管理局获得了 2000 年和 2013 年各州的电力零售总额；省级能耗数据作为参考数据集，用于验证 EPC 估算。

1992～2013 年的年度 DMSP/OLS NTL 合成值（即年度平均 NTL 强度）来自美国国家海洋和大气管理局的国家地球物理数据中心（NOAA/NGDC）。该产品的网格大小为 30″（赤道处约 1km），经度为 180°W～180°E，纬度为 65°S～75°N。NTL 数据值范围为 0～63，0 表示背景噪声。多年来，有两颗卫星收集数据的地方，有两种合成数据可用。本研究使用了 2000 年、2010 年和 2015 年收集的网格人口（GPW v4）。GPW v4 数据时间范围为 2000～2020 年，每间隔五年为一期。通过基于社会经济和遥感变量对人口普查进行分解，以 30″的分辨率估计人口密度（Doxsey-Whitfield et al., 2015）。GHSL 产品通过对地球观测数据、人口普查数据和自愿提供的地理信息进行分析，绘制出人类在地球上的存在图（Pesaresi et al., 2013）。GHSL Landsat 卫星产品是一个空间栅格数据集，根据 1975 年、1990 年、2000 年和 2014 年四个时期的陆地卫星数据，绘制全球人类住区地图。根据精度评估，GHSL 提供的质量优于欧洲其他全球信息层。在选定的美国各州的国家或全球数据集中，GHSL 产品与其他不透水地表数据相比，显示出较高的整体精度（Leyk et al., 2018）。本研究使用了 GHSL Landsat 卫星产品 2000 年和 2014 年的全球建设用地数据集，空间分辨率约为 38m。

除全球数据集外，还从美国地质调查局(USGS)获得了四幅 Landsat 7 ETM+ 图像，用于评估 NTL 饱和度降低的改善情况。世界大陆和国家的全球边界数据从全球行政区(GADM)数据库中提取(https://gadm.org/)。

11.4.2 研究方法

本研究拟采用的方法主要包括三个步骤：①数据预处理；②估算像素级 EPC；③评估全球 EPC 的时空动态(图 11.9)。

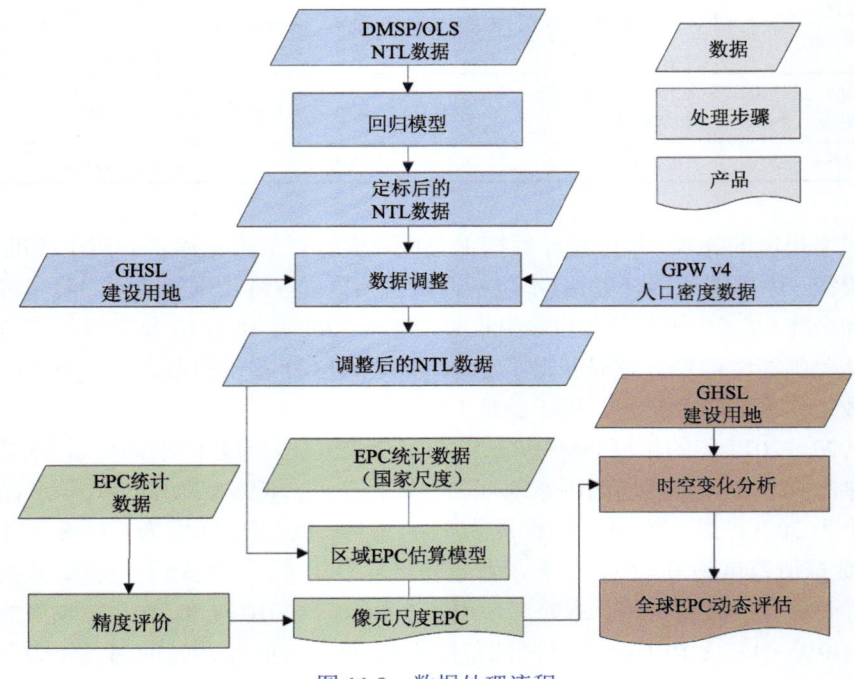

图 11.9 数据处理流程

1. 数据定标

首先采用 Elvidge 等(2009)提出的方法对来自不同 OLS 传感器的数据进行相互校准。海地从 2000~2013 年能源消耗变化最小，被选为不变区域。F12 卫星在 1999 年(F121999)获得的 NTL 数据被用作校准其他卫星年份影像的参考数据。为每个影像获取年份建立一个最小二乘回归模型，利用该模型对原始 NTL 数据进行校准。校准后的 DN 值用式(11.1)计算：

$$DN_{int} = C_0 + C_1 \times DN + C_2 \times DN^2 \tag{11.1}$$

式中，C_0、C_1 和 C_2 为系数；DN 为原始像元值；DN_{int} 为校准后的像元值。

2. 过饱和去除

为了减少城市核心区和郊区的 NTL 数据的过饱和效应，本节使用人口密度和建成区数据对夜间灯光数据进一步调整，调整后的 DN 值为

$$DN_{adj} = DN_{int} \times \ln(PD+1) \times BU_{index} \tag{11.2}$$

式中，PD 为人口密度；BU_{index} 为建设用地面积指数；DN_{adj} 为调整后的 DN 值。2000 年，直接使用 GPW v4 数据。2013 年，根据 2010 年和 2015 年的数据，使用指数年增长率计算人口密度。建设用地面积指数 BU_{index} 通过将原始 GHSL 数据值重新调整到 0~1 得出：

$$BU_{index} = BU / 255 \tag{11.3}$$

为了与 DMSP/OLS 数据的地理投影和分辨率相匹配，本研究使用最近邻方法对人口密度和建设用地数据重新投影，并将其分辨率重新采样为 1km。

3. 像素尺度的电力消费估算

首先，根据地理位置和社会经济地位的区域相似性，将全球 264 个国家分为六组（图 11.10）。

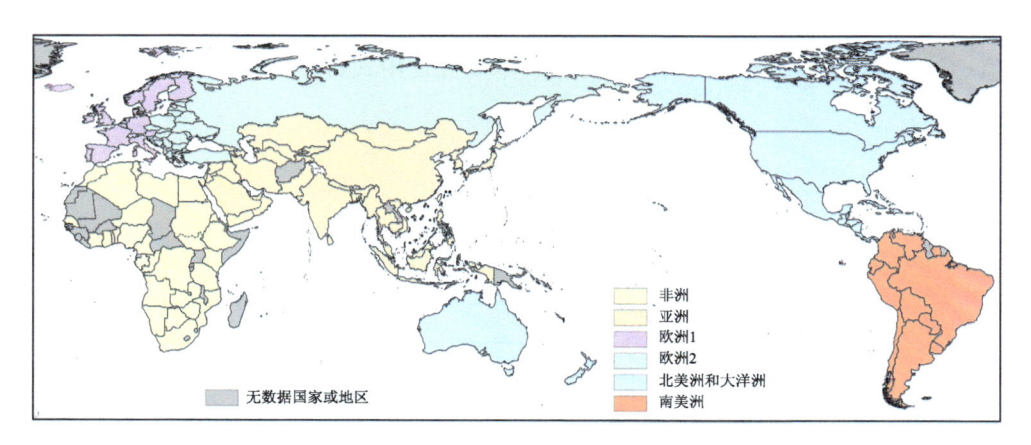

图 11.10 世界区域分组
根据经济水平把欧洲分成两部分进行建模

其次，为每组建立 DN 值和统计 EPC 之间的线性回归模型[式(11.4)]：

$$\text{EC}_{ct} = a \times \text{NTL}_{ct} + b \tag{11.4}$$

式中，EC_{ct} 和 NTL_{ct} 分别为 EPC 统计值和国家尺度调整后的 NTL 数据中所有像素的总和；a 和 b 为系数。为了解释不同年份的关系差异，本研究分别对 2000 年和 2013 年的模型进行了校准。国家尺度 EPC 统计数据用于校准 EPC 和调整后 NTL 数据之间的模型。先前的研究发现，量化 EPC 对夜间灯光的比例响应的线性模型，可以很好地用于描述 NTL 和能源使用之间的关系(Xie and Weng, 2016)。由于常数系数在统计上不显著，因此使用单变量线性回归分析将 EPC 与 NTL 关联起来。

表 11.9 显示，2000 年和 2013 年国家层面的 NTL 强度与 EPC 之间存在很强的相关性。2000 年的斜率范围为 0.0453~0.1293，2013 年的斜率范围为 0.0504~0.1947。R^2 值更高或与先前研究中发现的值相当(Xie and Weng, 2016)，表明回归结果是可靠的。然后将校准的区域模型应用于单个像素，以使用式(11.5)估计像素级 EPC：

$$\text{EC}_{ct} = a \times \text{NTL}_{ct} \tag{11.5}$$

最后，对国家层面的 EPC 总量进行归一化，使用式(11.6)计算归一化系数：

$$k_{yc} = \frac{\text{EC}_{yc}}{\sum_c \text{EC}_{yc}} \tag{11.6}$$

式中，EC_{yc} 为国家 c 在 y 年的 EPC 统计值；$\sum_c \text{EC}_{yc}$ 为每个国家的总 EPC 估计值；k_{yc} 为国家 c 在 y 年的归一化系数。本研究使用式(11.7)估算每个国家的像素级 EPC：

$$\text{EC}_{yci} = k_{yc} \times \text{EC}_{yi} \tag{11.7}$$

表 11.9　用于 2000 年和 2013 年 EPC 估算的线性回归模型

区域	2000 年			2013 年		
	a	b	R^2	a	b	R^2
非洲	0.0453	−2152.4	0.7994	0.0504	−7138.2	0.9728
亚洲	0.1293	−23112	0.9719	0.1947	−55315	0.9845
欧洲 1	0.0524	−9432.5	0.9269	0.0936	−3555699	0.9073
欧洲 2	0.0514	25179	0.9269	0.1009	−129493	0.8859
北美洲和大洋洲	0.0667	−3511.2	0.9943	0.0623	32582	0.9956
南美洲	0.0466	−192.8	0.9867	0.0612	8506.1	0.9902

4. 全球电力消费时空变化分析

为了分析 EPC 的空间模式，本研究通过计算每个像素 2000 年和 2013 年 EPC 的算术平均值绘制了全球平均 EPC 分布图；然后将地图分为四个等级：非常低（0~1×10^{4}kW·h）、低（1×10^4~5×10^{4}kW·h）、中等（5×10^4~2×10^{5}kW·h）和高（>2×10^{5}kW·h）；在全球和大陆尺度上研究了全球平均 EPC 的空间格局。

本研究计算了 2000 年和 2013 年各像素的全球 EPC 差异，以描述全球 EPC 的时空变化。将 EPC 的时间变化分为四个等级：极低增长（0~1×10^{4}kW·h）、低增长（1×10^4~5×10^{4}kW·h）、中度增长（5×10^4~2×10^{5}kW·h）和高增长（>2×10^{5}kW·h）。本研究在全球、大陆和国家层面对 EPC 变化进行了评估，选择了 2013 年 EPC 总量最高的九个国家对其进行分析：中国、美国、日本、印度、俄罗斯、德国、加拿大、韩国和巴西。

全球 Moran's *I* 用于描述全球省级 EPC 的空间自相关性，其值越高表示空间自相关程度越高。局地 Moran's *I* 用于进一步描述省级 EPC 在全球范围内的空间聚集模式。高-高聚类表示高 EPC 值的空间聚类，而低-低聚类表示低 EPC 值的空间聚类。在全国范围内，使用局地 Moran's *I* 来描述 2000 年和 2013 年地级 EPC 的空间聚集模式。

11.4.3 结果与讨论

1. 调整后的夜间灯光数据

为评估调整后的夜间灯光数据，比较 2000 年中国北京和上海、美国芝加哥、俄罗斯莫斯科四个大都市区经调整的 NTL 数据与同期 Landsat 卫星影像、GHSL 数据和原始 NTL 数据（图 11.11），发现经调整的 NTL 数据展示了与 Landsat 卫星影像和 GHSL 相似的空间格局，因人口和建设用地数据的加入，原始 NTL 数据的饱和效应显著降低。

图 11.11 表明，该研究采用的调整方法有效地降低了夜间灯光影像的过饱和现象，提高了 NTL 数据估算 EPC 的能力，尤其是在城市中心区域。结合 NDVI 和 NTL 的指标植被调节灯光城市指数（VANUI）被广泛用于减少 NTL 饱和度的影响，并增加城市区域内 NTL 信号的变化（Zhang et al.，2013）。通过使用 NDVI 将较大权重分配给稀疏或无植被区域，将较小权重分配给植被密集区域，城市周边地区发生的强光过饱和效应得到了减少。进一步将调整后的 NTL 数据与中国北京的 VANUI 和原始 NTL 数据沿纬度剖面进行比较（图 11.12）。MODIS Terra 植被指数产品（MOD13A3）从陆地过程分布式数据档案中心的数据共享平台中获取

（Huete et al., 2002），该产品提供分辨率为 1km 的逐月合成植被指数。年平均 NDVI 值来自 MOD13A3 数据，并用于生成北京大都市区的 VANUI。剖面分析结果显示，原始 NTL 值从农村地区向城市地区逐渐增加，并在大部分剖面上达到峰值。由于北京都市区的建设用地密度较高且 NDVI 值相对稳定，使用 VANUI 观测到的空间变化较原始 NTL 数据略微增加（Zhang et al., 2013）。相比之下，经调整的 NTL 数据显示了城市核心区、郊区和农村地区之间的明显过渡。经调整的 NTL 值中，还反映了更多精细的空间细节，如由水体引起的低值。

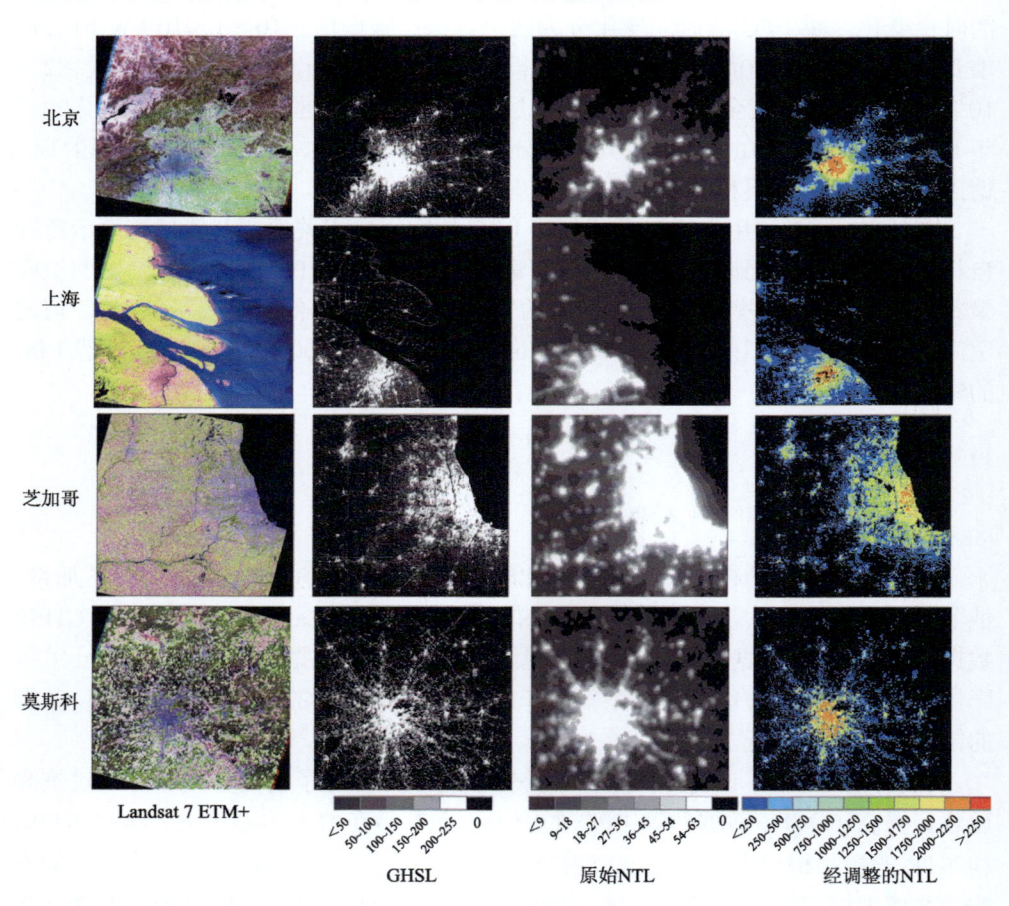

图 11.11　2000 年四个大都市地区的 Landsat 卫星影像（短波红外、近红外和绿色合成）、GHSL、原始 NTL 数据和经调整的 NTL 数据的比较

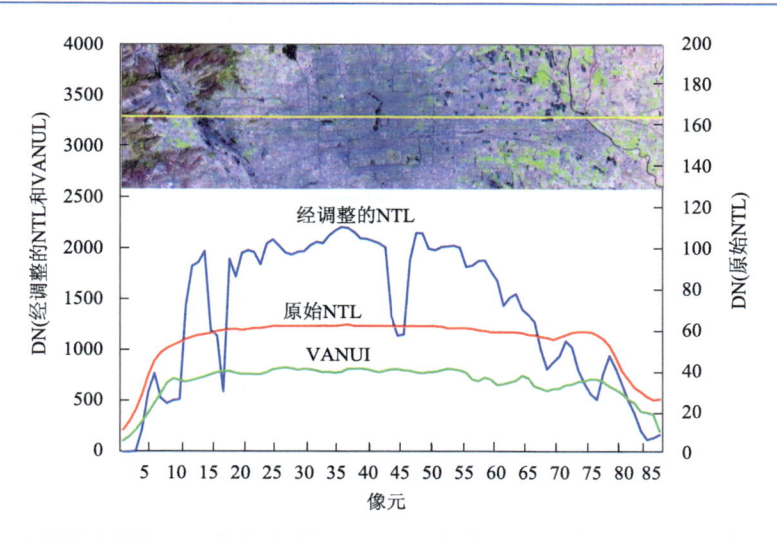

图 11.12　中国北京原始 NTL 数据（红线）、VANUI（绿线）和经调整的 NTL 数据（蓝线）的剖面图
图中为清晰显示，将原始 VANUI 值乘以 1000

2. EPC 估算结果精度评估

图 11.13 展示了中国和美国 2000 年和 2013 年估算 EPC 的精度评估结果。将估算的 EPC 值与统计的 EPC 值进行比较：2000 年和 2013 年的 R^2 值在中国为 0.7174 和 0.7425，在美国为 0.8284 和 0.8429。这些验证结果表明，使用经调整的 DMSP/OLS 数据集可以获得可接受的估计值。由于中国自然环境和社会经济发展水平有巨大区域差异，EPC 和 NTL 信号之间的关系存在明显的区域差异。被高估的省市是两国经济发展较好、GDP 水平较高的省市，低估主要发生在中国的欠发达地区。

中国沿海省（直辖市），包括北京、天津、山东、上海、江苏、浙江和广东，2008 年人均 EPC 最高。2000 年，西部和西南部等欠发达地区，照明设施、公共道路和公路等基础设施质量较差。电力主要用于工业部门，较少用于住宅和商业建筑以及运输部门的照明。因此，使用夜间灯光衡量电力消耗可能低估这些地区的 EPC。随着城市化和经济发展的推进，这一低估有所减少，因此 2013 年获得的 R^2 值更高。

3. 全球 EPC 时空变化

2000~2013 年全球 EPC 的时间变化如图 11.14 所示。研究期间 EPC 变化最大的地区主要集中在北美洲、西欧、东亚和南亚所有社会经济条件改善和/或人口增加的地区。相比之下，南美洲、非洲和大洋洲的 EPC 只表现出微小的变化。

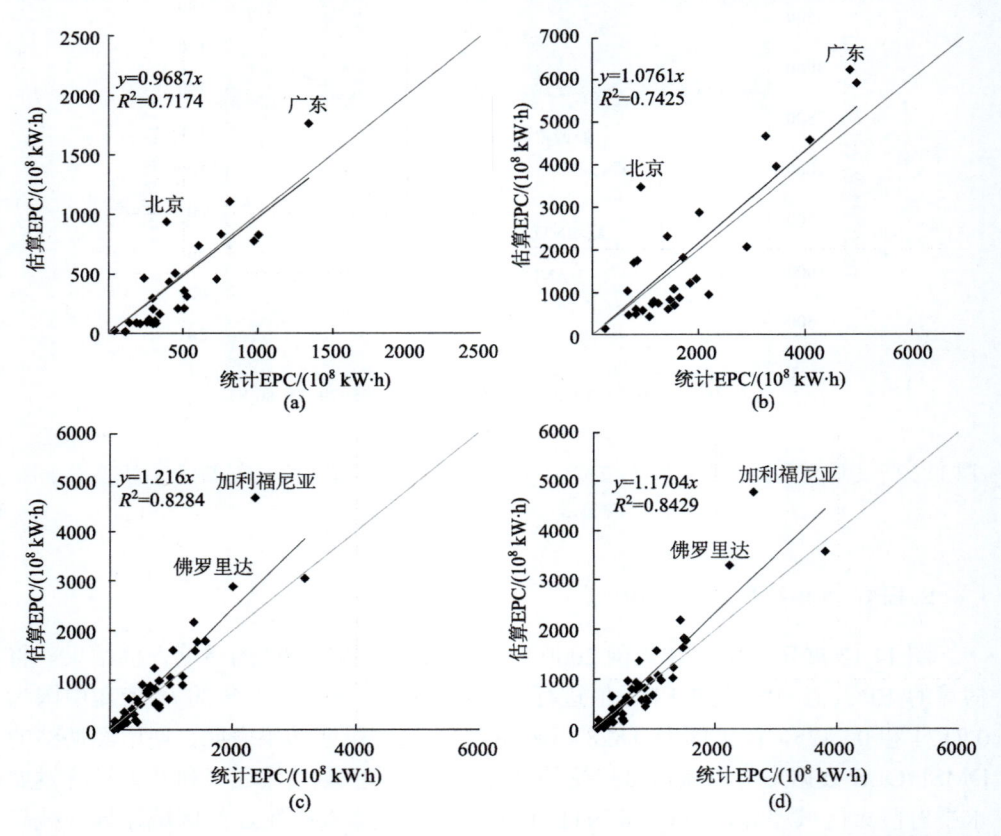

图 11.13 中国 2000 年(a)和 2013 年(b)以及美国 2000 年(c)和 2013 年(d)估算 EPC 的精度评估

本研究在全球、洲际和国家的不同空间尺度上评估 EPC 的时间变化（表 11.10）。在世界总建设用地中，EPC 极低增长的地区集中在 56.13% 的建成区中，低增长地区占总面积的 14.8%，中度增长和高增长地区分别占世界总建成区面积的 11.1% 和 17.97%。此外，本研究分别分析了六大洲 EPC 增长类型面积百分比的差异。在非洲，极低增长地区占总建成区的 83.84%，只有 7.11% 的建成区出现高增长。同样，大洋洲高增长地区的实际百分比也很小，只有 12.76%。EPC 中度增长、高增长地区主要集中在亚洲，占其建成区面积的 39.66%。中高增长地区分别占欧洲和北美洲相应地区的 31.51% 和 31.29%。在南美洲，26.05% 的建成区对应着中度增长和高增长。中度增长和高增长代表了 EPC 的时空变化，这些水平的增长主要出现在亚洲、欧洲和北美洲。非洲和大洋洲 EPC 的变化较小。

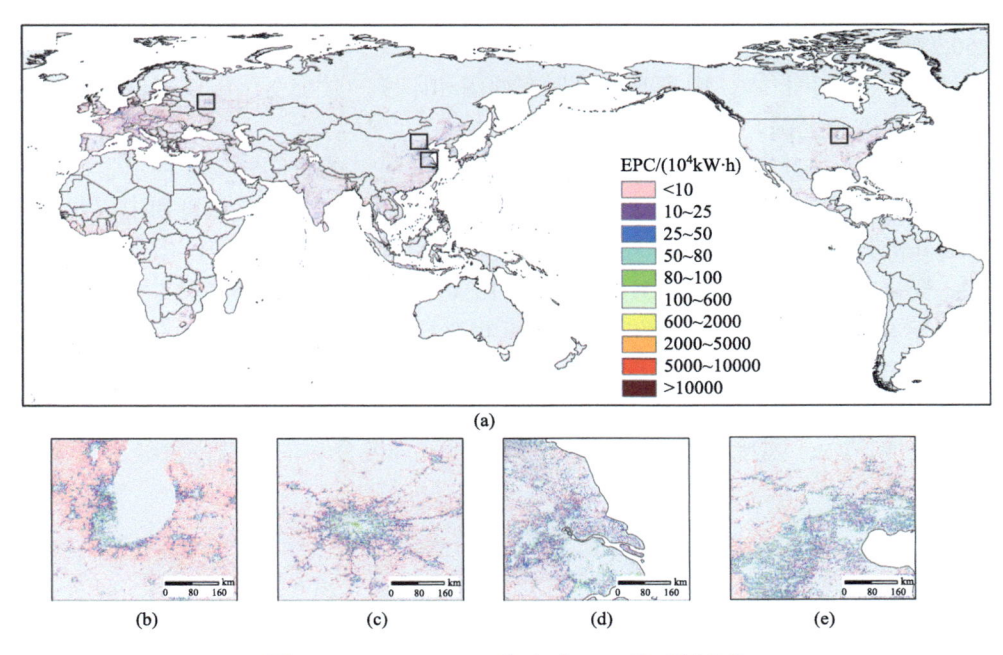

图 11.14 2000～2013 年全球 EPC 的时间变化

(b)、(c)、(d) 和 (e) 显示了 2000～2013 年美国芝加哥、俄罗斯莫斯科以及中国上海和北京四个大都市地区的 EPC 增长详情

表 11.10 全球、洲际和国家规模的四种 EPC 增长类型面积百分比　（单位：%）

增长类型	全球	非洲	亚洲	欧洲	北美洲	大洋洲	南美洲		
极低增长	56.13	83.84	46.22	51.10	52.50	71.93	61.58		
低增长	14.80	5.13	14.12	17.39	16.21	8.95	12.38		
中度增长	11.10	3.92	12.73	12.59	12.08	6.37	8.47		
高增长	17.97	7.11	26.93	18.92	19.21	12.76	17.58		
增长类型	巴西	加拿大	中国	德国	印度	日本	韩国	俄罗斯	美国
极低增长	60.27	57.26	43.79	38.27	40.31	33.87	10.35	62.61	56.45
低增长	12.72	18.14	10.74	25.98	21.85	19.57	16.81	13.80	15.98
中度增长	8.43	10.87	11.25	18.88	16.70	16.74	19.00	9.36	10.52
高增长	18.58	13.73	34.22	16.87	21.14	29.82	53.83	14.23	17.05

　　韩国、日本和中国的建成区分别有 72.83%、46.56% 和 45.47% 实现了高增长和中度增长（表 11.10）。高增长区和中度增长区分别占印度和德国总建成区面积的 37.84% 和 35.75%。极低增长占主导地位的地区，包括俄罗斯（62.61%）、巴西

（60.27%）、加拿大（57.26%）和美国（56.45%）。总之，显著的 EPC 变化主要出现在韩国、中国和日本，中等变化出现在德国和印度，微小变化出现在俄罗斯、巴西、加拿大和美国。

图 11.15 描绘了 2000 年和 2013 年全球平均 EPC 的空间格局，揭示了一些高 EPC 较为集中的区域，如中国东部的大城市，然后选择美国芝加哥和中国北京，详细分析其 2000 年和 2013 年 EPC 的变化。整体上，这两个地区出现了不同的 EPC 变化空间模式。图 11.15（b）和图 11.15（c）显示了 2000 年和 2013 年美国芝加哥 EPC 的变化。城市核心区的用电强度相对稳定，郊区和农村地区的用电强度呈蔓延趋势。图 11.15（d）和图 11.15（e）显示了同期中国北京及其周边地区 EPC 的增长情况，此处 EPC 的增长更为明显。在北京、天津等大城市的核心区以及周边城市，EPC 强度显著增加。此外，该地区分散分布的小城镇也经历了 EPC 的增长。

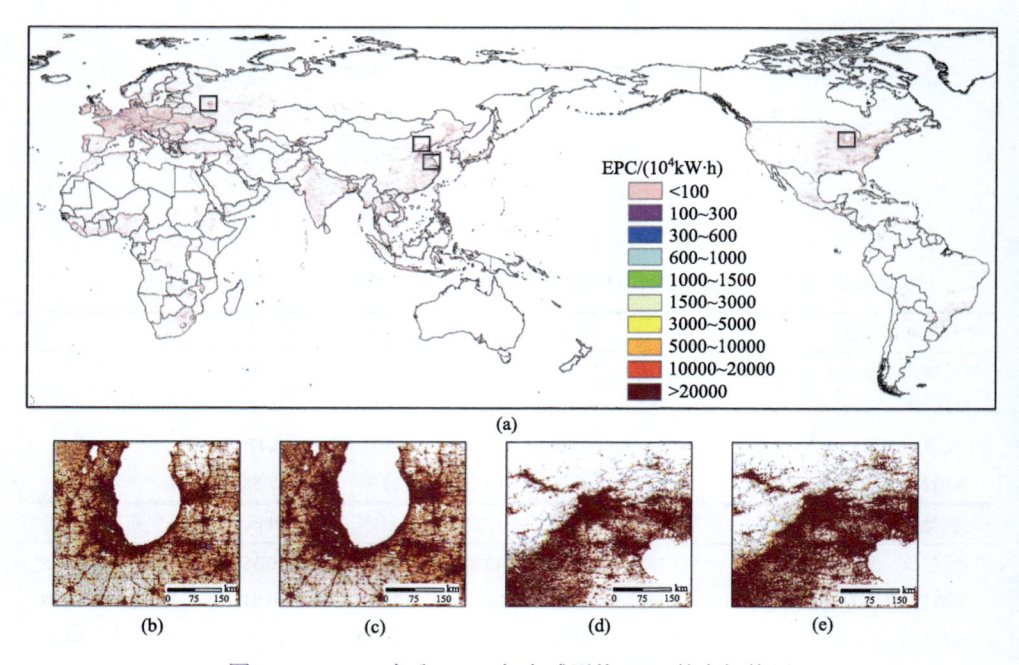

图 11.15　2000 年和 2013 年全球平均 EPC 的空间格局

(b)、(c) 显示了 2000 年和 2013 年美国芝加哥 EPC 估算的详细信息；(d) 和 (e) 显示了 2000 年和 2013 年中国北京 EPC 估算的详细信息

图 11.16 显示了全球和洲际尺度四个 EPC 等级的面积百分比。在全球范围内，EPC 水平极低的建成区占总面积的 54%。在洲际尺度，极低等级占非洲总建筑面

积的84.75%，而在欧洲仅占总建筑面积的46.99%。低和中度水平的EPC在亚洲、欧洲和北美洲的分布比其他大陆更为广泛。高EPC主要集中在亚洲、欧洲和北美洲，分别占这些大陆总建筑面积的24.64%、23.66%和22.39%。

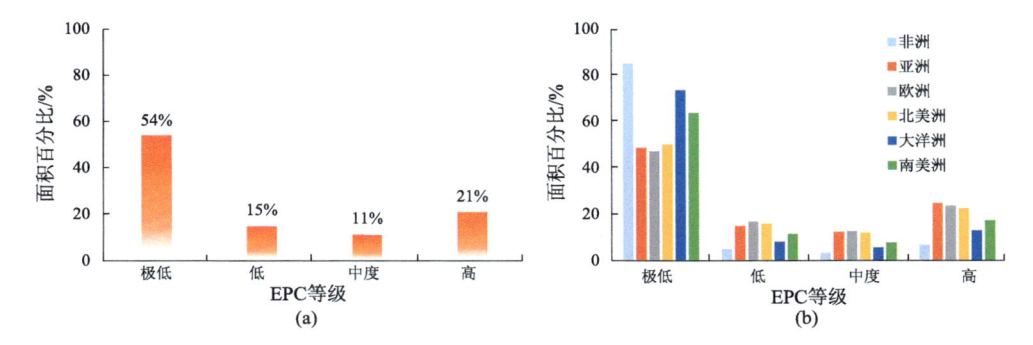

图11.16 四个EPC等级在全球范围(a)和洲际范围(b)的面积百分比

全球Moran's I值相对稳定，从2000年的0.053到2013年的0.055。2000年和2013年，各国、各省或州的局地Moran's I用于描述空间聚类模式(图11.17)。省/州高空间聚集区主要在北美洲、欧洲和亚洲，而新低空间聚集区主要出现在非洲、南美洲和东南亚。2000~2013年，中国、印度、巴西和沙特阿拉伯EPC高-高聚集区出现了明显的扩张，表明这四个国家的EPC显著增加。此外，在俄罗斯和西欧观测到高-高聚集区的收缩。根据省级尺度的分析，高聚集区城市主要分布在中国东部的大都市地区和美国沿海地区，低-低聚集区主要出现在中国西部和美国中部。

从地县级尺度分析来看，高-高聚集的城市主要分布在中国东部的大城市地区和美国的沿海地区。低-低聚集主要出现在中国西部和美国中部。

本研究通过使用人口和建设用地数据来绘制和分析全球EPC，对NTL数据进行了相互校准和调整。先前的研究已经证明了人口和建设用地数据的有用性，可以最小化甚至消除NTL数据的饱和现象，以生成空间用电量图。GPW v4人口数据于2014年发布，并于2015年和2017年更新了两期数据。与使用最新可用人口普查数据和改进方法的先前版本相比，更新后的数据提供了更详细和精确的人口格网。本研究通过使用GPW v4人口数据和GHSL建成区产品来调整NTL数据，有效降低了过饱和效应，为后续分析中的EPC估计提供了必要的数据集。

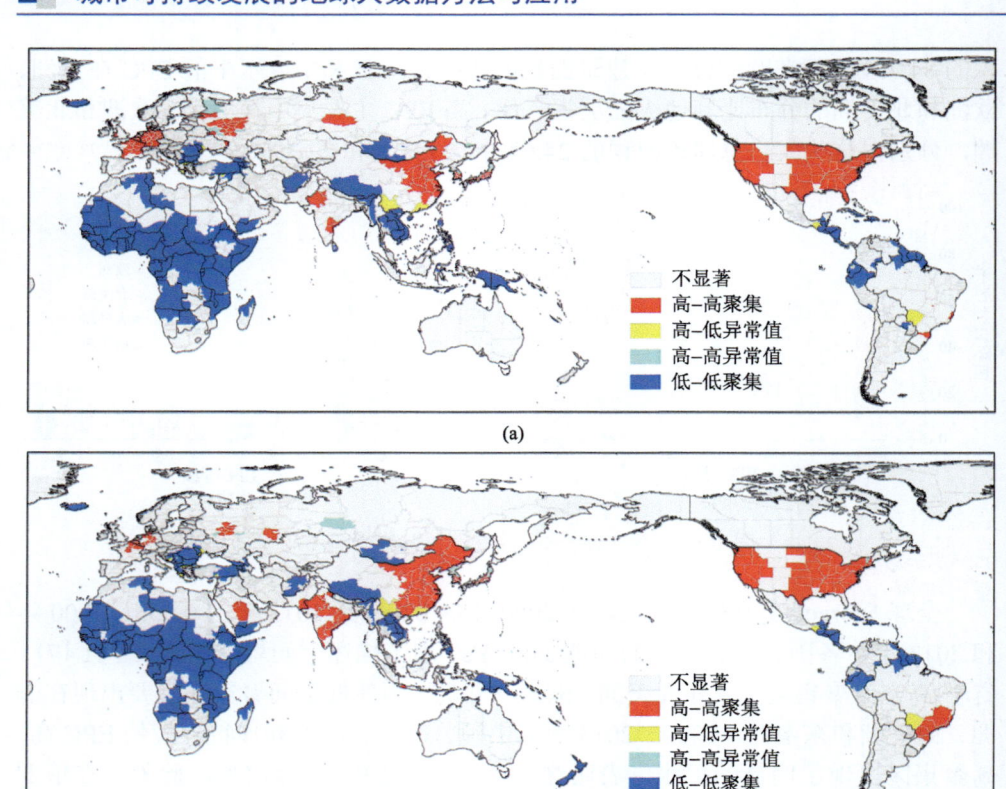

图 11.17　2000 年(a)和 2013 年(b)全球尺度下邻近省/州的空间集聚

针对不同年份的 EPC 建模，本研究分别对 2000 年和 2013 年构建区域规模的线性回归模型，在全国范围内对像素级 EPC 估算模型进行校准，并显示了每个国家作为一个整体的平均相关性。由于中国省级 EPC 统计数据收集的方法与世界银行国家 EPC 数据收集的方法不同，其数据集略有不同。根据省级 EPC 统计，2000 年中国 EPC 总量为 $1.3679×10^{12}$ kW·h，2013 年为 $5.3391×10^{12}$ kW·h。根据世界银行的数据，2000 年和 2013 年的 EPC 分别为 $1.2537×10^{12}$ kW·h 和 $5.1219×10^{12}$ kW·h。尽管这些差异可能会导致统计和估算的 EPC 之间存在差异，但使用中国人口普查数据来验证区域估算模型估算 EPC 结果是合理的。

由于 GPW v4 人口数据是每间隔五年为一期，而 GHSL 建设用地数据只有四年的数据，因此本研究仅绘制了 2000 年和 2013 年的全球 EPC。非洲和欧洲回归模型的低 R^2 值可能是由于 NTL 数据对低光不敏感。因此，今后研究需要建立更优化的模型，来模拟这些地区 EPC 和 NTL 强度之间的关系。例如，能够对输入和输出之间的非线性关系进行建模的人工智能技术，在提高 EPC 的估算精度方面具有巨大的潜力(Jasiński, 2019)。随着更精细空间尺度和更高时间频率的统计数据的可用性，应有可能建立更多时间和空间上的精细模型。此外，城市化率、高科技出口和农业发展等因素也会影响能源消耗与 NTL 值之间的关系(Xie and Weng, 2016)，在未来的研究中也可以考虑将这些因素纳入 EPC 估计模型的开发中。

南美洲、非洲和大洋洲 EPC 微小的时间变化，可归因于其相对稳定的社会经济条件和人口水平，以及居民地的稀疏分布。与当前研究一致，Hu 和 Huang(2019) 也报道了中国、印度和巴西 EPC 高-高聚集区的增加。EPC 增长可归因于中国和印度的经济增长和快速城市化进程(Jayanthakumaran et al., 2012; Zhang and Lin, 2012)。韩国 EPC 显著的时空变化可能是由快速工业化和剧烈的结构变化引起的(Kim et al., 2011)。由于人口增长、城市化和经济增长，中东地区的能源消耗大幅度增加(Al-Mulali and Ozturk, 2015)。作为中东最大的国家，沙特阿拉伯的人均能源消费从 2000 年到 2013 年增长了 55.08%。2013 年，该国能源消耗的显著增长与 EPC 高-高聚集区的出现相对应。因此，亚洲不断扩张的城市推广节能技术和城市高密度建设，将极大地减少能源的使用和提高城市的可持续性(Güneralp et al., 2017)。俄罗斯和西欧国家的高-高聚集区减少，与在欧洲经济发达国家检测到的 NTL 亮度局部下降的地区相对应(Bennie et al., 2014)，可能与人口增长下降和能效政策的有效实施有关(York, 2007)。作为世界能效领导者，德国设计了一条通向可持续能源未来的长期道路，并寻求通过严格的能效政策减少电力消耗(Boβmann and Staffell, 2015)。Nejat 等(2015)的报告称，自 2003 年实施新的建筑能源法规以来，俄罗斯住宅部门的能源消耗大幅度下降。

本研究开发了一种估算 1km 空间分辨率下全球 EPC 的方法，使用 GPW v4 人口和全球建成区数据对原始 NTL 数据进行相互校准和调整，以减少饱和效应；利用世界银行 2000 年和 2013 年全球六个地区的统计数据，进一步开发和校准了 EPC 估算模型。分析结果表明，当根据中国和美国的省级 EPC 统计数据进行验证时，可以获得令人满意的结果，证实了 DMSP/OLS NTL 数据在绘制像元级全球 EPC 地图的能力，并证明当 GPW v4 人口数据和全球建成区数据集结合使用时，可以改进建模结果。作为世界上最大的两个发展中国家，中国和印度在工业化和城市化进程中的电能消耗量都经历了巨大的增长。为了加深对这些国家能源消费模式及其对环境和气候的不利影响的理解，需要通过改进估算模型并采用具有更优化的辐射分辨率、空间分辨率和光谱分辨率的遥感数据开展进一步研究。

DMSP/OLS 数据能够生成大范围的电力消费制图，随着新型卫星数据和数据处理技术的发展，这一能力可以进一步增强。最近发射的具有更高质量 NTL 传感器的卫星，如 Suomi 极轨卫星（Suomi national polar-orbiting partnership satellite）、LJ-01（Zheng et al.，2018）和 JL1-03B（Zhu et al.，2019），提供了更详细的夜景模式测量，并可作为替代数据源以获得更好的 EPC 估算。新一代卫星数据空间产品可用性的增加以及图像处理技术的进步，为区域到全球尺度的 EPC 动态建模提供了良好的基础。

11.5 小　　结

SDGSAT-1 是专门服务联合国 2030 年可持续发展议程的卫星星座。其为太阳同步轨道设计，搭载了高分辨率宽幅热红外、微光及多谱段成像仪三种载荷，设计有"热红外+多谱段"、"热红外+微光"以及单载荷观测等多种观测模式，可实现全天时、多载荷协同观测。SDGSAT-1 数据的分发和共享能够为国际社会，特别是发展中国家，提供开展 SDGs 研究所需的数据支撑，为缩减全球可持续发展不平衡和区域间的数字鸿沟做出贡献。

夜间灯光遥感是一种能够探测夜间微光的光学遥感技术，可以直观地反映夜间人类活动差异，同时具有覆盖范围大、时效快和易获取等优势，被广泛应用于城市扩张、人口和 GDP 估算、电力消费、碳排放估算及灾害评价等研究。针对夜间灯光影像数据集不连续和过饱和现象，本章在介绍国际现有夜间灯光数据的基础上，介绍了数据定标、时序校正和过饱和去除等预处理方法，阐述了基于夜间灯光数据的像元尺度的全球电力消耗估计模型，剖析了模型的优劣和应用范围。随着更高性能的夜间灯光数据的获取成为可能，其在服务城市可持续发展方面将具有越来越广阔的应用前景。

参 考 文 献

李德仁, 李熙. 2015. 论夜光遥感数据挖掘. 测绘学报, 44(6):591-601.

余柏蒗, 王丛笑, 宫文康, 等. 2021. 夜间灯光遥感与城市问题研究：数据、方法、应用和展望. 遥感学报, 25(1):342-364.

卓莉, 张晓帆, 郑璟, 等. 2015. 基于 EVI 指数的 DMSP/OLS 夜间灯光数据去饱和方法. 地理学报, 70(8):1339-1350.

Al-Mulali U, Ozturk I.2015. The effect of energy consumption, urbanization, trade openness, industrial output, and the political stability on the environmental degradation in the MENA (Middle East and North African) region. Energy, 84: 382-389.

Amaral S, Câmara G, Monteiro A M V, et al.2005. Estimating population and energy consumption in Brazilian Amazonia using DMSP night-time satellite data. Computers, Environment and Urban

Systems, 29: 179-195.

Ardila D, Pack D. 2016. The Cubesat Multispectral Observation System (CUMULOS).

Bauer S E, Wagner S E, Burch J, et al.2013. A case-referent study: Light at night and breast cancer risk in Georgia. International Journal of Health Geographics, 12: 23.

Baugh K E, Hsu F C, Elvidge C D, et al.2013. Nighttime lights compositing using the VIIRS day-night band: Preliminary Results. Proceedings of the Asia-Pacific Advanced Network, 35: 70-86.

Bennie J, Davies T W, Duffy J P, et al.2014. Contrasting trends in light pollution across Europe based on satellite observed night time lights. Scientific Reports, 4: 3789.

Boβmann T, Staffell I.2015. The shape of future electricity demand: Exploring load curves in 2050s Germany and Britain. Energy, 90: 1317-1333.

Cao X, Wang J M, Chen J, et al.2014. Spatialization of electricity consumption of China using saturation-corrected DMSP-OLS data. International Journal of Applied Earth Observation and Geoinformation, 28: 193-200.

Chand T R K, Badarinath K V S, Elvidge C D, et al.2009. Spatial characterization of electrical power consumption patterns over India using temporal DMSP-OLS night-time satellite data. International Journal of Remote Sensing, 30: 647-661.

Cheng B, Chen Z Q, Yu B L, et al.2020. Automated extraction of street lights from JL1-3B nighttime light data and assessment of their solar energy potential. IEEE Journal of Selected Topics in Applied Earth Observations and Remote Sensing, 13: 675-684.

Doxsey-Whitfield E, MacManus K, Adamo S B, et al.2015. Taking advantage of the improved availability of census data: A first look at the gridded population of the world, version 4. Applied Geography, 1: 226-234.

Elvidge C D, Baugh K E, Dietz J B, et al.1999. Radiance calibration of DMSP-OLS low-light imaging data of human settlements. Remote Sensing of Environment, 68: 77-88.

Elvidge C D, Baugh K E, Kihn E A, et al.1997. Relation between satellite observed visible-near infrared emissions, population, economic activity and electric power consumption. International Journal of Remote Sensing, 18: 1373-1379.

Elvidge C D, Ziskin D, Baugh K E, et al.2009. A fifteen year record of global natural gas flaring derived from satellite data. Energies, 2: 595-622.

Fehrer D, Krarti M.2018. Spatial distribution of building energy use in the United States through satellite imagery of the earth at night. Building and Environment, 142: 252-264.

Gillespie T W, Frankenberg E, Chum K F, et al.2014. Night-time lights time series of tsunami damage, recovery, and economic metrics in Sumatra, Indonesia. Remote Sensing Letters, 5: 286-294.

Güneralp B, Zhou Y Y, Ürge-Vorsatz D, et al.2017. Global scenarios of urban density and its impacts on building energy use through 2050. Proceedings of the National Academy of Sciences, 114:

8945-8950.

He C, Huang G.2014. On apostichopus japonicus culture in China and major culture provinces. Modern Fisheries Information, 29: 1.

Hu K J, Yang X C, Zhong J M, et al.2017. Spatially explicit mapping of heat health risk utilizing environmental and socioeconomic data. Environmental Science & Technology, 51: 1498-1507.

Hu T, Huang X.2019. A novel locally adaptive method for modeling the spatiotemporal dynamics of global electric power consumption based on DMSP-OLS nighttime stable light data. Applied Energy, 240: 778-792.

Huete A, Didan K, Miura T, et al.2002. Overview of the radiometric and biophysical performance of the MODIS vegetation indices. Remote Sensing of Environment, 83: 195-213.

Imhoff M L, Lawrence W T, Stutzer D C, et al.1997. A technique for using composite DMSP/OLS "City Lights" satellite data to map urban area. Remote Sensing of Environment, 61: 361-370.

Jasiński T.2018. Modelling of electricity demand in residential buildings using artificial neural networks. E3S Web of Conferences, 49(8): 48.

Jasiński T.2019. Modeling electricity consumption using nighttime light images and artificial neural networks. Energy, 179: 831-842.

Jayanthakumaran K, Verma R, Liu Y.2012. CO_2 emissions, energy consumption, trade and income: A comparative analysis of China and India. Energy Policy, 42: 450-460.

Kim H, Shin E S, Chung W J.2011. Energy demand and supply, energy policies, and energy security in the Republic of Korea. Energy Policy, 39: 6882-6897.

Kyba C C M, Garz S, Kuechly H, et al. 2015. High-resolution imagery of earth at night: New sources, opportunities and challenges. Remote Sensing, 7(1): 1-23.

Letu H, Hara M, Yagi H, et al.2010. Estimating energy consumption from night-time DMPS/OLS imagery after correcting for saturation effects. International Journal of Remote Sensing, 31: 4443-4458.

Levin N, Duke Y.2012. High spatial resolution night-time light images for demographic and socio-economic studies. Remote Sensing of Environment, 119: 1-10.

Leyk S, Uhl J H, Balk D, et al.2018. Assessing the accuracy of multi-temporal built-up land layers across rural-urban trajectories in the United States. Remote Sensing of Environment, 204: 898-917.

Li X C, Zhou Y Y, Zhao M, et al.2020. A harmonized global nighttime light dataset 1992–2018. Scientific Data, 7: 168.

Lo C P.2002. Urban indicators of China from radiance-calibrated digital DMSP-OLS nighttime images. Annals of the Association of American Geographers, 92: 225-240.

Ma J J, Guo J Y, Ahmad S, et al. 2020. Constructing a new inter-calibration method for DMSP-OLS and NPP-VIIRS nighttime light. Remote Sensing, 12(6): 937.

Nejat P, Jomehzadeh F, Taheri M M, et al.2015. A global review of energy consumption, CO_2

emissions and policy in the residential sector (with an overview of the top ten CO_2 emitting countries). Renewable and Sustainable Energy Reviews, 43: 843-862.

Pack D, Hardy B, Longcore T. 2016. Studying the earth at night from CubeSats.

Pesaresi M, Guo H D, Blaes X, et al.2013. A global human settlement layer from optical HR/VHR RS data: Concept and first results. IEEE Journal of Selected Topics in Applied Earth Observations and Remote Sensing, 6: 2102-2131.

Shi K F, Chen Y, Yu B L, et al.2016. Detecting spatiotemporal dynamics of global electric power consumption using DMSP-OLS nighttime stable light data. Applied Energy, 184: 450-463.

Shi K F, Yu B L, Huang Y X, et al. 2014. Evaluating the ability of NPP-VIIRS nighttime light data to estimate the gross domestic product and the electric power consumption of China at multiple scales: A comparison with DMSP-OLS data. Remote Sensing, 6(2): 1705-1724.

Wang C X, Chen Z Q, Yang C S, et al.2020. Analyzing parcel-level relationships between Luojia 1-01 nighttime light intensity and artificial surface features across Shanghai, China: A comparison with NPP-VIIRS data. International Journal of Applied Earth Observation and Geoinformation, 85: 101989.

Weng Q H, Lu D S, Schubring J.2004. Estimation of land surface temperature-vegetation abundance relationship for urban heat island studies. Remote Sensing of Environment, 89: 467-483.

Xie Y H, Weng Q H.2016. Detecting urban-scale dynamics of electricity consumption at Chinese cities using time-series DMSP-OLS (Defense Meteorological Satellite Program-Operational Linescan System) nighttime light imageries. Energy, 100: 177-189.

York R.2007. Demographic trends and energy consumption in European Union Nations, 1960-2025. Social Science Research, 36: 855-872.

Yu B L, Tang M, Wu Q S, et al.2018. Urban built-up area extraction from log-transformed NPP-VIIRS nighttime light composite data. IEEE Geoscience and Remote Sensing Letters, 15: 1279-1283.

Zhang C G, Lin Y.2012. Panel estimation for urbanization, energy consumption and CO_2 emissions: A regional analysis in China. Energy Policy, 49: 488-498.

Zhang G, Li L T, Jiang Y H, et al. 2018. On-orbit relative radiometric calibration of the night-time sensor of the LuoJia1-01 satellite. Sensors, 18(12): 4225.

Zhang Q L, Schaaf C, Seto K C.2013. The vegetation adjusted NTL urban index: A new approach to reduce saturation and increase variation in nighttime luminosity. Remote Sensing of Environment, 129: 32-41.

Zhao M, Zhou Y Y, Li X C, et al.2020. Building a series of consistent night-time light data (1992-2018) in Southeast Asia by integrating DMSP-OLS and NPP-VIIRS. IEEE Transactions on Geoscience and Remote Sensing, 58: 1843-1856.

Zhao N, Ghosh T, Samson E L.2012. Mapping spatio-temporal changes of Chinese electric power consumption using night-time imagery. International Journal of Remote Sensing, 33: 6304-6320.

Zheng Q M, Weng Q H, Huang L Y, et al.2018. A new source of multi-spectral high spatial resolution night-time light imagery—JL1-3B. Remote Sensing of Environment, 215: 300-312.

Zheng Q M, Weng Q H, Wang K.2019. Developing a new cross-sensor calibration model for DMSP-OLS and Suomi-NPP VIIRS night-light imageries. ISPRS Journal of Photogrammetry and Remote Sensing, 153: 36-47.

Zhu Z, Zhou Y Y, Seto K C, et al.2019. Understanding an urbanizing planet: Strategic directions for remote sensing. Remote Sensing of Environment, 228: 164-182.

第 12 章

展望与建议

　　大数据是知识经济时代的战略高地，是国家和全球的新型战略资源。蓬勃发展的大数据为人们认识世界提供了全新的思维，为科学研究带来新的方法论和新的范式，从而深刻改变着人类的生产生活方式及对世界的理解。作为大数据重要的组成部分，地球大数据是地球科学、信息科学、空间科技等交叉融合形成的大数据，为城市可持续发展监测和评估提供了重要技术手段。整合多源地球大数据有助于产生更相关、更丰富和时效性更强的信息，服务于决策支持，促进联合国SDGs 的实现。

　　城市已成为人类主要的活动场所，全球城镇化进程还在不断加速。目前全球城镇人口已超过总人口的 50%。据预测，到 2030 年全球近 60%（约 50 亿）的人口将居住在城镇。改革开放以来，随着经济快速发展，我国城镇化进程也在不断发展。2020 年，我国常住人口城镇化率已经达到 63.89%。由此可见，城市可持续发展既是 2030 年可持续发展议程必不可少的重要内容，也是最具挑战性的目标之一。近年来，围绕联合国 SDG11 建设包容、安全、有抵御灾害能力和可持续的城市和人类住区指标框架，基于多源地球大数据，城市可持续发展评估的研究方兴未艾。在城市、国家、区域和全球不同空间尺度，对地观测、地理信息等地球大数据已被广泛应用于城市空间信息提取和 SDG11 指标的计算。然而，全球距离实现 SDG11 仍面临数据平台、技术路径、治理机制等方面的挑战。

　　为充分利用地球大数据的优势，开展城市地区 SDGs 的监测和评估，今后可以在以下几方面重点加强科学研究和应用实践。

　　(1) 加强多源地球大数据融合、智能分析与信息协同技术研究。SDG11 实现需依靠经济、社会和环境 3 个维度的协同发展。地球大数据的宏观、动态监测能力为 SDG11 研究提供了重要手段，有助于整合多源数据，并产生更相关、更丰富的信息用于决策支持(郭华东，2021)。信息技术(IT)、云计算、人工智能等信息化技术的发展，以及海量数据处理、存储、挖掘、分析技术的提升，为海量地球大数据的处理、融合、挖掘提供了新的思路，也使得各类遥感信息数据产品和专题产品在 SDGs 指标监测和评估中的应用前景越来越广阔。面向地球大数据的云计算技术可以突破传统遥感数据处理的局限，在高性能存储算法和并行化图像处理算法的辅助下，将不断升级的人工智能技术与空间信息结合，将深度学习技术与遥感数据智能解译结合，实现基于云平台服务架构的大数据多源载荷遥感数据自动化处理与综合应用。针对地球大数据多源、异构、异质的特征，下一步可以重点发展多源数据知识建模与智能分析技术，实现城市信息智能识别、提取与协调应用，进而促进地球大数据在 SDG11 指标监测与评估中的应用。

(2) 加强城市地球大数据处理平台与可持续发展信息服务能力建设。联合国《2019 年全球可持续发展报告》提出从 6 个切入点出发，以 4 个杠杆连贯地通过每个切入点进行部署，从而实现 2030 年可持续发展议程所需的转型。其中，科学技术是最重要的杠杆之一，"城市与城郊发展"是最重要的切入点之一。为了推动实现 SDG11 所需的社会和经济转型，地球大数据科学需要被更好地利用在各领域的研究和应用当中。基于地球大数据技术生产高质量评价数据集，以及支撑 SDG11 指标监测科学技术的创新，能够让科学技术发挥真正的杠杆作用。因此，我们需要将建设可持续城市和社区同科技创新战略紧密衔接，进一步重视和加强地球大数据关键核心技术的突破，以驱动 SDG11 的顺利实现；基于对象存储系统和云服务模式，构建可持续发展大数据信息平台，实现 SDGs 数据的统一存储、管理与计算服务 (李德仁，2016)；通过该平台实现 SDG11 指标监测与评估数据按需在线生产、在线共享，以及 SDG11 指标在线计算与信息服务；从共享、服务、应用层面，解决 SDG11 实现过程中数据缺失问题，促进数据和知识的及时共享和传播，能够更好地推动 SDG11 落实，为发展中国家提供数据和技术支撑。此外，进一步研究 SDG11 数据资源实时获取、按需汇聚、融合集成、开放共享与分析等系列技术，利用中国科学院已生产的覆盖棚户区、公共交通、城镇化、灾害和开放公共空间等数据集，为中国城市可持续发展综合评估提供数据支撑；形成地球大数据支撑 SDG11 评估测量的方法体系，实现 SDG11 数据的收集、处理和产品生产，形成 SDG11 评估的系列数据产品；积极促进与联合国各机构、成员方等的数据开放共享，为 SDG11 数据缺失等问题提供实质性解决方案 (郭华东和肖函，2016)；加强信息化手段在城市规划、建设、管理和运行中的综合应用，促进 SDGs 信息资源整合、共享和利用，为城市管理能力和服务水平的提升提供支持。

(3) 加强国内外相关机构的科技合作。习近平总书记强调，要坚持以创新、协调、绿色、开放、共享的发展理念为引领，促进中国特色新型城镇化持续健康发展。为了加快 2030 年可持续发展议程在中国的落实，需要在国家级、省级、市级、县级不同尺度开展 SDG11 综合应用示范。在此过程中，需要建立协同设计与合作网络，与联合国各机构、国内外科研院所等开展科技合作，构建以地球大数据为核心的技术促进机制，以服务 SDG11 实现；通过贡献中国智慧，促进全球城市 SDGs 的最终实现(郭华东等，2021)。

参 考 文 献

郭华东, 胡海岩, Oliveira M, 等. 2021. 推动开放科学, 实现全球科学研究共享、共赢、可持续. 科技导报, 39(16): 25-30.

郭华东, 肖函. 2016. "一带一路"的空间观测与"数字丝路"构建. 中国科学院院刊, 31(5): 535-541, 483.

郭华东. 2021. 开放数据与开放科学驱动可持续发展目标实现. 科技导报, 39(2): 68-69.

李德仁. 2016. 展望大数据时代的地球空间信息学. 测绘学报, 45(4): 379-384.